KB072585

무엇이 나를
살아 있게 만드는가

LANGUISHING

Copyright © 2024 by Corey Keyes
All rights reserved.

Korean Translation Copyright (c) 2024 by Gilbut Publishing Co., Ltd.
Korean edition is published by arrangement with United Talent Agency
through Imprima Korea Agency

이 책의 한국어판 저작권은 Imprima Korea Agency를 통해
United Talent Agency사와의 독점계약으로 (주)도서출판 길벗(더퀘스트)에 있습니다.
저작권법에 의해 한국 내에서 보호받는 저작물이므로 무단전재와 무단복제를 금합니다.

Languishing

멈춰버린 삶을 활력 있게 바꾸는 인생의 다섯 기둥

무엇이 나를
살아 있게 만드는가

코리 키스 지음 | 장혜인 옮김

더 퀘스트

멈춰버린 삶을 활력 있게 바꾸는 인생의 다섯 기둥

무엇이 나를 살아 있게 만드는가

초판 발행 · 2024년 9월 25일
초판 3쇄 발행 · 2024년 11월 5일

지은이 · 코리 키스
옮긴이 · 장혜인
발행인 · 이종원
발행처 · (주)도서출판 길벗
브랜드 · 더퀘스트
출판사 등록일 · 1990년 12월 24일
주소 · 서울시 마포구 월드컵로 10길 56(서교동)
대표전화 · 02)332-0931 | **팩스** · 02)323-0586
홈페이지 · www.gilbut.co.kr | **이메일** · gilbut@gilbut.co.kr
대량구매 및 납품 문의 · 02) 330-9708

기획 및 책임편집 · 박윤조(joecool@gilbut.co.kr) | **편집** · 안아람, 이민주 | **제작** · 이준호, 손일순, 이진혁
마케팅 · 정경원, 김선영, 정지연, 이지원, 이지현 | **유통혁신팀** · 한준희 | **영업관리** · 김명자, 심선숙
독자지원 · 윤정아

교정교열 및 전산편집 · 이은경 | **표지 디자인** · [★] 규 | **CTP 출력 및 인쇄, 제본** · 정민

- 더퀘스트는 ㈜도서출판 길벗의 인문교양 · 비즈니스 단행본 브랜드입니다.
- 잘못 만든 책은 구입한 서점에서 바꿔 드립니다.
- 이 책에 실린 모든 내용, 디자인, 이미지, 편집 구성의 저작권은 (주)도서출판 길벗(더퀘스트)과 지은이에게 있습니다.
  허락 없이 복제하거나 다른 매체에 실을 수 없습니다.

ISBN 979-11-407-1074-4 03180
(길벗 도서번호 040273)

값 21,000원

독자의 1초까지 아껴주는 길벗출판사

(주)도서출판 길벗 | IT교육서, IT단행본, 경제경영서, 어학&실용서, 인문교양서, 자녀교육서 **www.gilbut.co.kr**
길벗스쿨 | 국어학습, 수학학습, 어린이교양, 주니어 어학학습, 학습단행본 **www.gilbutschool.co.kr**

페이스북 **www.facebook.com/thequestzigy**
네이버 포스트 **post.naver.com/thequestbook**

은퇴하신 뒤 활력의 씨앗이 뿌리내린 집으로
나와 누나를 받아주신 우리 '엄마'와 '아빠',
에바 메리 파일런 키스와 허버트 키스에게 바칩니다.

텅 빈 채 그저 달리네

말수 적고 호기심 많은 청소년이었던 나는 위스콘신주 북부의 작은 마을에서 자랐다. 일요일 저녁이면 록 뮤지션들의 공연을 방송하는 FM 라디오 〈킹 비스킷 플라워 아워King Biscuit Flower Hour〉에 귀기울이곤 했다. 어느 날 밤 침대에 누워 천장 얼룩을 멍하니 바라보는데 잭슨 브라운Jackson Browne의 〈텅 빈 채 그저 달리네Running on Empty〉라는 곡이 흘러나왔다. 그 뒤로 고등학교 시절 내내 나는 이 곡을 끼고 살았다. 가사에 '외롭다'거나 '슬프다'거나 '불안하다'는 말은 없었지만 그 곡은 인생이 지루하게 흘러가며 색이 바래는 듯한 내게 너무나 익숙했던 기분을 완벽하게 포착해냈다.

　　어디로 가는지 몰라, 그냥 어디론가 달리네

I don't know where I'm running now, I'm just running on

그저 달리네, 텅 빈 채로

Running on (running on empty)

그저 달리네, 아무것도 못 본 채로

Running on (running on blind)

나는 침대와 한 몸이 되어 난생처음 뭔가 심오한 것을 발견한 느낌이 들었다. 막 운전을 배우기 시작한 열여섯 살 때였다. 조금 복잡했던 어린 시절을 보낸 뒤로, 겉보기에는 모든 일이 놀랄 만큼 술술 풀리던 나날이었다. 성적도 나쁘지 않았다. 함께 사는 조부모와는 끈끈한 관계를 유지했다. 하지만 뭔가 빠져나가버렸다는 느낌을 떨칠 수 없었다. 하루를 원만하게 보냈든 완전히 망쳤든, 학교가 끝나고 집으로 돌아오면 당장이라도 터질 것처럼 마음이 갑갑했다. 빵빵하게 부풀었지만 속은 텅 빈 풍선 같았다.

우울증 같겠지만 장담하건대 우울증은 아니었다. 나중에 우울증을 겪기는 했지만 말이다. 대책 없이 슬프지는 않았다. 아침에 일어나는 데도 그다지 문제가 없었다. 뭐든 '해야' 한다는 강박관념에 사로잡혀 로봇처럼 이런저런 일을 계속할 뿐이었다. 그러다 보니 혼자 있을 때 떠오르는 생각을 곱씹을 여유가 없었다. 이처럼 불안한 공허함이 다른 면에서는 평화로웠던 일상을 몽땅 잡아먹었다. 어린 시절의 나는 솔직히 혼란 덩어리였다.

자라면서도 이 '시들함languishing'이라는 유령은 계속 나를 사로잡았다. 성인이 되어서도 비슷한 느낌이 다시 찾아올까 봐 두려웠다. 결국 나는 사회학 교수가 되어 '텅 빈 채 그저 달리는' 느낌이 정확히 무엇인지 이해하고 다른 사람들도 비슷한 감정에 사로잡히는지 알아보는 긴 여정을 시작했다.

이름의 힘: 그 감정에 이름을 붙이다

코로나19 팬데믹이 전 세계로 확산한 지 1년쯤 되던 날, 조직심리학자이자 베스트셀러 작가 애덤 그랜트Adam Grant는 《뉴욕타임스New York Times》에 글을 기고해 내가 오랫동안 조용히 연구해왔던 바로 그 말을 설명했다.[1] 〈당신이 느끼는 뭔가 재미없는 그 감정의 이름은 바로 시들함이다There's a Name for the Blah You Are Feeling: It's Called Languishing〉라는 글이다. 기사는 이렇게 시작한다. "처음에는 우리 모두가 느끼는 이 증상이 뭔지 잘 몰랐다. 친구들은 집중하기 어렵다고 말했다. 동료들은 코로나 백신이 곧 나온다지만 새해가 그다지 기대되지 않는다고 했다. 가족 중 한 명은 다 아는 내용인데도 영화 〈내셔널 트레저National Treasure〉를 다시 보느라 밤을 새웠다고 말했다. 나는 새벽 6시에 눈을 떴지만 바로 일어나지 않고 '워즈 위드 프렌즈Words with Friends' 게임이나 하며 7시까지 그대로 뭉그적거렸다." 많은 사람이 그랜트와 비슷하게 심각한 스트레스나 슬픔, 외로움을 겪은 다음 시들해졌다. 시들함이란 곧 낮은 수준의 정신적 피로감인데, 특히 그 증상 가운데 하나인 무심함 탓에 사람들은 이를 쉽게 넘겨버리곤 한다.

시들한 상태는 흔히 눈에 띄지 않게 서서히 시작되다 갑자기 폭풍처럼 휘몰아친다. "어떻게 지내?" 같은 간단한 질문에도 돌발퀴즈라도 받은 듯 당황하며 자기 대답을 하지 못하고 그저 사회적으로 적당한 답으로 둘러댄다.

그랜트의 글은 입소문을 타면서 2021년 《뉴욕타임스》에 실린 모든 기사 중 가장 널리 읽힌 글이 되었다. 청소년, 노동자, 부모, 과로에 시달리는 여러 분야의 전문가, 사랑하는 이를 잃고 슬퍼하는 사람 등 수많은 사람이 겪지만 뭐라고 딱 꼬집어 표현하기 어려운 그 당혹스러운 감정을 설명할 단어가 절실히 필요했던 것은 분명하다. 유명인이든 왕족이든 너나 할 것 없이 시들해졌다는 트윗을 올렸다. 코미디언 트레버 노아 Trevor Noah 는 전석 매진된 매디슨스퀘어가든 공연에서 시들함에 빠진 자기 경험을 이야기했다. 2만여 명의 관객이 숨죽인 채 그의 이야기를 들었다.

당신도 사는 게 시들해졌는가?

다음 중 당신도 잘 안다고 고개를 끄덕일 만한 증상이 있는지 살펴보자.

- 감정적으로 무뎌진 것 같다. 앞으로 어떤 일이나 중요한 사건이 일어날지 기대되지 않는다.
- 어쩔 수 없다는 느낌이 든다. 생활 환경이 점점 더 외부의 힘에 좌우되는 것 같다.
- '어떻게든 되겠지'라는 심정으로 직장이나 집에서 할 일을 미룬다.
- 별 관련 없고 피상적이며 지루하다고 느껴지는 일이 점점 늘어난다.
- 삶을 다시 채워줄 무언가를 놓쳤다는 느낌에 사로잡혀 불안하지만, 그게 뭔지는 모른다.
- 내가 속한 공동체 또는 더 큰 목적이나 대의와 단절된 느낌이 든다.
- 일에서 의미나 성취감을 얻은 적도 있지만 넓게 생각하면 아무 의미 없어 보인다.
- 머릿속이 자주 멍하다(예를 들어 샤워하다가 머리를 감았는지 기억이 안 나 생각을 쥐어짜야 한다).
- 예전 같으면 쉽게 견뎌냈을 사소한 실패에도 좌절한다. 불안하고 내가 하찮게 느껴진다.
- 내 의견에 점차 확신이 떨어지고, 강한 의견을 내세우는 다른 사람에게 설득당하거나 휘둘린다.
- 친구나 가족에게 다가가거나 한때 중요했던 관계를 이어갈 동기를 찾기 힘들다. 사람들에게서 친밀감을 느끼기 어렵다.

- 내 장단점을 발견하거나 이해할 수 없다. 무엇을 잘하는지, 어떤 부분을 개선해야 하는지 모르겠다. 자존감이 흔들린다.

앞으로 조금 더 공식적인 평가를 해볼 것이다. 하지만 당신이나 사랑하는 사람이 이와 비슷한 느낌을 몇 가지 이상 받는다면, 질기디질긴 악순환에 빠진 이유와 그곳에서 벗어날 해결책을 알아내는 데 이 책이 도움이 될 것이다.

이런 것은 시들함이 아니다

만사가 시들해진 상태는 우울증depression과 비슷해 보인다. 둘 다 사는 데 흥미가 없다는 점은 비슷하지만 둘 사이에는 중요한 차이점이 있다. 우울증에 걸리면 최소 2주 동안 매일 또는 거의 매일 절망이나 슬픔을 느끼며, 울음을 터트리고, 잠을 너무 많이 또는 적게 자며, 흔히 자살 충동을 느낀다. 그런데 이런 우울증의 기준에 부합하지 않는 수많은 사람이 시들함에 빠져 있다. 삶의 목적의식이 없으면서도 우울증 증상이 나타나지 않을 수 있다. 시들함에 빠진 사람은 흔히 자기 삶을 통제할 수 없다고 느끼고, 앞으로 무엇을 원하는지도 분명히 알지 못하며, 크고 작은 일을 앞두고 아무런 결정을 내리지 못하고 멈칫거린다.

그렇다면 번아웃burnout은 무엇일까? 칭얼대는 아이를 곁에 두고 밤 12시 1분에 겨우 마지막 업무 이메일 전송 버튼을 누른 뒤라든가, 로봇처럼 아무 생각 없이 데이트 애플리케이션(이하 앱)을 뒤적일 때 느끼는 감정은 번아웃이다. 번아웃은 우리 세대는 물론 전 지구에 만연한 특정 현상을 포착하는 말이다. 엄밀히 말하면 번아웃은 정신건강 문제가 아니라 해야 할 일과 그 일을 해낼 자원 사이의 균형이 맞지 않아 만성적으로 스트레스를 받는 '업무 관련 현상'이다. 번아웃과 시들함은 비슷해 보일 때도 있지만, 번아웃이 훨씬 좁은 의미의 말이다.

하지만 번아웃에 빠지면 완전히 의기소침해져 만사가 시들해진다. 업무에 계속 짓눌리다 보면 한때 큰 보람을 느꼈던 활동을 해도 기쁨이나 의미를 찾지 못한다. 침대 머리맡에서 온갖 동물 소리를 흉내내가며 네 살짜리 아이가 만족할 때까지《괴물들이 사는 나라Where the Wild Things Are》를 성심성의껏 읽어주면서도 끝이 보이지 않는 할 일 때문에 머릿속이 산란하다면 그 순간을 온전히 느끼지 못한다. 자기가 디자인한 광고가 나올 때 설레던 그래픽 디자이너도 까다로운 고객의 요구에 맞춰 배너 디자인을 바꾸느라 밤늦게까지 컴퓨터에 붙어 앉아 있어야 한다면 그런 설렘은 먼 옛날 일처럼 느껴진다.

우리 사회는 자기 행동에 대해 '스스로 책임져야 한다'고 훈계하기를 좋아한다. 행복하지 않다면 더 일찍 일어나 더 운동하고 더 많이 자야 한다. 하지만 나 같은 사회학자는 개인에게 책임을 돌리기보다 어떻게 시스템이 우리를 그런 상태로 몰아갔는지를 알아내고 싶다. 많은 사람이 기록적으로 높은 스트레스, 불안, 번아웃, 시들함에 빠져 있다면 어떻게 그런 현상을 오로지 개인의 탓으로만 돌릴 수 있겠는가? 사실 더 나은 삶을 살거나 각자의 가치관과 정체성에 맞게 행동할 자율성을 빼앗는 것은 시스템 자체인 경우가 아주 많다.

한 젊은 의사는 자신과 동료들에게 직업적 가치를 희생하라는 의료계의 강요 때문에 사기가 저하되었다고 생각했다. 그는《뉴욕 타임스》에 이런 상황은 의료계에서 일어나는 도덕적 붕괴라고밖에 설명할 수 없다며, 병원이 "현금을 수십억 달러씩 깔고 앉아 의도적으로 인력과 환자 치료를 줄이고 있다"라는 기고문을 보냈다.[2] 수익을 극대화하기 위해 난해하게 설계된 의료비 청구 시스템은 인센티브 체계를 왜곡하고 환자를 위해 중요한 치료법을 선택해야 하는 의료진에게 산더미 같은 행정 업무를 떠넘긴다. 그 결과 의사는 자신의 치료 방침을 고수하지 못한다. 많은 의료진이 무력감에 빠져 목적을 잃었다고 호소하는 것도 전혀 이상하지 않다. 이 의사는 글에서 이렇게 강조했다. "우리는 질병 때문이 아니라 우리가 일하는 병든 시스템 때문에 무력해졌다." 의료계의 관행은 의료진을 안팎으로 지치게 만든다.

다른 전문직 분야에서도 비슷한 시나리오를 쉽게 상상할 수 있다. 교사들은 직원이나 학교 예산이 부족한 상황에서도 언제나 자기 직업과 학생을 사랑하며, 학생들을 위해 기꺼이 더욱 노력한다고 자부해왔다. 하지만 그런 개인적인 직업윤리는 오래갈 수 없다.

교사의 문제가 아니라 그들의 방어력을 갉아먹는 시스템이 실패한 탓에 교사들이 점차 지쳐 나가떨어지는 것이다.

이런 상황에서는 자기 삶과 주변 세상에서 의미를 찾기 위해 스스로 구축하는 이야기인 자기서사가 점차 무너진다. 이렇게 자기감이 약화된 상태를 '내면이 죽은 느낌'이라고 표현하기도 한다. 인간에게는 가족과 공동체에 받아들여지고 싶은 욕구는 물론, 자기 자신을 받아들이며 높이 평가하고 싶은 깊은 심리적 욕구가 있다. 거울에 비친 자기 모습이 더는 마음에 들지 않는다면 어떻게 될까? 악순환이 어떻게 일어나는지 곧 알게 될 것이다.

이제껏 틀린 질문을 해온 것은 아닐까

1990년대 후반 나는 막 시작하던 긍정심리학 운동에 잠시 발을 들였고, 1999년에는 긍정심리학 1차 회의를 공동 주관하기도 했다. 하지만 긍정심리학 운동은 성장하며 점차 다른 자기계발 철학처럼 낙관적인 '느낌', 행복한 '느낌', 강해진 '느낌' 같은 감정 상태에 지나치게 주목했다. 나는 이렇게 자문했다. 유쾌하거나 불쾌한 감정의 유무 말고 다른 것을 웰빙의 기준으로 삼는다면 어떨까? 더 깊은 욕구를 충족하는 데 힘을 쏟으면 어떨까?

나는 무엇이 우리를 좋은 정신건강으로 이끄는지 연구하면서 심리적·관계적·사회적 '기능'을 개선하면 근본적으로 웰빙을 누릴 수 있다는 사실을 발견했다.[3] 나는 이런 좋은 건강 상태를 '활력flourishing'이라 부르기로 했다. 자신의 감정을 더 여유롭게 받아들이고, 자기 자신에게 속삭이는 이야기를 바꾸고, 자신과 타인을 좀 더 보듬고, 서로 돌보고 소속감을 느끼는 공동체를 이룰 방법을 배우면 스트레스, 역경, 현대생활의 압박에 맞설 내성이 높아지는 선순환이 일어난다. 일상에서 점차 제 기능을 하며 삶의 만족감이 깊어지고 전반적인 정서적 웰빙도 좋아진다. 제 기능을 하면 기분도 좋아진다.

하지만 이런 일이 말처럼 쉽지는 않다! 건강하게 제 기능을 하는 것에 주목하려면 우선순위를 바꾸어야 한다. 이 책의 2부에서는 활력의 기본 요소로 돌아가 자신을 굳건히 다지고 중심으로 되돌려놓을 간단하지만 강력한 일상 실천법을 살펴볼 것이다.

몇 년 전 나는 한 학술지로부터 이탈리아 동료들이 롬바르디주 의료 종사자의 정신건강을 연구한 논문을 검토해달라는 연락을 받았다. 롬바르디는 코로나19 팬데믹 초기 3개월 동안 이탈리아에서 발생한 사망자 3만여 명 중 절반이 나온 곳이다.

당시 롬바르디주 의료계와 의료진은 전방위로 포위되어 있었다. 연구진은 롬바르디의 일선 의료진이 외상후스트레스장애post-traumatic stress disorder, PTSD로 진단받는 한편 시들함에도 빠지는 이중고를 겪고 있다는 사실을 발견했다. 심각하게 시들함에 빠진 사람이 가장 위험했다. 하지만 활력 있는 사람은 중간 정도로 시들함에 빠진 사람보다 PTSD에 걸릴 확률이 약 네 배나 낮았다.[4]

삶이 시들해지면 PTSD 같은 여러 위험에 더욱 취약해지지만, 활력이 있으면 면역력이 높아져 우리를 짓누르며 많은 것을 빼앗아가는 세상에 맞서 살아갈 회복탄력성을 얻을 수 있다.

활력을 찾아야 할 13가지 이유

아직 확신이 서지 않는가? 다음 목록을 읽으며 이렇게 생각해보자.
활력이 있으면 다음과 같은 상태를 예방할 수 있고, 시들해지면 이런 상태에 취약해진다.

- 중고등학생의 비행 행동(흡연, 흡입제 사용, 음주, 결석 등)
- 자살 시도 및 자살 경향(자살 계획 및 심각한 자살 생각)
- 자살 이외의 자해 행동(자신을 때리거나 칼로 긋거나 머리카락을 뽑는 등)
- 학교를 그만두고 싶다는 생각
- 우울증
- 불안
- PTSD
- 정신질환 재발(정신질환 치료를 받아 임상적으로 회복한 다음 다시 정신질환을 겪음)
- 갈등이 잦고 스트레스가 많은 업무 환경에서 일하며 정신적

고통을 겪음

- 업무 생산성 저하(결근 증가)
- 잦은 의료기관 방문(신체적·정신적·정서적 이유로)
- 염증을 늘리고 항체 생성을 줄이는 '역경에 대응하는 보존전사반응conserved transcriptional response to adversity, CTRA' 유전자의 활성화
- 조기사망

나는 수십 년 동안 연구한 끝에 이런 사실을 발견했다. 만사가 시들해지면 일상에서 제대로 기능하지 못하고 기존 행동을 고집하는 '순환고리'에 갇힐 뿐만 아니라 심각한 정신질환과 조기사망에 이를 수 있다.[5] 그 문을 열어둘 수는 없다.

우리가 걱정하는 정신건강 문제에 또 다른 문제를 더하고 싶은 사람은 아무도 없다. 코로나19 바이러스가 유행하기 전후로는 미디어도 시들한 상태에 대체로 무관심했고 자연히 그런 문제는 뒷전으로 밀렸다. 하지만 '진짜' 정신건강 문제나 '더 큰 문제'에 맞서야 한다며 시들함을 가볍게 여기려는 유혹에 굴복해서는 안 된다. 시들함은 공중보건을 심각하게 위협한다.

정신질환은 개인과 사회에 큰 부담을 준다. 미국인의 절반가량이 평생 한 번은 정신질환을 겪는다.[6] 하지만 정신과 훈련을 받은 의사들은 부정적인 정신질환 증상을 진단하고 치료하는 데에만 너무 오랫동안 집중했다. 의도는 좋았지만 말이다. 이 분야에 쏟아부

은 돈만 해도 수십억 달러나 되지만, 여전히 주요 약물들은 우울·불안·심리적 고통 같은 증상을 치료하는 데 운동이나 명상보다 큰 효과를 내지는 못한다.[7]

나 역시 우울증과 PTSD 치료를 받고, 자살을 생각하고, 정신과 약물을 복용했다. 하지만 나는 정신건강의 '긍정적' 요소를 연구하는 데 전념하면서 활력이라는 틀에서 보면 정신질환과 정신건강이 연관이 있기는 하지만 별개의 영역이라는 사실을 깨달았다. 건강해지려면 그저 질병만 없으면 되는 것이 아니라 웰빙이 있어야 한다. 의료계에서는 불안, PTSD, 복합 PTSD, ADHD, 강박장애 같은 정신질환이나 장애를 완벽하게 '치료'하지 않아도 살면서 제 역할을 하고 심지어 활력 있게 살 방법을 배울 수 있다는 사실을 너무 자주 간과해왔다.

어떻게 정신질환이 있는데도 정신적으로 건강하다고 할 수 있을까? 이런 말은 이상하고 거의 말이 안 되게 들릴지도 모른다. 실제로 정신질환 치료를 받는 사람에게 시들함이 더 흔하게 나타나기는 한다.[8] 하지만 조현병처럼 심각한 질환으로 치료받는 환자도 활력을 얻을 수 있고 실제 사례도 존재한다. 홍콩의 조현병 환자를 살핀 최근 연구에 따르면 환자 중 28퍼센트는 몹시 까다로운 정신질환과 싸우면서도 활력을 누렸다.[9] 표본 규모가 작아 이 결과가 모든 조현병 환자를 대표한다고 할 수는 없지만, 크든 작든 자신의 악마와 싸우는 모든 이에게 희망을 안겨주는 소식이다.

나는 만사에 시들해지고 싶지도, 정신적으로 아프고 싶지도 않다. 분명 당신도 마찬가지일 것이다. 그렇다면 우리는 궁극적인 목표를 어떻게 정의할지 질문해야 한다. 이를 위해 정신건강을 평가하는 데 어떤 지표를 사용할지, 어떻게 정신건강이라는 목표에 도달할지, 어떤 방법이 가장 효과적일지 질문을 던져야 한다.

나는 수년 동안 전 세계에 내 연구를 알리며 스스로도 활력을 얻었다. 어느 날 저녁 스코틀랜드 글래스고에서 내 연구를 공개 발표한 적이 있다. 발표가 끝나자 한 무리의 사람들이 흥분한 채 내게 다가와 말을 걸었다. 그들은 정신질환의 '충분한' 회복을 직접 경험하고 옹호하는 '매드 프라이드Mad Pride' 운동 회원이라고 자기소개를 했다. 그들이 원한 것은 그저 정신질환에서 벗어나는 것도 아니고, 정신질환자로 분류되거나 낙인찍히지 않는 것도 아니었다.

"활력이라는 말이 낯선 사람도 있겠지만 우리에게는 전혀 새롭지 않습니다." 잠시 내면의 학구적인 내가 살짝 기분이 상했다. 하지만 나는 어딘가에 소속되고, 공헌하고, 목적을 갖고, 내 생각과 의견을 표현하고, 타인에게 받아들여지고 자신을 받아들이는 회복이라는 비전에 공감하는 일이 얼마나 멋지고 중요한지 금세 깨달았다. 내게도 자부심이 밀려왔다. 나 역시 '매드 프라이드'의 산증인이었다.

많은 이가 몹시 힘든 정신질환에 대처하려 최선을 다하고, 그 결과 잠시 고통스러운 상태에서 벗어나기도 한다. 하지만 정신질환은 어떤 형태로든(때로는 관리 가능한 형태로) 평생 우리와 함께한다. 그래도 우리는 자신의 어휘를 확장할 수 있고 이를 통해 잠재력을 키울 수 있다. 건강하게 기능하는 데 집중하고, 활력의 선순환을 위해 누구나 시도할 수 있는 긍정적인 실행 단계에 눈을 돌려보자.

정신건강을 판가름하는 전인적 척도

자신이 긍정적 정신건강 척도의 어디쯤에 있는지 궁금할 것이다. 내가 개발한 14가지 항목을 담은 설문지를 소개하겠다. 임상의들이 웰빙을 평가하는 전인적이고 신뢰할 만한 척도로 수십 년 동안 사용해온 설문지다. (책을 다 읽은 다음 이 평가 설문으로 자신을 비춰보고 싶다면 지금은 이 부분을 건너뛰어도 좋다.)

각 항목은 근본적 웰빙을 평가하는 중요한 질문이다. 첫 세 문항은 '정서적' 웰빙을, 다음 다섯 문항은 '사회적' 웰빙을, 마지막 여섯 문항은 '심리적' 웰빙을 측정한다. 여기에서 알 수 있듯 꼭 모든 문제를 해결하고 만족스러운 삶을 살아야 활력 기준을 충족하는 것은 아니다. 또 어떤 웰빙 요소는 다른 요소보다 더 중요하기도 하다.

지난 한 달 동안 스스로와 자신의 삶을 떠올리며 다음 질문에 답해보자.

활력 기준

지난 한 달 동안 얼마나 자주 이렇게 느꼈는가?	전혀 아니다	한두 번	일주일에 한 번쯤	일주일에 두 세 번	거의 매일	매일

정서적 웰빙

	전혀 아니다	한두 번	일주일에 한 번쯤	일주일에 두 세 번	거의 매일	매일
1. 행복하다	0	1	2	3	4	5
2. 삶이 흥미롭다	0	1	2	3	4	5
3. 삶이 만족스럽다	0	1	2	3	4	5

활력 기준: 1~3항목 중 4 또는 5점을 준 항목이 1개 이상인가?

사회적 웰빙

	전혀 아니다	한두 번	일주일에 한 번쯤	일주일에 두 세 번	거의 매일	매일
4. 내게는 사회에 중요한 공헌을 할 만한 무언가가 있다	0	1	2	3	4	5
5. 공동체(사회 모임, 학교, 이웃 등)에 속해 있다	0	1	2	3	4	5
6. 우리 사회는 모든 사람에게 좋은 곳이거나 더 나은 곳이 되고 있다	0	1	2	3	4	5
7. 사람들은 기본적으로 선하다	0	1	2	3	4	5
8. 우리 사회의 작동방식은 이해할 만하다	0	1	2	3	4	5

심리적 웰빙

	전혀 아니다	한두 번	일주일에 한 번쯤	일주일에 두 세 번	거의 매일	매일
9. 내 성격이 대체로 마음에 든다	0	1	2	3	4	5
10. 일상의 의무를 대체로 잘 관리한다	0	1	2	3	4	5
11. 타인과 따스하고 신뢰하는 관계를 맺고 있다	0	1	2	3	4	5
12. 스스로 도전하며 성장하고 더 나은 사람이 된 경험이 있다	0	1	2	3	4	5
13. 나만의 아이디어나 의견을 생각하고 표현하는 데 자신 있다	0	1	2	3	4	5
14. 삶에 방향성과 의미가 있다	0	1	2	3	4	5

활력 기준: 4~14항목 중 4 또는 5점을 준 항목이 6개 이상인가? (사회적 및 심리적 웰빙은 건강한 기능을 다루는 척도이므로, 어느 쪽에서든 높은 점수를 주었다면 활력 기준을 만족한다.)

날마다 모든 항목을 만족하는 것을 목표로 삼지 말자. 사회적·심리적 웰빙 11개 항목 중 6개를 만족해도 제대로 기능하고, 정서적 웰빙 3개 항목 중 1개만 만족해도 거의 날마다 활력을 얻을 수 있다. 저마다의 방식으로 활력을 찾을 조합은 무궁무진하다.

활력이 없다는 말은 어느 정도 시들해졌다는 뜻이다. 심하게 시들해진 사람도 있고 약간 시들해진 사람도 있다. 0점이나 1점을 준 항목이 많다면 심하게 시들해졌다는 뜻이고, 2점이나 3점을 준 항목이 많다면 중간 정도 시들해졌다는 뜻이다.

하지만 당신이 지금 어떤 상태든 그 자리에 영영 머물러야 한다는 뜻은 아니라는 점을 기억하자.

이 시대의 새로운 송가

2022년 여름 이 책을 집필하는 중에 10대들의 새로운 애청곡이 흘러나왔다. 엠 베이홀드Em Beihold의 〈작고 멍한 벌레처럼Numb Little Bug〉이라는 노래를 처음 들었을 때 나는 요즘 청소년들이 침대에 누워 거울 속 자기 얼굴을 보는 것 같다고 느끼는 모습을 상상하지 않을 수 없었다. 시들함과 그에 따르는 '남들에게 보이지 않는 느낌'에 대한 가장 잊지 못할 표현은 "몸은 방 안에 있는데 나는 거기에 없는 것 같아"라는 가사에 등장한다.

노래 내내 베이홀드는 "완전히 행복하지는 않지만 죽고 싶지도 않아"라며 비슷한 기분을 느끼는 사람이 있는지 묻는다. 네, 물론이죠. 다들 그래요.

무언가에 이름을 붙이면 그것은 힘을 얻고, 우리는 그것을 넘어설 힘을 얻는다. 고통스러운 경험도 말로 표현하지 않으면 그 고통을 온전히 깨달을 수 없으며 심지어 받아들일 수 없는 경우도 있다. 하지만 치유라는 단계로 나아가려면 언어를 넘어선 무언가가 필요하다. 시들함에 빠지는 심리와 근본적인 원인을 이해해야 한다. 이 책의 1부는 우리가 왜 시들해지는지, 시들함이 개인과 사회에 어떤 영향을 끼치는지 이해하는 데 도움이 될 것이다.

코로나19 팬데믹 때문에 그전부터 잠재되어 있던 사회적·경제적 문제가 터져나왔다는 이야기가 계속 들린다. 사실이다. 하버드 대학교 역사학자 니얼 퍼거슨Niall Ferguson은 2023년 초 《워싱턴포스트The Washington Post》에 기고한 글에서 이렇게 썼다.[10] "현실의 사회관계망이 갑작스럽게 폐쇄되었는데, 어울리기 좋아하는 우리 벌거벗은 원숭이 종의 정신건강이 다치지 않았다면 그게 더 놀라운 일이다." 팬데믹을 거치며 몹시 힘들었던 몇 년 동안 전 세계 수십억 명이 서로 멀어진 채 각자의 삶으로 숨어들었다. 온 세계가 거대한 외로움, 불확실성, 두려움, 슬픔, 수면 부족으로 큰 정신적 타격을 받았다.

세계적으로 정서적 고통이 늘고 있다. 사회경제적으로 취약한 공동체와 15~35세 청년들이 가장 크게 타격을 받는다. '슬픔이나 절망감이 이어진다'라고 호소하는 여자 고등학생은 2021년 57퍼센트였는데, 이는 2011년 이래 36퍼센트 늘어난 수치다.[11] 10대 여학생들만의 문제는 아니다. 2021년 수많은 성인이 응답 전날 '스트레스를 많이 받았다'(41퍼센트)라거나 '걱정이 많았다'(42퍼센트)라고 응답했다.

코로나19 팬데믹을 거치며 정신적·정서적 고통은 더욱 커졌다. 하지만 우리가 이런 길을 걸어온 지는 꽤 되었다. 모두가 더욱 시들함에 빠지는 현대사회를 만들 계획이었다면 정말 제대로 성공한 셈이다. 하지만 우리 중 대다수는 더 풍요롭고 의미 있는 삶을 갈망한다.

우리는 삶을 중요하게 여기고 싶어한다. 우리는 소속감을 갈망한다. 더 따스하고 신뢰하는 관계를 원한다. 있는 그대로의 나를 받아들이는 사회에서 살고 싶어한다. 내가 받고 싶은 것은 모두 나와 같은 것을 갈망하는 다른 사람에게서 얻어야 하는 것들이다. 갈망하는 사람들이 모인 사회에서 우리는 어떻게 서로에게 필요한 것을 줄 수 있을까?

이 책의 2부에서는 다양한 연령, 인종, 민족, 소득 수준, 일과, 성격 유형을 지닌 사람 중 오래된 틀을 깬 이들의 이야기를 살펴 활력으로 나아가는 길을 알아보려 한다. 인구통계나 정신질환 유무와 관계없이 모두에게 적용되는 다섯 가지 실천법은 하루 또는 일주일에 단 몇 분만 할애하더라도 우리가 항상 갈망하는 의미, 연결, 개인적 성장에 관해 새로운 인식을 불어넣어줄 것이다.

활력 있는 행동은 일종의 대체의학이다. 혈액에 철분이 부족해

빈혈 진단을 받은 적이 있다면 몸이 축 처지거나 기운 없고 피곤한 느낌을 잘 알 것이다. 시들함이 몸으로 드러나면 이런 느낌일 것이다. 철분 보충제로 빈혈을 치료하듯 '다섯 가지 활력 비타민'으로 시들함을 치료할 수 있다.

가장 중요한 것은 무엇일까? 연구자들은 정신건강이 좋아지도록 나아가는 움직임이라면 어떤 것이라도 가치 있다고 말한다. 심각한 시들함이 1이고 활력이 10이라면, 이 책을 덮기 전에 1에서 10으로 훌쩍 건너뛸 방법을 전부 알아낼 필요는 없다. 심각하게 시들함에 빠졌다면 인생, 건강, 기능이 모두 아주 낮은 상태일 것이다. 이런 경우라면 활력을 향해 아주 조금씩 나아가기만 해도 삶이 크게 달라진다.

자, 이제 방법을 알아보자.

차례

1부 | 시들함에서 활력으로: 정신건강은 연속체다

Languishing

7장   영성: 피할 수 없는 인생의 굴곡 받아들이기   225

8장   목적: 타인과 세상에 의미 있게 기여하는 삶   263

9장   놀이: 일상을 벗어난 시간   303

나가며: 활력 넘치는 사람들의 공동체·338

From Languishing
to Flourishing

1부

시들함에서 활력으로:
정신건강은 연속체다

우리는 왜 시들함에 빠지며,
시들함은 개인과 사회에 어떤 영향을 끼치는가?

Languishing

1장
시들함에 빠지면 어떻게 될까?

아이부터 청년, 어른과 노인까지,
누구나 시들함에 빠질 수 있다

폴은 중학교 2학년 무렵 문제를 일으키기 시작했다. 교장 선생님이 부모님께 전화를 건 것은 문제가 더 심각해졌을 때였다. 폴과 반 친구들은 모두 전해에 중학교에 입학했지만 코로나19 팬데믹 봉쇄 조치가 시행되면서 학교생활은 격주로 겨우 몇 시간만 할 뿐이었다. 코로나19가 그늘을 드리운 탓에 초등학교 졸업, 즐거운 여름방학, 새로운 중학교 생활을 위한 오리엔테이션까지, 중요한 이정표를 모두 놓쳤다는 말이다. 대부분의 친구들은 그해 9월 입학 전까지 학교 본관 건물에 한 번도 발을 들여놓은 적이 없었다.

다른 지역 초등학교에서 온 친구를 사귈 기회는 입학하고 몇 주도 되지 않아 사라졌다. 직접 만난다 해도 모두 마스크를 써야 했고 점심시간이 되기 전에 헤어졌다. 영상 수업을 하는 내내 카메라를 켜놓는 아이는 아무도 없었다. 새 선생님이 현실세계에서 활짝 웃는 모습을 본 적도 없다. 얼굴은 모두 마스크에 가려졌다. 새로운 사람을 만나고 새출발을 하는 일은 불가능하게만 느껴졌다.

중학교 2학년에 올라갔으나 정서적으로 아직 초등학교 시절에 머물러 있던 폴과 친구들이 문제를 일으키기 시작했다. 처음에는 그저 사소한 말썽이었다. 아이들이 복도에서 뛰어다니고 수업 시간에 발표 차례가 아닌데 떠들어도 폴의 부모는 중학생이라면 으레 그러려니 생각했다. 하지만 상황은 점점 심각해졌다. 틱톡TikTok에서 유행하는 갖가지 일탈 행위가 미국 전역 학교에 번지고 있었다. 화장실 벽에서 휴지걸이가 뜯겨나가고, 복도는 아이들이 소란을 피우는 바람에 전쟁터가 되고, 화장실은 쓰레기로 난장판이 되는 일이 일상이었다. 폴은 그저 장난이라며 사소한 기물파손과 소소한 폭력을 계속 저질렀다. 급격히 떨어지지는 않았지만 성적도 떨어졌다. 결석이 잦아지자 천천히 A에서 B로 떨어졌고 이제는 성적표가 온통 C로 가득했다.

집에서도 상황은 그다지 희망적이지 않았다. 폴은 온종일 방에 틀어박혀 뒹굴뒹굴했고, 얼굴을 내민다 해도 후드티를 뒤집어쓰고 어슬렁거리며 부모님과 간단히 인사 정도만 할 뿐 대화다운 대화는 전혀 나누지 않았다. 저녁식사 때는 눈도 마주치지 않았다. 학교에서 돌아오면 숙제해야 한다며 노트북을 들고 곧장 침대로 기어올라갔지만 숙제를 제대로 하는 것 같지 않았다. 아이가 너무 말이 없자 부모는 불안해졌다. 폴의 어머니는 아이가 팔다리를 움직일 기력도 없이 항상 축 늘어져 있다고 말했다. 당혹스러운 일이었다. 성취욕 높은 폴의 부모는 그들이 알던 아들이 아닌 것 같아 안절부절못했다.

중학생쯤 되면 아이들은 호르몬 때문에 혼란과 고통을 느끼고 스트레스를 받아 불안해진다. 폴은 또래라면 누구나 겪을 법한 고립감 때문에 예전과는 전혀 다르게 행동했다. 그러던 어느 날 폴은 진짜처럼 보이는 가짜 총을 사서 학교에 들고 가겠다는 글을 소셜 미디어에 올렸다. 부모는 그 글을 보고 경악했다. 반 친구들이 선생님께 즉시 이 사실을 알렸고, 학교는 등교 시간이 되기 전에 폐쇄되었다. 폴은 흥분한 어머니에게 당연히 농담이었고, 총은 가짜였으며, 심지어 학교에 총을 들고 가지도 않았다고 해명했다. 하지만 그 농담 때문에 폴은 그날 정오도 되기 전에 퇴학당했다.

폴은 왜 그런 충격적인 일을 저질렀을까? 폴의 부모는 그 이유가 궁금했다. 후드티를 뒤집어쓰고 있으면서도 폴은 누군가 자신의 비명을 들어주기를 바란 것이 분명했다. 부모는 폴이 반항적인 모습 뒤에서 목적을 잃은 채 아무것도 할 수 없다는 무력감과 어디에도 속하지 못한다는 소외감을 느꼈다는 사실을 점차 깨달았다. 하지만 자기 위치에만 집착하며 방향을 잃은 채 쉴 새 없이 돌아가는 온라인 세상에서 폴이 어떻게 자신의 성격을 대체로 좋아할 수 있겠는가? 어떻게 장난스러운 스냅챗Snapchat 게시물을 올리거나 복도에서 바보 같은 소란을 피우는 일을 넘어 자신에게도 사회에 이바지할 만한 중요한 무언가가 있다고 믿거나 다른 사람과 따스하고 신뢰하는 관계를 맺을 수 있겠는가? 이런 것들은 모두 활력을 구성하는 요소이지만, 오늘날 자라나는 청소년은 이런 활력 요소를 어디서도 얻을 가망이 없는 경우가 너무 많다.

그렇다면 삶이 시들해진 아이들이 아무것도 느끼지 못하는 무기력감에 빠지느니 차라리 교장 선생님의 분노나 부모님의 실망, 학교에서 쫓겨나는 굴욕감을 느끼려고 한 것도 어쩌면 당연하다.

또 누가 시들함에 빠질까?

우리 가운데 무려 50~60퍼센트가 시들함을 겪는다. 시들함은 특히 인생의 세 단계에서 일어난다. 첫 번째 단계는 까다로운 전환기인 청소년기(12~19세)다. 두 번째 단계는 25~34세의 청년기로, 경력을 다지고 가정을 꾸리기 시작하는 시기다. 마지막 단계로, 75세를 지나면서 시들함이 스멀스멀 다시 찾아온다. 이 시기 많은 노인은 사랑하는 사람을 잃고 슬퍼할 뿐만 아니라 예전의 활동성과 독립성을 잃고 여러 질병과 굴욕감에 시달린다.

이 장에서는 시들함이 여러 나이의 사람들에게 어떤 영향을 끼치는지 자세히 살펴본다. 사회적·물리적 환경이 달라지면 어떤 위험 요소가 늘거나 줄어들까?

어린아이도 시들해질까?

두 살짜리 아이가 내면의 공허함을 느낀다고 생각하기는 쉽지 않다. 초기 발달 단계에 있는 유아가 어떻게 심각한 정신건강 결핍의 징후를 보일 만큼 정서적으로나 인지적으로 성숙할 수 있을까? 하지만 시들한 상태를 정서적·심리적·사회적 웰빙이 없는 상태로 이해한다면, 안타깝지만 그렇게 어린 아이들도 연구자들이 '활력 없음'이라고 부르는 상태에 빠질 수 있다. 드물지만 유아도 실제로 주요 우울증 징후를 보인다. 하지만 이런 증상은 쉽게 묻힌다. 부모가 보기에는 아기가 슬퍼 보이지 않을 수 있다. 하지만 아기도 '정동둔마flat affect'(마음속 느낌이나 정서를 겉으로 나타내지 못해 감정이 거의 없는 것처럼 보이는 상태 – 옮긴이)에서 집착 증가까지 여러 증상을 보인다.

최근 몇 년 동안 청년의 정신건강은 무서운 속도로 악화되었다. 그러자 임상의와 연구진은 어릴 때부터 나타나는 고통의 징후를 더욱 면밀하게 연구하기 시작했다. 요즘에는 신체적·인지적 건강뿐 아니라 활력처럼 웰빙에 영향을 끼치는 사회적·환경적 요인을 포괄하는 전인적 건강 척도를 이용하는 방향으로 눈을 돌리는 의료인이 점차 늘고 있다.

2022년 미국 인구조사국U.S. Census Bureau은 1~5세 어린이 1만 8,000명 이상을 대상으로 아이들이 얼마나 활력 있는지, 이런 현상을 어떻게 예측할 수 있는지 조사했다.[1] 이 연구에서는 부모에게 자녀의 정서적 건강과 기능에 관해 다음과 같은 네 가지 질문을 했다. 첫째, 자녀는 일이 뜻대로 풀리지 않아도 금세 회복하는가? 둘째, 자녀가 부모에게 다정하고 부드러운가? 셋째, 자녀가 새로운 것을 배우는 데 흥미와 호기심을 보이는가? 넷째, 자녀가 잘 웃고 미소 짓는가? 네 가지 질문 모두에서 '항상' 또는 '대체로' 그런 아이는 활력이 있다고 볼 수 있다.

다행히 어린이 중 63퍼센트가 이 조건을 만족했다. 하지만 10명 중 약 4명은 활력을 잃은 상태였다. 이런 아이들은 회복탄력성이 부족하고, 부모나 타인과 관계를 맺지 못하고, 매사에 흥미가 없거나 집중하지 못하고, 거의 웃지도 미소 짓지도 않았다.

연구에서 신체적 질병이나 발달 단계상 장애가 있고 정서적·행동적 문제가 있다고 진단된 아이들이 특히 취약했다. 연구진은 사회·경제적으로 소외된 가정에서 자란 아이들이 활력을 잃는 경우가 흔하다는 사실도 발견했다. 특히 음식이나 수면이 부족하고, 부모가 사회적 지원을 받지 못한다고 느끼는 가정에서 자란 아이들이 더욱 그랬다.[2]

어린아이들은 다른 어떤 나잇대의 사람들보다 활력을 누릴 선천적인 잠재력을 많이 갖고 있다. 하지만 이런 타고난 능력을 길러주려면 사회가 가족을 지원해야 한다. 그런데 근무 시간이 들쑥날쑥하고 최저임금을 받는 일자리를 전전해야 하거나, 육아휴직을 쓸 수 없어 자녀가 태어난 초기 몇 달 동안 아이와 유대감을 형성하지 못하는(그리고 나중에는 보육자 및 교사와 소통할 기회가 제한되는) 부모도 있다. 대가족, 친구, 지역 공동체도 자원이 부족하고 과도한 업무에 시달리는 나머지 도움이 절실한 부모를 도와줄 수 없다. 가족이 함께 시간을 보내고 튼튼한 지원망을 형성할 놀이터, 도서관을 비롯한 공유 공간이 근처에 없는 경우도 있다. 그렇다면 우리는 공동체뿐만 아니라 가장 어린 아이들에게도 실패를 안기는 셈이다.

청소년이라는 미개척지

우리는 새로운 밀레니엄의 서막에 있다. 지난 세기 우리가 이룬 가장 놀라운 성과는 평균수명을 30년이나 늘린 일이다. 지난 100년 동안 과거 전체보다 수명을 더 많이 연장한 셈이다. 경탄할 만한 일이다.

하지만 우리는 불확실성이 넘치는 세상도 물려받았다. 청소년은 이런 상황을 모두 이해하고 그 안에서 온전히 살아가야 한다는 압박 때문에 큰 부담을 느끼는 나머지 건강하게 기능하는 데 아주 결정적인 자기감sense of self이 무너지고 있다. 미국에서 활력을 잃은 아이들의 비율은 1~5세 37퍼센트, 12~14세 51퍼센트, 고등학생이 되면 60퍼센트로 계속 늘어난다.[3]

아이들은 대답하기 힘든 여러 질문에 사로잡힌다.

"최신 시사 정보를 얻으려면 어떤 정보원을 믿어야 하지?"

"다른 사람을 불쾌하게 하거나 소외시키지 않고 어떻게 내 의견을 표현할까?"

"왜 나는 또래들과 수준이 다른 것 같지?"

"나 자신에게 진실해지는 대가로 친구나 사회적 지위를 잃는다면 어떻게 될까?"

"나는 좋은 친구일까?"

"나의 성정체성은 뭐지? 이성애자, 동성애자, 양성애자, 아니면 또 다른 무엇일까?"

"부모님이 우울해하는 것이 왜 내 책임인 것 같지?"

"좋은 직업을 가지려면 꼭 대학에 가야 하나?"

"혼자 해결할 수는 없을 것 같지만, 지구가 타들어가는 일을 막으려면 어떻게 해야 하지?"

가장 어린 청소년층인 12~14세 아이들도 무언가 잘못되는 것이 아닐까 걱정하는 주변 모두에게 미묘한 경고 신호를 보낸다. 이런 신호 가운데 하나는 의도적인 자해다. 2022년 12~20세 헝가리 청소년을 조사한 연구에서는 청소년이 겪는 시들함이 아주 강해졌다고 보고했다. 그 결과 머리카락을 뽑거나, 손목을 긋거나, 피부를 꼬집고 물고 그을리거나, 자살 시도를 하는 일이 늘었다.[4]

또 다른 경고 신호는 약물 사용이나 비행 같은 문제 행동이 일찍 시작된다는 점이다. 보통 비행 행동은 10대 후반인 고등학교 시절 나타나 서서히 늘어난다. 하지만 만사에 시들해진 12~14세의 중학생들은 이미 비행을 저지르고 있다. 어른들은 그런 행동을 전부 알지는 못한다. 아이들이 저지르는 일이 모두 체포될 만한 범죄는 아니지만 중학생만 되어도 아이들은 결석하고, 술 마시고, 담배와 마리화나를 피우고, 흡입제를 시도하기 시작한다.

또래 친구들의 사회적 지원이 부족하면 특히 시들함에 빠지기 쉽다. 전보다 더 외롭다고 응답한 청소년은 지난 10년 동안 거의 두 배 늘었다. 집에 초대하고, 학교에 오지 않으면 보고 싶고, 친구라고 분명히 말할 수 있고, 비밀을 공유하고, 학교에서 같은 팀으로 나를 선택해줄 친구가 있다고 대답한 중고등학생은 점점 줄었다. 청소년들은 정체성을 탐색하고, 자존감 문제로 고민하고, 자의식이 높아지는 과정에서 친밀한 우정을 기르고 다지는 데 필요한 정서적 에너지가 고갈되는 경우가 많다.

1999년 PBS는 조지아주 애틀랜타 교외에 사는 청소년들을 취재해, 이들이 겪는 불안정한 삶을 다룬 다큐멘터리를 방송했다.[5] 1999년이라면 아주 오래전 같지만 당시 청소년들에게 영향을 끼친 힘은 그 뒤로 수십 년 동안 더욱 강화되었다. 애틀랜타올림픽을 앞둔 1996년에서 1999년 봄 사이, 조지아주 록데일카운티에서는 충격적인 사건이 여럿 발생했다. 16세 소년이 상점가 주차장에서 싸우다 살해당했다. 사춘기 남학생이 조지아주 코니어스에 소재한 헤리티지고등학교에서 산탄총을 난사하며 난동을 벌여 학생 여섯 명이 다쳤다. 록데일카운티의 14~17세 청소년 17명이 매독 양성 판정을 받았고, 청소년 200명이 성관계로 전염되는 바이러스에 감염되었다.

록데일카운티는 대부분 교외에 거주하는 백인 중상류층 가정으로 구성된 작지만 부유한 지역이다. 록데일 아이들은 특권층이었고 안락한 삶을 살았다. 총기 난사 사건과 매독 사태가 발생한 헤리티지고등학교는 조지아주의 명문 학교 중 하나였다. 하지만 공중보건 조사관이 매독 사건을 살피는 과정에서 특권층 청소년들의 삶 뒤에 숨은 현실이 밝혀졌다. 아이들 사이에는 집단 성관계, 알코올과 물질 남용이 만연했다.

놀란 전문가들은 이 현상을 설명하기에 바빴다. 록데일카운티를 찾은 PBS 〈프론트라인Frontline〉 시리즈의 제작진은 청소년에게 매독보다 더 심각하게 영향을 끼치는 문제의 징후를 만났다고 언급했다. 가는 곳마다 텅 빈 내면을 채울 무언가를 찾아 외롭게 헤매는 아이들이 있었다.

가슴 아프도록 익숙한 이야기 아닌가? 10대들은 텅 빈 듯한 공허함을 느꼈다. 하지만 아이들의 행동이 심각해지기 전까지는 아무도 그런 사실을 눈치채지 못했다. 록데일 청소년들의 삶에서 의미 있는 관계가 사라진 것은 아이러니하게도 부모의 경제적 성공을 의미했다. 이곳 부모들은 대체로 성공했고 열심히 일하느라 바빴다. 하지만 이런 부모들에게는 자녀의 물질적 필요를 채워줄 부는 있어도 정서적·실존적 욕구를 채워줄 시간과 에너지, (때로) 의지는 거의 없었다.

11~13세 청소년 3만 7,000여 명을 살핀 최근 연구에 따르면 시들해진 상태는 부모 자식 관계의 질과 밀접한 관련이 있다.[6] 연구진은 청소년에게 다음과 같은 다섯 가지 질문을 던졌다. '가족 중 여러분을 걱정하는 사람이 있는가?' '문제가 생기면 도와줄 가족이 있는가?' '어른들은 여러분의 의견에 귀 기울이고 의견을 존중하는가?' '여러분의 인생에서 중요한 결정을 내릴 때 부모님과 상의하는가?' '집에서 안전하다고 느끼는가?'

이 다섯 가지 질문에 '아니요'라고 답한 항목이 많을수록 시들함이 심했다. 나는 집에 갈 이유가 전혀 없다는 느낌이 얼마나 끔찍한지 기억한다. 내가 그 아이들 또래였을 때 조부모님에게 입양되기 전이었다면 나 역시 다섯 가지 질문에 전부 '아니요'라고 대답했을 것이다.

반대로 부모와 긍정적인 관계를 맺으면 정신건강 문제를 예방할 수 있고 공감능력, 감정조절 능력, 문제해결 능력, 미래에 대한 명확한 목표와 높은 열망을 가질 수 있다.[7]

많은 부모가 자신의 세계와 자녀의 세계 사이를 가로막는 보이지 않는 벽을 깨부수려 고군분투하지만 이는 결코 쉬운 일이 아니며, 부모 중에는 자신의 고통에 너무 매몰된 나머지 자녀와 깊은 관계를 맺지 못하는 사람도 많다.

대학에 간 청년들

타랄은 대학생이던 열아홉 살 무렵 내가 '유튜브 단계YouTube phase'라 부르는 시기를 겪었다. 타랄 스스로 그 시기를 그렇게 부르지는 않았지만 그냥 침대에서 나오기 싫다는 것만은 알았다. 그는 당시 이렇게 '멍때리기'를 하며 지내도 기분이 전혀 나아지지 않았다고 실토했다. 오히려 '생산적인 일은 전혀 하지 않고' 시간을 허비하고 있다는 죄책감에 시달렸다.

타랄은 당시 우울하지는 않았다고 말했다. 그는 고등학교 때 우울증과 불안에 시달리며 공식적으로 진단받은 적도 있었다. 하지만 그때와는 달랐다. 당시 부모님은 "네 미래는 네가 알아서 하라"며 타랄을 몹시 압박했다. 마침내 대학에 입학한 뒤로는 타랄도 그럭저럭 잘 지냈다. 하지만 상황을 해결해야 한다는 압박감은 여전했다. 혼자서는 어떤 결정도 내릴 수 없을 것 같았다. 앞으로 무엇을 하고 싶은지 여전히 알 수 없었다. 천체물리학에는 수학이 너무 많았고, 컴퓨터공학에는 초등학교 때부터 코딩을 해온 학생들이 넘쳐났다. 무엇보다 그는 자신의 에너지와 집중력을 어디에 쏟아야 할지 몰라 혼란스러웠다. 때로 자신의 길이 있을지조차 알 수 없었다. 그래서 타랄은 결정을 모두 미루고 일종의 중간 지점에 그대로 멈춰 섰다. 물러설 수도 없었지만 앞으로 나아갈 동기도, 도와줄 사람도 없었다.

타랄은 결정을 내리지 못하고 모든 것을 피한 채 옴짝달싹못했다. 룸메이트와 함께 사는 것도 나쁘지 않았지만 3학년이 되어서는 1인실에서 살기 시작했다. 하지만 혼자 살아도 상황은 나아지지 않았다. 하루 이틀, 때로는 그 이상 기숙사 문 바깥으로 한 발짝도 나가지 않는 날도 있었다. 며칠이나 소식이 없으면 친구들이 안부를 물으러 찾아오곤 했지만 그는 자기가 먼저 친구들에게 연락하는 법이 없었다. 사람을 만나지 않아도 며칠씩 지낼 수 있었기 때문이다. 배달 음식을 주문하고 수업은 온라인으로 들으며 하루 종일 유튜브를 뒤적이는 나날이 이어졌다.

*

고등학교를 졸업하고 대학에 갈 나이가 된 자녀를 둔 부모는 아이가 대학에 가서 좋은 교육을 받고 행복을 찾는 일을 가장 중요한 소망으로 여긴다. 고등학교를 졸업하는 아이들이 시들해져 있든 활력 있든 상관없다. 실제로 연구에 따르면 자녀가 부모의 목표에 가까워졌다고 본 부모일수록 '부모 자신의' 심리적 웰빙이 좋았다.

하지만 내가 걱정하는 부분은 바로 이런 행복에 대한 집착이다. 건강하게 기능하지 못하는데 기분만 좋다고 해서 시들함이 해결되지는 않는다. 전반적인 웰빙보다 자녀의 긍정적 감정을 지나치게 우선시하는 부모는 중요한 무언가를 놓칠 수 있다.

부모의 열망이 자녀의 정신건강을 위험에 빠뜨린다면 어떨까?[8] 자신이 '가족의 성적표'라는 비유는 그렇지 않아도 상처받기 쉬운 청소년에게 큰 짐을 더한다. 대학생들의 응답에 따르면 지난 30년 동안 부모의 기대치는 40퍼센트 늘었고 부모의 비판도 그에 비례해 늘었다. 완벽주의 성향도 마찬가지다. 말도 안 되는 높은 기준에 자신을 꿰맞추려 애쓰는 학생은 인생을 합격·불합격 문제의 연속으로 본다. 그러다 보면 자기감이 떨어지고 개인적 목표와 관심사가 좁아진다. 완벽주의는 섭식장애·불안·자해·우울증으로 이어질 수 있으며, 한번 뿌리내리면 평생 가는 특성이 될 수 있다.

오늘날 학생들은 안팎으로 극심한 압박을 받아 비틀거린다. 2013~2021년 대학생들의 우울증을 조사한 연구에 따르면 조사

기간 동안 우울증이 135퍼센트, 불안은 110퍼센트 늘었다.[9] 실제로 정신건강에 문제가 있다고 판단하는 기준을 하나 이상 만족한 학생은 전체적으로 '두 배'가 되었다.[10] 정신건강이 좋다는 기준을 만족한 학생은 38퍼센트뿐이었다.[11] 이런 결과가 무슨 뜻인지는 수학 전공자가 아니라도 알 수 있다. 대학생 62퍼센트는 활력이 '부족한' 상태라는 뜻이다.

'교우관계가 부족하다'라고 얼마나 자주 느끼는지 질문했을 때 '때때로' 또는 '자주' 그렇다고 응답한 학생은 64퍼센트였다. 때때로 또는 자주 소외감을 느낀다고 응답한 학생은 68퍼센트였다. 우정을 비롯해 온갖 유형의 사회적 관계를 맺으면서도 동시에 심한 고립감을 느낄 수 있다. 관계를 내밀하고 의미 있게 만드는 요소는 나중에 살펴보겠다.

나는 대학생들이 정신건강에 관해 어떻게 생각하는지 알아보기 위해 이 결과에 함축된 의미를 더 깊이 파고들었다. 미국 학생을 대표하는 표본을 살핀 내 연구에서는 학생들이 사회공헌, 통합, 세상 이해, 타인 수용, 사회적 성장 등 '사회적' 웰빙의 다섯 가지 측면을 가장 덜 중요하게 여긴다는 사실을 확인했다. 학생들이 가장 중요하게 여긴 요소는 행복, 만족, 삶에 대한 관심 같은 '정서적' 웰빙이었다. 학생들은 이런 것을 무엇보다 갈망했다.

학생들은 살면서 목적을 찾고, 따스하고 신뢰할 만한 관계를 맺고, 자신을 받아들이는 '심리적' 웰빙이 사회적 웰빙보다는 중요하지만 기분 좋은 느낌보다는 훨씬 덜 중요하다고 여겼다. 올림픽 메달에 비유하면 좋은 기분은 확실히 금메달, 심리적으로 제대로 기능하는 '나'는 은메달, 사회적으로 제대로 기능하는 '우리'는 동메달인 셈이다.

학생들이 정서적 웰빙을 가장 중요하다고 느끼는 것은 당연하다. 지난 수십 년 동안 정서적 웰빙은 대중적인 긍정심리학 연구 대부분이 유일하지는 않아도 중요하게 다룬 주제였다. 하지만 정서적 웰빙에 대한 집착은 시들함의 토대가 되었다. 게다가 요즘 아이들은 걱정해야 할 다른 일도 너무 많다.

대학생들은 정서적·사회적·심리적 고민에 더해 광범위한 사회적·경제적 스트레스 요인의 영향도 받는다. '좋은 학교'에 들어가야 한다는 요구에 이어, 학교에 들어가도 끊임없는 경쟁과 성취에 대한 불안이 4년 내내 큰 짐을 안긴다. 불안감은 10대들이 대학 진학에 집중할 무렵부터 커지기 시작한다. 대학을 어느 정도 다닌 스물한 살 무렵이 되면 줄곧 성적이나 졸업 후 진로를 걱정하며 우울증과 물질 남용이 늘어난다. 나는 교직에 몸담은 25년 동안 수많은 학생이 입학할 때만큼이나 많은 해결되지 못한 질문과 불확실한 미래에 관한 고민을 안고 졸업하는 모습을 봐왔다.

물론 진심 어린 걱정에 자녀에게 성공하라고 압박하는 부모도 많다. 경쟁이 넘쳐나는 요즘 취업 시장을 보며 걱정하거나 어떻게든 자녀가 사회적·경제적 사다리에서 굴러떨어지지 않도록 하겠다는 마음도 이해는 된다. 오늘날 미국에서 대학 졸업장을 딴다는 것은 한때는 고등학교를 졸업해 공교육만 마치면 누릴 수 있던 평생에 걸친 경제적 안정성을 보장받는 것으로 여겨진다. 그러다 보니 '상위권' 학교에 진학할 자기소개서를 쓰기 위해 어린 시절을 저당잡히는 아이들이 늘고 있다. 또한 고등교육은 많은 가정의 저축을 갉아먹고 가족 모두에게 스트레스와 불안을 안긴다.

어린 시절 수영이나 낚시를 하고 자전거를 타고 놀면서 아이답게 평온한 한때를 보내는 아이들이 수학 과외를 받거나 대입 수능 준비에 몰두하는 아이들보다 더 행복하리라는 점에 이의를 제기하는 이는 거의 없을 것이다. 하지만 바깥에서 노는 일이 4년제 대학 입학 요건에 해당하지 않는 지금도 이런 일을 계속 선택지로 삼을 수 있을까?

상위권 대학 입학은 많은 부모가 생각하는 것만큼 장기적인 경제적 안정에 중요하지 않다. 직원을 채용할 때 명문대 졸업장보다 글쓰기 능력, 의사소통 능력, 문제해결 능력 같은 더 유연한 자질에 주목하는 분위기로 바뀌었다고 공개적으로 말하는 채용자도 많다. 구글 같은 대기업은 학위 요건을 보지 않기도 한다. 고등학생이라면 대입 수능 점수나 학점만큼이나 정신적 역량과 성장을 위해 활력 넘치는 환경을 조성하는 학교를 선택하는 데 시간과 에너지를 쏟는 편이 훨씬 가치 있을 것이다.

이것만은 분명해 보인다. 대학이 학점뿐만 아니라 활력을 척도로 학생의 성공을 평가한다면 우리는 마침내 '고등'교육이라는 말에 걸맞은 대학 시스템을 갖추게 될 것이다.

그렇다면 활력 있는 대학은 무엇을 추구해야 할까? 학생들이 학업 과정을 거쳐 학위를 따서 졸업할 때면 방향감각과 개인적 성장 속에서 자신과 타인을 받아들이며 행복감을 느끼고 삶에 몰입할 수 있어야 하며, 가까운 공동체뿐만 아니라 사회 전반에 기여하겠다는 의욕이 있어야 한다. 대학은 활력 있는 학생을 만들 수 있고 그래야 한다. 그런 일이 값비싼 대학 교육으로 낼 수 있는 가치 있는 결과가 아닐까?

매년 학생 대 교수 비율, 등록금, 졸업생 기부율, 졸업생의 첫 연봉에 따른 대학 순위는 발표하지만 왜 학생 대비 정신건강 상담사 비율은 발표하지 않는가? 정신질환 진단과 자살 시도 통계는 어떤가? 정신건강 문제로 중퇴한 학생 비율은 또 어떤가? 그런 정보도 제공되어야 하지 않을까? 제공되지 않는다면, 자녀를 걱정하는 부모는 그런 정보를 요구할 권리가 있지 않을까?

대학의 자산이 늘어도 학생들의 정신건강과 행복을 증진하는 데는 거의 도움이 되지 않는다. 일류 대학들은 세계에서 가장 재능 있는 교수진을 채용하기 위해 공을 들인다. 하지만 그 일류 교수진은 강의실 안팎에서 학생들과 많은 시간을 보낼 가능성이 적다.

4년제 대학 학위가 좋은 직장을 얻기 위한 필수 요건이라는 가정이 지속된다면 대학이 정원을 채우는 데는 아무런 문제가 없을 것이다. 하지만 적어도 입학했을 때보다 졸업할 때 활력 있는 학생이 더 많아야 한다는 데는 동의해야 하지 않을까? 이런 대학의 졸업생들이야말로 우리 모두가 꿈꾸는 사회에 기여할 사람들이다.

시들함의 대가를 모아보면

시들함은 학생들이 건강하게 기능할 수 있는지에 여러모로 영향을 끼친다. 의대생들을 조사한 연구에서 시들함에 빠진 학생은 자살 생각을 더 많이 하고, 중퇴하고, 4~5년 차에 회진을 돌 때 비윤리적 행동을 할 가능성이 더 컸다. 예를 들면 다음과 같은 행동이다.

- 책을 보지 않아야 하는 시험에서 커닝하는 다른 학생을 내버려둔다.
- 다른 학생의 과제에서 공을 가로챈다.
- 실험 결과나 엑스레이 데이터를 요청하지도 않은 채 늦어지고 있다고 보고한다.
- 환자 진료 중 검사가 필요한지 문의하는 것을 깜빡하고도 결과가 정상이라고 보고한다.
- 실수해도 책임지거나 사과하지 않는다.

의료계에서 시들함과 비윤리적 행동은 함께 나타날 수 있다. 둘 다 과도한 업무, 경쟁, 이익 우선이라는 더 큰 원인에서 오는 증상이기 때문이다. 시들함에 빠진 의대생은 실수를 저지르고도 이를 인정하거나 사과하지 않으려 들 수 있다. 목적의식, 소속감, 사회에 이바지하려는 의식이 부족하면 실수를 인정한다는 생각만으로도 너무 부담스럽다. 잘못을 고백하면 병원과 의료진에 대한 소속감이나 기여도에 더 큰 균열이 생길 수 있다. 아마도 시들함에 빠진 의대생이 바라는 것은 검사를 제대로 요청해 환자의 의학적 문제를 해결하는 데 유용한 결과를 찾아내는 정도의 '성과'일지 모른다.

의대생들은 고된 훈련 기간을 거친다. 이런 시기를 모두 거쳐도 시들함에 빠지면 일을 시작할 기회를 잡기도 전에 그만두고 싶어진다. 게다가 시들함에 빠진 의대생들이 직업적으로 위험한 행동을 기꺼이 한다면, 이들이 전문의가 되었을 때 수많은 환자에게 어떤 영향을 끼칠지 상상할 수 있겠는가?

새장을 나와 세상으로

이제 의무교육 과정을 모두 마치고 '진짜 세상'으로 나아갈 준비가 되었다. 청년은 20대 중반, 30대, 40대에 접어들면서 직업 경력을 쌓기 시작하고, 결혼하고, 가장 낯설게는 부모가 되는 법을 배우는 등 미지의 영역에 거듭해서 들어선다. 살면서 시들함에 빠질 위험이 큰 세 가지 시기 중 하나다.

"불행한 가정에는 나름의 불행이 있다"라는 톨스토이의 유명한 문장처럼 각자의 스트레스 요인, 트라우마, 공동체, 성격은 우리를 이리저리 비틀고 구부린다. 다음 장에서는 인종주의와 차별이 시들함에 어떤 영향을 끼치는지 살펴볼 것이다. 물론 누구나 겪는 경험도 있다. 일상적인 스트레스 요인은 계속 누적되며 결코 누그러지지 않는 것 같다.

코로나19 팬데믹을 거치며 어머니들은 특히 양육이라는 큰 짐을 떠안았다. 몇 달이나 고립되어 도움이라고는 거의 또는 전혀 받을 수 없었다. 이들이 더욱 시들해진 것도 당연하다.

오늘날 출산한 많은 여성이 겪는 산후우울증postpartum depression, PPD은 심각한 문제로 여겨진다. 전 세계적으로 산후우울증 발병률은 17퍼센트로 추정된다.[12] 하지만 우리는 더 조용하지만 해로운 영향을 끼치는 산후시들함postpartum languishing, PPL에도 귀 기울여야 할 것 같다. 에스파냐 산모를 살핀 연구에 따르면 참가자의 40퍼센트가 시들해졌고, 이들은 산후우울증을 겪는 산모보다 '어머니로서의 자신감'이 더 낮았다. 신생아에게 걸맞은 방식으로 아이를 돌볼 수 있을지 의심한다는 뜻이다. 어머니로서의 자신감이 낮은 산모는 엄청난 스트레스를 받을 뿐만 아니라 신생아와 건강한 애착을 형성하거나 강한 모성 정체성을 느끼거나 양육자라는 역할에 만족감을 느끼지 못한다. 이 연구에서는 산후시들함을 예방할 수 있는 몇 가지 중요한 요소를 발견했다. 자신을 더욱 연민하고, 심리적 유연성과 회복탄력성을 기르고, 파트너나 가족의 사회적 지원을 더 많이 받는 것이다.

자녀가 성장한다고 해서 육아가 더 쉬워지지는 않는다. 예를 들어 학교 스트레스는 학생뿐만 아니라 부모에게도 큰 타격을 준다. 부족한 정보를 바탕으로 자녀에게 꼭 맞는 학교를 선택하려면 오랫동안 조사하고 비용 대비 편익을 분석하는 등 전반적으로 고민

해야 한다. 이른바 '보이지 않는 노동'도 큰 부담이 된다. 성인이라면 점점 더 복잡해지는 세법을 공부하고, (압도적인 정보의 홍수에 휩싸이지 않기 위해) 신뢰할 만한 뉴스피드를 관리하고, 소프트웨어를 버전에 따라 업데이트하고, 개인정보가 유출되면 서둘러 비밀번호를 변경해야 한다. 우리는 계속 더 적은 자원으로 더 많은 일을 하라고 요구받으면서 점차 아무것도 남지 않았다고 느낀다.

스트레스 요인이 너무 많은 요즘 성인들이 불확실한 일상에서 자신의 경험을 음미하고 성취감을 얻는 데 어려움을 겪는 것도 당연하다. 많은 사람이 삶의 현실적인 모습을 받아들이려 애쓰며 자신이 내린 선택에 의문을 품는다. 내가 선택한 곳이 살기에 괜찮을까? 내가 선택한 파트너는 좋은 사람일까? 직업은? 친구는? 일과 삶, 친구와 가족 사이의 균형은 적절한가? 업무, 재정, 은퇴 계획 때문에 중요한 정서적 관계를 소홀히 하지는 않았을까? 머릿속에서 이런 목소리가 울린다. '다시 시작하기에는 너무 늦었어.' '올바른' 선택을 내렸고 원하는 것을 전부 가졌는데도 무언가 여전히 성취하지 못했다고 느낀다. 목표를 달성하려 그토록 애썼는데 그 성공 지표는 사실 핵심이 아니었다.

삶에서 의미를 잃으면 정신적으로 모든 것이 실제로 중요했던 시절로 되돌아가기가 어렵다. 새로운 것을 배우며 흥분하고, 무언가를 처음 경험하고, 세계관을 확장하던 어린 시절 말이다. 우리는 그렇게 더 깊은 구덩이로 빠져든다.

일터에서 생기는 시들함

사회학자들은 최근 일터에서 이상한 변화를 감지했다. 임금이나 노동시간에 관계없이 모든 사람이 그 어느 때보다 업무 스트레스를 많이 받는다고 응답한다. 이상한 점은 주당 평균 노동시간이 전과 그다지 달라지지 않았다는 사실이다. 요즘 사람들도 1970년대와 비슷하게 주당 평균 35~40시간 일한다.

하지만 평균에는 속임수가 있다. 숫자에는 어떤 사람은 주당 더 많은 시간을 일하고 다른 사람은 더 적게 일한다는 사실이 감춰져 있다. 주당 50시간 이상 일하는 사람이 늘었지만, 주당 30시간 이하로 일하는 사람도 늘었다.[13]

의사, 변호사, 재정 상담사 등 고급 서비스직에 종사하는 사람은 그 어느 때보다 일을 많이 하고 높은 보수를 받는다. 반면 청소부, 웨이터, 바텐더, 가사도우미 등 저급 서비스직에 종사하는 사람은 생계를 유지할 만큼 보수가 많은 일자리나 충분한 일감을 찾지 못해 일을 조금 덜 하고 있다. 다만 그 차이는 크지 않아서, 미국의 경우 소득 상위 10퍼센트는 주당 평균 46.6시간 일하지만 하위 10퍼센트는 이보다 약 4시간 적은 42.2시간 일한다. 국제적으로 보면 이야기가 또 조금 달라지는데,[14] 실제로 27개국을 조사한 연구에 따르면 전일제 노동자 중 소득 상위 10퍼센트는 하위 10퍼센트보다 주당 1시간 덜 일할 뿐이다.

실제 노동시간과 관계없이 두 노동자 집단 모두 연장근무 때문에 스트레스를 받는다. 한 집단은 온종일 일하고도 집으로 일거리를 가져와 밤이나 주말에도 일해야 한다. 하지만 다른 집단은 안정적으로 꾸준히 일할 일자리를 충분히 얻지 못해 단기직을 전전하거나 두 가지 이상의 일을 해야 하고, 그러면서도 종종 한 명 이상의 자녀를 부양해야 하는 외벌이 부양자로 스트레스를 받는다.

내 연구에 따르면 미국에서 시들함에 빠진 성인은 평균 성인보다 1년에 6일 더 '결근'한다. 다 합하면 한 해에만도 '23년'에 해당하는 경제적 생산 손실을 본다는 계산이 나온다. 하지만 정신적·정서적 이유로 일을 일찍 그만두거나 생산성이 저하되는 프리젠티즘presenteeism까지 포함해서 본다면, 미국에서는 시들함 때문에 한 해에만도 52년에 해당하는 근무일 손실이 발생하는 셈이다.

업무 스트레스에서 우리를 지켜주는 것

예전에 나는 스트레스 넘치는 상황에서도 활력이 있으면 면역력을 키울 수 있다는 것을 알게 되었다. 오스트레일리아 노동자를 조사한 종단 연구에서 이를 뒷받침하는 강력한 증거를 볼 수 있다.[15] 이 연구에 따르면 정신건강은 그 수준에 따라 취약점이 되기도 하고 회복탄력성의 원천이 되기도 한다. 이 연구에서는 스트레스가 많고 갈등이 심한 직장 환경이 직원의 긴장, 절망, 불안, 초조, 무가치함, 우울, '모든 일에 힘들여 노력해야 한다는 느낌' 등의 심리적 고통에 어떤 영향을 끼치는지 추적했다.

시들함에 빠진 직원이 고통을 더 크게 느끼는 것은 당연하다. 하지만 더욱 흥미로운 사실이 있었다. 내게는 몹시 놀라운 발견이었다. 정신건강이 좋은 직원, 곧 활력 있는 직원은 직장 스트레스와 관계 없이 시간이 지나면서 고통을 가장 적게 겪었다.

직장에서 정신건강에 실제로 영향을 끼치는 것은 동료가 주는 지원이었다. 우리에게는 함께할 동료, 나를 위해 곁에 있어줄 사람, 힘든 시기에도 나를 이해해줄 사람, 따스하고 신뢰하며 열린 마음으로 협력하는 분위기를 만들어줄 사람이 필요하다.

다시 말해 서로를 지지하지 않으면서 스트레스와 요구가 많은 환경에서 일하면 웰빙을 갉아먹히고 시들함에 빠질 가능성이 높아진다.[16]

스트레스는 시들함의 전제조건일까?

몇 년 전 〈오프라 윈프리 쇼The Oprah Winfrey Show〉의 오프닝에서 진행자의 질문에 깊은 인상을 받았다. "좋은 집에 살면서 건강한 아이와 자상한 남편에게 고마움을 느끼며 많은 시간을 살아왔는데 여전히 퍼즐 한 조각이 빠진 듯한 느낌이 드시나요? 어딘가 텅 빈 것 같고 스스로 '이게 전부인가?'라는 생각이 드시나요? 그건 당신의 마음이 뭔가를 더 갈망하기 때문입니다. 당신만 그런 생각을 하는 것은 아닙니다. 믿기 어려울 정도로 많은 여성이 비슷하게 소리 없는 고통을 겪고 있습니다."

이 회차에 출연한 여성들은 살면서 시들해지고 일상에서 공허감을 느끼며 겪는 어려움을 명확하게 말했다. 결혼생활도 원만하고, 건강한 아이들과 괜찮은 직장이 있고, 좋은 동네에 있는 멋진집에 살면서도 표류하는 것 같다고 했다. 한 여성은 이렇게 말했다. "오프라 씨, 저는 결혼생활도 행복하고 아이도 둘이나 있어요. 건강하고 경제적으로도 안정되었으니 축복받은 셈이지요. 하지만 불안한 마음을 채울 길이 없어요. 영혼 한가운데가 텅 빈 것 같아요."

다른 여성은 이렇게 거들었다. "제가 왜 여기 있는지 모르겠어요. 마음속에서는 '삶에 뭔가 다른 것이 있을 거야'라고 계속 말해요."

"삶의 방향성, 목적의식, 나의 정체성을 알고 싶어요. 그래서 뭔가 더 필요하긴 한데 어떻게 해야 할지 모르겠어요"라고도 말했다.

한 여성은 만사에 시들해지면 어떻게 뭔가 다른 것을 갈망하게 되는지 말했다. 나도 너무나 잘 아는 느낌이었다. "음식, 돈, 사랑, 섹스, 소유물, 자조모임을 찾아 공허함을 채우려고 노력해요. 그래도 아직 뭔가 더 있어야 할 것 같아요."

몇 년 전 우연히 본 이 방송은 지금 봐도 놀랄 만큼 새롭고 시의성이 있다. 최근에 연락이 닿은 친구 안드레아도 자신이 시들해지고 있다고 털어놓았다. 내가 구체적으로 말해줄 수 있느냐고 부탁하자 그는 두 아들을 키우느라 바쁜 와중에도 설득력 있는 답변을 써서 이메일로 보내줬다. 그 이야기는 〈오프라 윈프리 쇼〉에 등장했던 사람들의 경험과 비슷했다.

삶이 시들해진다는 건 마치 비행기를 타고 활주로 위를 돌고 있는데 착륙할 수 없을 것 같은 느낌이야. 당장 위험하다는 느낌은 아니야. 자리에 앉아 있고 전반적으론 괜찮지만, 영원히 오지 않을 어떤 해결책을 기다리는 느낌이 들어. 이상하지만 그게 뭔지도 잘 모르겠어. 전에 없던 불안감이 튀어나와. (활주로에 다른 비행기가 추락했나? 연료가 바닥나는 거 아니야?) 시들해진 느낌이 들어도 분명 나는 지금 이 순간에 있고 주변에서 무슨 일이 일어나는지 잘 알지만, 마음챙김을 하는 명민한 느낌은 아니야. 지나치게 경계하는 거지.

잠시 멈추는 순간이면 예전처럼 제대로 살지 않는 것 같고 통제할 수 없는 일이 너무 많다고 느껴져. (이 비행기는 언제 착륙해서 내 삶을 이어갈 수 있을까?) 하지만 지루한 일상 업무가 내 앞에 산처럼 쌓여 있어. (아직 너무 바빠! 게다가 피곤하다고!) 날마다 수백 개의 작은 들불을 허겁지겁 끄지만 정작 중요한 일, 팬데믹 이전에는 해왔던 만족스러운 일을 하나도 못 하는 것 같아. 세상은 대체로 정상으로 돌아왔지만 나는 가끔 여전히 팬데믹 때의 정신 상태에 갇혀 있는 것 같아.

내 친구 안드레아나 〈오프라 윈프리 쇼〉에 출연한 여성들은 많은 면에서 객관적으로 남들이 부러워할 만한 자신의 삶에도 활력 요소가 부족하다는 사실을 알았다. 자신과 삶에 너무 많은 것을 기대한 것일까? 우리 모두 그럴까? 이 복잡하고 혼란스러운 세상에서 진정으로 활력 있게 사는 것이 가능하다고 여긴다면 너무 순진한 생각일까? 활력이라는 말에서는 더없이 축복받은 평온이나 영원한 행복이라는 이미지가 떠오른다. 하지만 활력을 얻기 위해서는 22쪽의 표에서 얘기한 14가지 웰빙 요건 가운데 7가지만 충족해도 된다. 게다가 삶의 목적, 자신과 타인 수용, 소속감 같은 여러 활력 요소는 품위 있는 삶을 살아가기 위한 인간의 기본 요건이다. 내 생각에 기대치가 높은 것은 주된 문제가 아니다. 모든 계층에 있는 사람이 어떤 상황에서도 활력을 얻을 수 있다는 주장을 뒷받침하는 탄탄한 연구도 많다.

노년에 찾아오는 시들함

활력은 60~65세 무렵 가장 높아진다. 이 시기에는 스트레스 요인이 대체로 줄어들기 때문이다. 하지만 이와 동시에 목적의식과 사회에 기여한다는 감각은 줄어들기 시작한다. 그전까지는 양육과 일이 의미 있는 인생을 산다는 감각을 튼튼히 지탱해줬다. 하지만 많은 사람이 75세가 넘어서면서 시들함이 스멀스멀 다시 돌아온다.[17]

이 나잇대 사람들이 겪는 시들함을 연구한 결과 당뇨병, 고혈압, 뇌졸중, 암, 심장병처럼 생명을 위협하는 질병이 늘어났다고 해서 더 시들해지지는 않는다는 사실이 밝혀졌다.[18] 그보다는 고통과 당혹감을 유발하고 독립성을 제한하는 변비, 치질, 허리 통증, 수면장애, 발 부상 등의 다른 신체적 불편이 더 큰 문제였다.

88세가 넘은 친척 한 분은 장거리 여행이 불가능해 나와 내 아내를 만나러 애틀랜타로 오시지 않는다. 요실금을 앓고 계셔서 두 시간짜리 비행 동안 몹시 당황스러운 상황에 빠질까 봐 두려워하시기 때문이다. 결국 우리는 예전만큼 자주 만나지 못하고 이전의 관계를 그리워하게 되었다.

75세가 넘으면 사랑하고 아끼는 사람은 물론 타인과 직접 만나는 데 들이는 시간이 고작 하루의 10퍼센트 정도로 쪼그라든다고 추산하는 사람도 있다.

이것은 진짜 걱정스러운 일이다. 하지만 희망은 있다. 나이가 들면서 뭔가 아주 흥미로운 일이 일어난다. 관계가 더 친밀하고 만족스러워진다. 일부러 사회적 만남의 양을 줄이면 실제로 사회적 만남의 질이 향상될 수도 있다.

결말이 중요하다. 시간이 넘쳐난다고 생각하면 시간을 당연시하게 된다. 우선순위에 따라 살고 행동하는지는 그다지 신중하게 따져보지 않는다. 하지만 생이 다할 무렵이 되면 진짜 중요한 것에 초점을 맞추기 시작한다. 우리가 나이 들면서 얻는 한 가지 부산물은 거의 무한에 가까운 주관적 시간틀이 압축된 시간틀로 전환되는 현상이다.

나이 들고 인생이 얼마 남지 않았다는 사실을 깨달으면 다른 사람을 만날 때 정서적으로 얼마나 친밀감 있고 만족스러운지에 따라 그 사람을 평가한다. 더 이상 어리석은 일을 기꺼이 감수하지 않을뿐더러 존경하지 않거나 관심 없고 아무런 감정도 느껴지지 않는 사람과 만나는 시간을 점점 줄인다. 나이 들면 불쾌한 대인관계를 줄인다는 증거도 있다. 부정적 감정을 느끼거나 드러내지 않으면서 배우자와 민감한 주제를 두고 논의할 방법을 찾아갈 수도 있다.[19]

6장에서는 활력을 주는 관계, 곧 나이나 계층을 초월해 서로 평등하게 정서적 친밀감을 느끼며 연결되는 관계를 어떻게 키워나갈지 알아볼 것이다.

사망률 데이터가 명백히 알려주듯 활력과 삶의 목적을 갖고 사회에 공헌한다고 강하게 느끼는 노년층은 더 오래, 더 의미 있게 산다. 이들은 자신이 부여받은 인생을 더욱 가치 있게 만든다.

시들함의 귀환

어릴 때부터 가톨릭 신자였던 나는 고해성사를 하며 한 주 동안 지은 죄를 인정하고 속죄하느라 토요일을 다 보냈다. 내 안의 악을 모두 씻어내고 묵주기도를 바쳐야 행복이 찾아온다고 배웠기 때문이다.

공허하고 만사가 시들하고 시시한 느낌이 든다고 고백한 적은 한 번도 없지만, 어쩌면 그래야 했을지도 모른다. 특히 '버릇없이' 놀았던 주에는 내면이 공허했다. 제대로 공부하거나 선행을 베풀어 나 자신과 신에게 영광을 돌리지 못했기 때문이다. 괜찮게 지낸 주에는 만족스럽고 자부심을 느꼈다. 그러면 일요일에 성당에 가서 앙리 신부님 옆에서 복사 임무를 성실히 수행했다.

믿거나 말거나 한때 시들함은 여덟 번째 대죄였다. 비록 이 생생한 고통에 죄와 비슷한 점이라고는 없지만 말이다. 허영심, 시기심, 폭식, 정욕, 분노, 탐욕, 게으름이라는 일곱 가지 대죄는 모두 잘 안다. 하지만 수세기 전에는 사실 한 가지 대죄가 더 있었다. 그것은 '나태acedia'로, 역사적으로 시시하거나 시들해진 느낌과 동의어다.

나태는 자신과 삶을 돌보지 않는다는 뜻의 그리스어 '아케디아akēdia'에서 왔다. 유명한 초기 기독교 수사 에바그리우스 폰티쿠스Evagrius Ponticus(345~399년)는 수사들이 이런 불안한 권태의 유혹을 받아 영적 삶을 포기한다고 언급했다.[20] 초기 시리아 두루마리 문서의 저자들은 나태를 정신적 낙담과 동일시했고, 4세기 기독교 신비주의자 성 요한 카시안John Cassian(360~435년)은 나태를 마음의 피로라고 설명했다.[21] 나태라 부르든 시들함이라 부르든, 이런 상태에 빠지면 무언가를 느끼거나 최선을 다해 일할 수 없고, 점점 더 상태가 심각해져 상황을 바꾸지 못한다.[22]

6세기 교황 대ᐩ 그레고리오Gregorio Magno에 이르자 나태는 대죄

목록에서 빠졌고 서구 사상에서 사라졌다(그 뒤로 나태는 게으름이라는 범주에 포함된 것 같다). 하지만 나태라는 개념은 역사 전반에 걸쳐 모든 계층을 괴롭혀왔다.

시들함은 과거만큼이나 지금도 우리에게 좋지 않은 영향을 끼친다. (다행히도) 대죄에서는 빠졌지만 말이다. 정확히 말하자면 시들해진 상태는 결코 죄가 아니다. 다음 장에서 살펴보겠지만, 시들함은 개인적이자 전 세계적인 공중보건 문제다.

2장

우리는 어쩌다가
이렇게 시들해졌을까

내 삶이 중요하다는 감각과 단절될 때
시들함은 고개를 든다

스콧은 입사 10주년이 되던 날 아침 컴퓨터를 켜고 상사가 보낸 이메일을 열었다. "웰빙 및 회복탄력성 프로그램에 참석하세요. 여기에서 등록하면 됩니다."

"뭐래." 스콧은 이 말밖에 할 수 없었다. 그러고는 이메일을 삭제했다. 당시 스콧은 간신히 버티는 중이었다. 당시 그는 전 부인과의 지난한 이혼 절차를 마무리하는 중이었다. 이혼 전에는 경제적으로 풍요로웠지만 이혼한 지금은 경제적 안정에서 멀어져 사실상 궁핍한 상태였다. 결혼생활이 파탄난 뒤 스콧은 어린 네 자녀와 함께 새로운 가정을 꾸리려 애썼지만 소금통 하나를 사기도 버거웠다. 스콧은 '아내가 모든 것을 앗아갔다'라며 전부 아내 탓으로 돌렸다. 적어도 잠깐은 누군가를 비난하는 것이 편했기 때문이다.

그때의 스콧은 무엇보다 반反웰빙운동의 기수였다고 할 수 있다. 오스트레일리아 남부의 대규모 여성 교도소에서 간수로 일한 지 10년쯤 되었을 때였다. 한때 일을 사랑했지만 지금은 전혀 일할 맛이 나지 않았다. 교도소에서 일할 때는 전투적이면서도 위축되었다. 누군가 자신의 결정이나 일 처리 방식에 이의를 제기해도 귀담아듣거나 토론하는 데 흥미가 없었다. 자기 주장을 증명하는 대신 공격적인 태도로 일관했고 상대방보다 더 흥분하며 논쟁에서 이기려고만 했다.

그는 아이들을 매우 사랑했지만 가정에서도 별반 다르지 않게 행동했다. 자기 아버지의 양육방식대로 아이들을 키웠다. 토론하거나 이의를 제기할 여지를 주지 않고 자기 방식만 고수했으며 그래도 괜찮다고 여겼다. 스스로도 인정했듯 소리도 많이 질렀다. 기쁨이나 즐거움을 느끼고 무언가를 함께 나누거나 서로를 보듬는 경우는 거의 없었다. 그는 직장과 집안일에만 집중했고, 날마다 자고 일어나서 똑같은 일을 반복했다. 별문제 없이 생활을 이어나가기 위해서였다.

절망에 빠진 다른 사람들과 달리 당시 스콧은 술을 완전히 끊었다. 일탈 행위를 해도 예전과 달리 아무런 느낌이 없었다. 정신적으로 나락에 떨어진 것 같았지만 빠져나올 힘도 야심도 없었다.

스콧을 움직이려고 좋은 친구가 나섰다. 회복탄력성 프로그램을 이수한 동료 페이는 이번 기회가 자신에게만큼 스콧에게도 도움이 되리라는 사실을 잘 알았다. 페이는 스콧의 오래된 동료였지만, 스콧이 시들함에 빠진 동안에는 페이도 스콧과 거의 연을 끊을 뻔했다. 스콧이 휴게실에도 들르지 않고 퇴근 뒤 회식에도 나타나지 않았으며 복도를 지날 때면 다른 동료들을 유령 취급했기 때문이다.

페이는 직장에서 언제나 다정했던 스콧이 사람들과 어울리지 않고 입을 꾹 다문 채 불신에 빠진 모습이 보기 싫었다. 어느 날 페이는 스콧의 사무실에 들러 상사들과 그만 싸우고 그냥 웰빙 프로그램에 등록하라고 재촉했다. 또한 스콧에게 그 프로그램이 필요하다고 조언했다. 스콧은 관계가 뜸해진 최근까지도 늘 좋아했던 페이의 의견을 마지못해 받아들였다.

　그리고 바로 그것이 스콧에게 필요한 자극이었다. 프로그램에 참여하고 몇 주 뒤 스콧은 새로운 존재방식에 눈을 떴다. 프로그램이 진행되는 동안이나 나중에 복도에서 만난 사람들은 그의 적이 아니었다. 그를 보고 멍청이라고 수군대는 사람은 없었다. 적어도 그가 생각하기에는 그랬다. 왜 그들과 싸우려고만 했을까? 왜 항상 싸움을 벌이려고 했을까? 협력하는 편이 훨씬 생산적이지 않았을까? 그는 사람들을 믿지 않았다. 아내가 떠나기로 하고 나서 잔인한 몇 달을 보내는 동안 스콧은 아무도 믿지 않았다. 하지만 다른 사람들이 그런 미움을 받아 마땅했을까? 자신은 한때 직장에서 가장 발이 넓고 호감 가는 사람이 아니었던가? 할 수 있는 한 모든 방법을 동원해 변화를 이끌어낸다는 대의를 위해 동료들과 함께 그곳에 있다고 믿지 않았던가?

　스콧은 자신이 직장에서 일어나는 일에 관심을 끊은 것이 언제부터였는지 알 수 없었다. 재소자들을 진심으로 보살피고, 그들이 감옥에 있는 동안 의미를 찾고 그 경험을 바탕으로 출소한 다음 더 나은 삶을 꾸리기를 바란 적도 있다. 하지만 지금은 직장에 몸만 왔다 갔다 할 뿐이었다. 그는 다른 사람들도 다들 그럴 거라 생각했다.

　주변 사람은 필요 없다고 느낀 것이 언제부터였던가? 왜 직장과 집이 무언가에 이바지할 장소가 아니라 할 일이 끝없이 널린 곳으로 느껴졌을까? 왜 사랑하고 존경하는 사람들과 맺은 관계를 모두 끊었을까? 왜 자신의 배려 유전자를 껐을까? 자신의 분노와 고립, 무관심은 대체 어디에서 비롯되었을까? 그 어느 곳도 아니었다. 스콧은 문득 깨달았다. 그는 강의실에 앉아 눈을 번쩍 뜨고 마음을 누그러뜨린 채 한때 끈끈하게 연결되었다고 느꼈던 주변 사람들을 돌아보며 다시 한번 무언가를 믿어보기로 결심했다.

'웰빙 및 회복탄력성 프로그램'의 강사는 참가자들에게 이 훈련에 직접 참여하고 스스로에 대해 적극적으로 배워야 한다고 강조했다. 편안하게 앉아 있다가 스트레칭하고 싶으면 자리에서 일어나거나 필요하면 걸어다녀도 된다고도 말했다. 규칙도 제한도 없었다. 스콧에게는 이런 분위기가 강의실의 판도를 바꾸는 게임 체인저였다. 강사는 무언가를 배우려는 학생을 도우려고 강의실에 있는 것이지, 스콧의 기억 속 학교에서처럼 누군가를 훈계하는 교사로서 그곳에 있는 것이 아니었다. 프로그램 강사의 교육법은 전혀 달랐고 스콧의 학습방식과 잘 맞았다.

성장이라는 마음가짐에 집중하는 훈련도 마음에 들었다. 참가자들은 자신의 장점을 파악하고 이해하려 노력했고, 그 과정을 통해 사람들이 자기를 어떻게 인식하고 바라보는지 제대로 깨달았다. 스콧은 몇 시간도 지나지 않아 자기 장점 중 하나가 사람들과 잘 섞이는 것이라는 사실을 기억해냈다. 예전에는 그런 사람이었다. 스콧은 자신의 장점을 다시 깨울 수 있고, 다양한 면에서 성장할 수 있다는 것을 깨달았다.

스콧은 완전히 달라졌다고 느꼈다. 프로그램에 단 몇 시간 참여했을 뿐인데 마치 머리에 얼음물 한 바가지를 끼얹은 것처럼 정신이 들었다. 그는 이제 깨어났다. 그리고 그 경험을 혼자만 간직하고 싶지는 않았다. 그는 페이에게 고마움을 전했다. 그러고는 심호흡을 한 다음 한 가지 제안을 건넸다. 이번에는 다른 웰빙 프로그램을 같이 이수해서 우리가 직접 강사가 되어볼까?

당시에는 몰랐지만 스콧은 이미 활력으로 향하는 첫걸음을 내디딘 셈이었다. 그는 동료들, 특히 페이와 다시 연결되었고 자신의 목적을 찾았다. 사람들과 어울리며 각자의 장점을 찾도록 돕는 일이 그의 목적이었다. 다음 프로그램은 마음챙김 훈련과 명상 수련이 중심이었다. 그는 공감하고 객관화하며 자기 내면을 바라보고, 어떤 순간에도 마음을 고요하게 만들고, 자신이 통제할 수 없는 것을 두고 푸념하기보다 통제할 수 있는 것에 집중하기 시작했다. 그는 이 고요한 성찰의 순간에 자신과 다른 사람, 그들을 이루는 조건을 더 명확하게 보고 이해했다. 자연히 그가 배운 모든 것에서 다른 사람들도 혜택을 얻을 수 있으리라 생각했다. 그는 자기 직업이 재소자를 감시하는 것에서 나아가 그들과 그들의 웰빙을 돌보는 일이라 여기기 시작했다.

재소자들은 끔찍한 역경을 겪었고, 스콧은 그들이 겪은 트라우마가 그들의 웰빙에 어떤 영향을 끼쳤는지 너무나 잘 알았다. 이미 페이와 다시 연결되는 경험을 한 스콧은 여성 재소자들과 다시 연결되는 일, 삶에서 그들이 잃어버린 것을 다시 찾도록 돕는 일이 가치 있다고 생각했다. 그들이 잃은 연결, 의미, 목적은 우리 모두가 살아가는 데 없어서는 안 되는 것들이다.

외로움은 시들함의 일부다

스콧의 변화는 패배감·비통함·삶에서 후퇴한 느낌에서 벗어나 목적의식을 되찾고, 목표 삼아 살아가며 쟁취할 무언가를 다시 발견하는 이야기다. 삶의 목적으로 삼을 더 위대하고 더 나은 무언가를 발견할 때 인생은 달콤해진다.

1장에서는 특정 공동체나 나잇대에서 삶이 시들해지는 이유와 그 대가를 자세히 살펴보았다. 이 장에서는 따스하고 신뢰할 수 있는 관계가 줄어드는 상황, 뇌와 몸이 외로움에 반응하는 방식, 인종주의나 차별 같은 여러 역경에 초점을 맞춰 시들함을 유발하는 더욱 다양한 힘을 살펴본다.

오늘날 외로움은 공중보건을 위협하는 전염병으로 여겨지며, 수명 단축 및 각종 정신적·신체적 건강 문제와 관련된다는 얘기를 들어보았을 것이다. 간단히 말해 '외로움과의 전쟁'은 따스하고 신뢰하는 관계의 부재, 소속감의 결여, 공동체 내 수용성의 부족 같은 문제를 해결하고자 하는 것이다. 외로움은 시들함이라는 전염병이 일으키는 더 큰 문제의 중요한 일부일 뿐이다.

2021년 한 연구에서 지난달 매우 자주 또는 대체로 외로움을 느꼈는지 질문하자, 응답자의 36퍼센트가 그렇다고 응답했다.[1] 18~25세 응답자에서 그 수치는 놀랍게도 61퍼센트나 되었으며, 팬데믹이 시작된 뒤로 더욱 외로워졌다고 말한 사람은 43퍼센트였다.

2020년 8월 미국 노동통계국U.S. Bureau of Labor Statistics의 보고에 따르면 15세 이상 성인이 깨어 있는 동안 다른 사람을 직접 만나지 않고 혼자 보내는 시간은 2019년 6.1시간에서 2020년 7.0시간으로 1시간 더 늘었다.[2] 배우자나 파트너가 있지만 아이는 없는 성인이 혼자 보내는 시간은 2019년에 비해 2020년 48분(1시간 미만) 늘었지만, 18세 이하의 자녀가 있는 가정에서는 36분(0.6시간) 늘어 가장 작은 증가폭을 보였다. (이 2020년 연구는 놀라운 통계도 보여준다. 어린 자녀를 둔 어머니의 51퍼센트가 심각한 외로움을 호소했다.)

통계에 따르면 사람들은 가족 이외의 타인과 만나는 시간을 줄였다. 팬데믹 기간에 더 적은 사람과 더 드물게 만난 탓에 사회적 고립이 늘었다는 뜻이다. 우리가 평생 가장 친한 친구가 될 사람들을 만나는 것은 평균 스물한 살 무렵이다.[3] 그리고 요즘 사람들은 나이가 들거나 이사하거나 삶의 다른 단계에 접어들 때 새로운 친구를 사귀기가 더 어려워졌다고 느낀다.

데이터에서도 이런 사실을 볼 수 있다. 연구에 따르면 나이 들수록 외로움이 늘어난다.[4] 나이 들어 가까운 사람이 사망하거나 집에서 요양원으로 이사하며 친밀한 관계가 사라진다.[5] 사회적 단절은 가구 형태와도 관련이 있다. 20세기 이전에는 혼자 사는 일이 흔치 않았다. 20세기 후반까지도 마찬가지였다. 조상들은 함께 자고 함께 일하고 함께 싸웠다. 연구진은 미국이나 다른 산업사회에서 1인가구가 급격히 늘어난 채 그 상태가 지속된다고 보고했다. 전체 가구의 60퍼센트가 1인가구인 나라나 도시도 있다.[6] 전부터 혼자 살던 사람들의 대면 접촉은 2003년 이후 꾸준히 줄었다. 팬데믹으로 더욱 줄어들어, 이들이 혼자 보낸 시간은 2019년 9.7시간에서 2020년에는 11.3시간으로 늘었다.[7]

친구나 친척이 거의 없고 드물게 만나거나 거의 만나지 않는다면 사회적으로 고립되었다고 볼 수 있다. 함께 시간을 보낼 사람이 많지 않고(또는 없고), 관계 맺은 사람이 있어도 그들과 많은 시간을 보낼 수 없다면 사회적으로 고립된다. 혼자 보내는 시간이 많아지면 사회적 고립도 늘어나리라 추정된다.

그런데 사실 이 둘의 상관관계는 미미한 수준에 지나지 않는다.[8] 다른 사람과 많은 시간을 보낸다는 것이 그 시간을 꼭 사랑, 따스함, 신뢰 등 관계를 의미 있게 만드는 요소를 지닌 사람들과 보낸다는 의미는 아니다. 가깝지 않은 사람과 긴 시간 또는 대부분의 시간을 보내면 외롭다. 반대로 주로 혼자 지내며 다른 사람과 보내는 시간이 짧다 해도 그 시간을 친밀한 사람과 보낸다면 외롭지 않다. 그 시간에 서로 사랑하고 신뢰하는 따스한 관계를 경험할 수 있기 때문이다.

외로움, 사회적 고립, 독거는 모두 조기사망으로 이어진다. 70건의 연구에서 추출한 총 300만 명이 넘는 참가자의 자료를 검토한 결과, 조기사망 가능성이 혼자 사는 사람은 (다른 사람과 함께 사는 사람에 비해) 32퍼센트 높고, 사회적으로 고립된 사람은 (사회 관계망이 넓고 만남이 잦은 사람에 비해) 29퍼센트 높았다.[9] 모든 나이에서 외로운 사람은 조기사망 가능성이 26퍼센트 높았다.

외로움은 보통 혼자 오지 않는다. 80대인 친구 요나스의 예를 들어보겠다. 그는 은퇴하고 10년쯤을 즐겁게 보낸 뒤 삶의 목적의식을 잃기 시작했다. 자신에게 사회에 이바지할 만한 것이라고는 아무것도 남지 않았다고 믿었기 때문이다. 나는 그런 생각이 사회가 보내는 거짓 메시지라고 거듭 강조했다. "당신에게 공동체에 나눠줄 만한 것이 아무것도 없다고 믿지 마세요." 그는 사교모임이나 여가활동에 참여하는 시간을 줄이기 시작했다고 고백했다. 가장 친한 친구가 세상을 떠난 지 얼마 되지 않아 오랜 반려인까지 세상을 뜨자 그는 공동체에서도 물러났다.

사회에서 물러나자 파급효과가 일어났다. 그는 자신을 덜 인정하기 시작했다. 전에는 자기 성격이 마음에 들었지만 이제는 대체로 싫어졌다. 자신감이 줄어들면서 인간으로서 성장한다는 느낌도 받지 못했다. 인생이 끝났으며 더 오래 사는 것은 선물이 아니라 저주라고 여기기 시작했다.

요나스가 시들함에 빠진 이유는 그저 외로워서가 아니다. 자신과 타인, 자기 삶이 중요하다는 감각과 단절된 것도 한 가지 이유다. 외로움은 혼자 오지 않는다. 외로움은 목적, 개인적 성장, 사회 공헌, 숙달, 자율성 등이 사라진 결과이거나 그 원인이기도 하다.

혼자라는 고통

여러 연구를 통해 특히 요즘에는 방에 혼자 있기를 불편해하는 사람이 많다는 사실이 밝혀졌다. 자주 인용된 2014년 연구에서는 참가자에게 (휴대전화, 노트북, 필기구 등) 즐길 만한 소지품을 모두 제출하고 몇 분 동안 '혼자 생각에 잠기는 시간'을 갖게 했다. 그 결과는 우스꽝스러울 정도로 놀라웠다. 참가자의 57퍼센트 이상이 집중하기 어려웠다고 응답했고, 89퍼센트는 집중할 대상이 자기 자신밖에 없는데도 마음이 다른 데로 쏠렸다고 응답했다. 더욱 심각한 문제는 참가자의 거의 50퍼센트가 이 과제의 즐거움이 중간 이하라고 평가했다는 점이다.[10]

하지만 상황은 더욱 나빠진다. 연구진은 실험 참가자들에게 혼자 있을 때 전적으로 자신의 결정에 따라 자기 자신에게 전기 충격을 줄 수 있도록 했다. 그러자 상당히 많은 참가자가 혼자 생각에 잠기느니 차라리 전기 충격을 원한다는 놀라운 사실이 확인되었다. 남성의 67퍼센트, 여성의 25퍼센트는 혼자 생각에 잠긴 시간 동안 적어도 한 번 이상 전기 충격을 선택했다.[11]

나는 이런 연구 결과에 익숙하다. 하지만 여러분도 나처럼 이 결과를 시들함이라는 렌즈를 통해 다시 살펴보았으면 한다. 기본적으로 이 연구에서는 참가자가 외부와 연결될 가능성을 모두 제거해 참가자를 완전히 혼자 두어 시들해진 상태로 유도했다. 그 결과는 무엇인가? 강제된 고립, 곧 일시적 시들함을 유도하는 상황은 자살까지는 아니더라도 자해를 택하는 결과를 유발했다. 참가자는 아무것도 느끼지 않으니 무언가라도 느끼려고 자해하는 편을 택했다.[12]

어떤 상황이나 타인이 침묵과 고요를 강요하기도 한다. 나는 자라면서 "애들은 어른 말을 잘 들어야지 큰 소리 내면 안 돼"라는 말을 자주 들었다. 팔짝팔짝 뛰어다니는 아이였던 나에게 전통적인 교실은 감옥이나 다름없었다. 조용히 하지 않거나 가만히 앉아 있지 못한다는 이유로 걸핏하면 혼이 났다. 선생님이 '수업 방해'라고 불렀던 나의 넘치는 활기는 벌받을 만한 죄였다. 나는 마분지로 만든 고깔 모양 '멍청이 모자'를 쓰고 교실 구석에서 입을 다물고 앉아 있어야 했다.

너무 오래 입을 다물고 가만히 있으면 불쾌해지고, 처벌을 받고 있다는 생각이 들게 마련이다. 회의 중에 어색한 침묵이 이어지면 결국 누군가 침묵을 깨고 발언하는 상황을 한 번쯤 겪었을 것이다. 너무 오랫동안 말없이 있으면 공허와 침체가 찾아와 큰 고통을 일으킨다. 우리가 조용한 상황을 싫어하는 것은 자연스럽다.

통증심리학자 레이철 조프네스Rachel Zoffness는 이런 정서적 고통 상태에 관해 설명하며, 정서적 고통이 신체적 고통과 비슷하다고 설득력 있게 주장했다.[13] 그는 불우한 어린 시절, 차별, 외로움, 고통에 관해 스스로에게 하는 이야기, 고통을 떠올리는 방식, 의식적·무의식적으로 고통에 대처하는 전략[신체적으로 참거나 오피오이드opioid(오피오이드 수용체에 작용해 모르핀과 유사한 작용을 하는 마약성 진통제 – 옮긴이) 약물을 사용하는 등] 같은 인지적·정서적·사회적·환경적 요인이 뇌와 척수의 통증 신호 처리방식에 어떤 영향을 끼치는지 전문적으로 다룬다.

조프네스는 정신적·신체적 고통을 자주 '나쁜' 것으로 볼수록 통증에 반응하는 중추신경계의 민감도를 높이는 통증 경로가 더 많이, 더 깊게 생성된다고 말한다. 이른바 통증 경로가 너무 잘 다져져 있으면 정서적·심리적·사회적·신체적으로 소소한 스트레스 요인도 뇌는 큰 부담으로 여긴다.

인간은 진화하면서 뇌에 여러 통증을 별개로 처리할 다중 시스템을 만드는 방식을 선호하지 않았다. 신경과학자 존 카치오포John Cacioppo는 외로움과 단절에서 오는 '사회적 고통'을 연구한 뒤 비슷한 결론을 내렸다.[14] 단절이나 연결 문제에 더 강한 생각과 감정으로 반응할수록 고통을 유발할 가능성이 더 커진다. 고통의 원인이 꼭 필요한 약을 투여하기 위해 간호사가 피부에 주삿바늘을 찔러서인지, 자신이 사랑받을 만한 사람이 아니라고 생각해 부끄러워서인지, 미래가 절망적이라고 상상해서인지는 뇌에 중요하지 않다. 모든 상황에서 뇌의 같은 통증 중추가 활성화되며, 뇌는 몸에 고통 회피 신호를 보내 '수리' 활동에 참여하라고 명령한다.

마음이 부서지는 것보다 뼈가 부러지는 것이 더 아프다고 진심으로 말할 수 있는 사람이 있을까? 안전하고 보호받는다고 느끼지 못하며 두려움 속에 사는 일은 고통스럽다. 배척당하고 수치심을 느끼고 사랑받지 못한다고 느끼는 일도 고통스럽다. 모욕적인 차별은 고통스럽다. 그런 아픔은 위협받거나 공격받을 때만큼 버겁다. 따라서 그 원인이 무엇이든 고통과 괴로움을 느끼면 스트레스 호르몬이 혈관에 흐른다.[15]

마음의 상처, 고통, 스트레스 반응은 그것을 유발하는 기억과 사고 패턴을 완화하는 치료같이 뭔가 건설적인 일을 하라고 자극한다. 하지만 부정적 감정에 갇힌 채 치료받을 마음의 여유가 없고 대응조차 할 수 없어 그저 약물이나 술에 의존해 통증을 멈추려는 사람이 너무 많다. 가보 마테Gabor Maté는 저서 《굶주린 유령들의 영역에서In The Realm of Hungry Ghosts》에서 사회적으로 배척받는다는 고통에서 벗어나 위안을 얻으려는 사람은 여러 중독을 통해 '정서적 마취제'를 얻는다고 설명한다.[16] 그는 자신의 환자 한 명이 처음 마약을 복용했을 때 '따스하고 부드러운 포옹'을 느꼈다고 말한 사실을 전했다.

실제로 우리는 현실에서 연결감을 얻지 못할 때면 주사(헤로인)든 섭취(술 또는 음식)든 중독성이 있는 약물이나 행동에서 연결된 느낌을 찾으려 한다. 특히 현실이 크나큰 고통의 근원일 때는 더욱 그렇다.

연결은 양날의 검이다. 연결되지 못하면 고통스럽지만, 어떤 사

람에게는 연결 자체가 자신이 감추려고 애쓰는 트라우마나 고통의
원인이 될 수 있다.

단절감: 연결되지 않은 사회

스콧에게 연결이 끊겼다는 것은 몹시 괴로운 일이었다. 그는 이혼
의 아픔을 아내에게 전가하고 싶어했다. 우리도 스콧처럼 비난의
대상으로 삼을 명확한 무언가를 찾고 싶어한다. 소셜미디어는 명
백한 대상이다. 스마트폰이 널리 보급되자 사람들이 직접 만나는
시간이 크게 줄었다.[17] 하지만 소셜미디어는 매체이자 도구이므로
그것을 사용할지 말지는 우리 스스로 결정할 수 있다. 목수든 전
기 기술자든 장인이라면 최상의 결과를 얻기 위해 적절한 도구를
사용해야 한다는 사실을 잘 안다. 나는 스마트폰이라는 도구를 잘
못 사용해 좋은 결과를 얻지 못한 적이 있다. 직접 만나 더 많은 온
기를 주고받고 신뢰와 소속감을 쌓는 대신 '일을 빨리 해치우려고'
이메일과 문자 메시지를 사용하기도 했다.

스마트폰과 페이스북 같은 플랫폼이 등장하기 훨씬 전부터 연
결을 나타내는 일부 지표는 이미 줄어들고 있었다. 작가이자 저널
리스트인 데이비드 브룩스David Brooks는 사회적 신뢰가 붕괴하는
현상을 다루면서 여러 방면에서 제대로 기능하는 나라에서는 어
떻게 신뢰할 만한 집단이 늘어나는지 광범위하게 기술했다.[18] 그

의 견해에 따르면 모두가 연결되어 있다고 느끼며 공동의 선善이라는 감각을 공유하는 사회가 제대로 기능하는 열쇠는 바로 시민 참여다. 브룩스가 말하는 쇠퇴는 지난 수십 년 동안 꾸준히 일어나고 있다. 그 원인 중 하나는 2차 세계대전 이후 사회와 삶을 재건하는 과정에서 발생한 비정상적으로 높은 재연결이 서서히 줄어든 데 따른 것으로 보인다.

예를 들어 종교 단체나 공동체의 회원 수는 수년 동안 급격히 줄었다. 최근 갤럽 여론조사에 따르면 2020년 기준으로 모스크, 유대교 회당, 교회 등 예배당에 다니는 미국인은 47퍼센트에 불과했다. 코로나19 팬데믹 직전인 2018년에는 그 수치가 50퍼센트였지만, 이 역시 우리가 코로나바이러스라는 것을 알기 훨씬 전인 1999년의 70퍼센트보다는 크게 줄어든 수치다.[19]

또 다른 최근 연구에서는 미국에서 종교활동 참여율이 급격히 감소하는 현상과 자살, 알코올 남용, 약물 과다복용 등 절망 때문에 일어난 사망(절망사)이 증가하는 현상이 함께 일어났다고 주장했다.[20] 연구진은 이처럼 공동체가 사라지고 사회 참여가 줄어들면서 외로움과 고립이 늘었다고 주장했다. 《나 홀로 볼링Bowling Alone》을 쓴 정치과학자 로버트 퍼트넘Robert Putnam이 몇십 년 전부터 우리에게 경고해왔듯, 문자 그대로든 비유로든 볼링의 인기가 급락하며 학교와 정부, 심지어 동료 미국인에 대한 신뢰도 추락했다. 당시 퍼트넘은 향후 개인용 기술장비와 소셜미디어가 출현하면서 우리가 좋든 나쁘든 어떤 영향을 받을지 예측할 수 없었지만, 그의 말은 적중했다.

관계를 맺으려면 기술이 필요하다

코로나19 봉쇄 기간 동안 따스함과 선함을 갈망하던 많은 이처럼, 나도 스포츠 코미디 드라마 〈테드 래소Ted Lasso〉를 보기 시작했다 (스포일러가 싫다면 다음 부분은 건너뛰어라).

시즌 2가 끝날 무렵 테드의 전 코치 네이트가 어두운 면모를 드러냈다. 승리를 위해서라면 수단과 방법을 가리지 않는 악당으로 돌변하자 많은 팬이 놀랐다. 하지만 이렇게 말하기는 좀 그렇지만 나는 실망은 했어도 그다지 놀라지는 않았다. 네이트는 오랫동안 따돌림을 받았다. 권력과 지위를 향한 욕망은 남들에게 괴롭힘을 당하며 생긴 뿌리 깊은 불안에서 비롯된 아주 자연스러운 반응이 아니었을까?

요즘 우리는 네이트와 상당히 비슷하다. 양극화된 세상에 맞서는 우리의 대응 방식인 공격성은 방어 메커니즘에 더 가깝다. 느끼지만 인정하고 싶지는 않은 뿌리 깊은 불안감이 우리를 괴롭힌다. 그래서 우리는 때로 내가 상처받으니 다른 사람에게 상처를 준다.

요즘 세상을 들여다보면 사람들은 공감하려 애쓰기보다 더 날카롭게 잔인함을 드러내는 것 같다. 부정적이거나 분열을 조장하는 댓글, 뉴스 머리기사, 소셜미디어 게시물이 '좋아요'와 관심을 더 많이 받는다는 사실을 누구나 안다. 우리가 잘못된 기술을 연마하고 있다는 점이 몹시 걱정스럽다. 우리는 잔인함이 일상이 되고 심지어 반사적으로 튀어나오는 세상을 만들고 있다. 특히 온라인에서 그렇지만 일상생활에서도 크게 다르지 않다. 우리는 어떻게든 이기기만 하면 된다는 현대생활의 지론을 받들어 친절하고 온화한 자아를 버리고 더 강한 경쟁자가 되어 앞서 나가거나, 그러지 못하면 다른 사람도 깔아뭉개서 우리와 함께 고통을 겪도록 붙들어둔다.

흔히 사회적으로 더 많이 연결되면 외로움이 줄어들 것으로 생각한다. 사회적으로 연결되면 삶에 의미가 생기기 때문이다. 하지만 관계에는 나와 상대방 양쪽이 서로 무엇을 가져오는지가 중요하다. 최근 나는 선불교 스님인 친구와 대화하며 불교 신자들은 인생 대부분을 후천적으로 얻는 기술이라고 믿는다는 이야기를 들었다. 인생을 잘 살려면 연습해야 한다는 말이다. 대화 끝에 우리는 따스함, 신뢰, 인내, 상호이해, 공감이 어우러진 만족스러운 사회적 연결을 맺으려면 기술을 습득해야 한다는 결론을 내렸다. 혼자 있는 시간이 많아지고 혼자 하는 '일'이 많아진다는 말은 사회적 연결을 통해 진정으로 필요한 것을 얻는 기술을 잃는다는 뜻이다.

감성지능 기술을 다룬 책이 수없이 많이 출간된 데는 이유가 있다. 전문가들은 우리가 이런 기술을 익혀야 한다는 사실을 잘 안다. 우리는 타인과 더욱 조화를 이루고 공감하고 그들의 관점을 수용하며 타인과 연결되는 방법을 배워야 한다. 치료사와 임상의들은 어린이나 청소년뿐만 아니라 성인도 이런 영역에서 배움을 얻지 못한다는 사실을 걱정한다. 하지만 우리 대부분이 알고 있듯 관심사를 공유할 사람을 찾기란 정말 어렵다. 특히 갈등 상황에서 섬세하게 서로를 도우며 건강한 방식으로 의사소통하는 능력은 결코 거저 주어지지 않는다. 성인이 되어 새로운 친구를 사귀려면 시간과 노력이 든다. 특히 아이를 낳거나 새로운 도시로 이사해서 뜻밖의 사람들을 만나는 상황은 아무리 사교적이고 싶거나 그렇게 되려고 기꺼이 노력하는 사람에게도 쉽지 않은 일이다.

하지만 연결은 관심과 가치를 공유하는 일이기도 하지만 공유되지 않을 때는 적어도 상대의 관심사와 가치를 받아들이고 인정하며 호기심을 갖는 일이기도 하다. 우리는 연결될 때 관심과 가치이상을 공유한다. 자신과 삶의 일부를 타인과 공유하는 셈이기 때문이다. 문제는 내가 타인과 공유할 만한 의미 있는 무언가를 갖고 있느냐인데, 나는 우리 모두 그렇다고 생각한다.

사회적 연결과 의미 있는 삶은 서로를 강화한다

사회적 연결이 삶의 의미를 만들어내는 것이지 그 반대는 아니라고 생각하기가 쉽다. 하지만 때로 인과관계의 화살표는 양방향으로 향한다. 활력은 연결(따스하고 신뢰하는 관계, 공동체에 속해 있다는 느낌)과 삶의 목적, 그 밖에 의미 있는 삶의 지표가 결합한 것이다. 의미 있게 연결된 의미 있는 삶이 우리의 목표다. 혼자 생활하고 혼자 일하면서 외롭고 시들함에 빠진 현대인의 문제를 풀 해답은 바로 이것일지도 모른다.

너무 오랜 시간을 고립된 채 혼자 보낸 사람에게 삶의 의미가 줄어드는 것은 당연한 일이다. 실험 참가자에게 거부당하거나 배척당해서 일시적으로 고립되었다고 여기게 하면 삶의 의미가 사라지는 느낌을 받는다는 증거도 있다. 소속감을 회복하고 타인에게 받아들여지면 삶에 의미가 있다는 느낌이 늘어난다.[21]

다시 말하면 외롭다는 느낌은 사회적 연결의 양만큼이나 우리의 목적의식과도 밀접한 관련이 있다. 타인과 연결되도록 동기를 부여하는 의미 있는 삶이란 대체 어떤 것일까? 단일 시점에 수행된 한 횡단연구에서는 삶의 의미를 측정해 외로움 점수의 25퍼센트를 설명할 수 있지만, 사회적 연결을 측정하면 외로움 점수의 14퍼센트만 설명할 수 있다는 사실을 밝혔다. 연구진은 두 가지를 합쳐서 더 많이 연결되고 의미 있는 삶을 사는지를 볼 때 외로움을 더욱 정확하게 예측할 수 있다는 사실을 발견했다.[22]

우리는 말하자면 불행을 자초하는 것 같다. 우리는 의미 있는 관계를 갈망하고 그런 관계가 필요하다는 사실을 알면서도 계속해서 자신을 더욱 외롭게 만드는 결정을 내린다. 연결은 삶을 의미 있게 만든다. 그리고 삶에 의미가 생기면 타인과 연결되고 싶고 그 의미를 사람들과 나누고 싶어진다.

차별의 대가와 활력

어떤 이들은 세상이 자신을 소외시킬 뿐 아니라 한발 더 나아가 적극적으로 적대한다고 느낀다. 인종, 민족, 성적 지향, 성 정체성, 젠더 표현, 사회경제적 지위에 따른 차별은 14가지 활력 구성요소 가운데 7가지를 상당히 억제해 다음과 같은 일을 어렵게 만든다.

1. 사회가 점차 더 나은 곳이 되어간다고 느낀다(사회적 성장).
2. 주변 세상에서 무슨 일이 일어나고 있는지 이해한다(사회적 응집).
3. 더 큰 공동체에 소속되어 있다고 느낀다(사회적 통합).
4. 자신을 존중한다(자기수용).
5. 자기 아이디어나 의견을 생각하고 표현하는 데 자신 있다(자율성).
6. 자기 삶을 통제할 수 있다고 느낀다(환경 통제력).
7. 타인을 믿고 타인에게 긍정적인 태도를 보인다(사회적 수용).

흑인 미국인은 특히 사회적 수용 점수가 매우 낮아 백인 미국인보다 55퍼센트 낮은 수치를 보였다. 사회를 불신할 이유가 차고 넘치는 환경에서는 백번 이해할 만한 반응이다.

일생 동안 고정관념, 편견, 불의, 잔인함(또는 잔인한 위협)에 직면할 때 겪는 피해의 총합을 어떻게 계산할 수 있을까? 신체질환율과 정신질환율에서 나타나는 극명한 차이가 이런 피해를 소리 높여 긴급하게 전해준다. 하지만 연구 결과는 더 은밀한 영향도 있다고 지적한다.

자신에게 밀어닥치는 역경을 극복한 사람은 외형적인 성공에도 대가가 따를 수 있다. 사회역학자 셔먼 제임스Sherman James는 사회경제적 역경, 실업, 불완전 고용, 저소득, 낮은 교육 수준, 열악한 주택, 분리되고 폭력적인 동네 등에 '제대로' 대처할 방법을 학습하면서 받는 장기적인 스트레스를 '존 헨리이즘John Henryism'(개인적 노력으로 불리한 현실을 극복한 사람은 그 대가를 치르게 된다는 이론 – 옮긴이)이라는 용어로 설명한다.[23] 존 헨리이즘식 대처를 측정하는 척도는 12가지 항목으로 구성된다. 응답자는 자기 삶에서 각 항목이 어느 정도 '참' 또는 '거짓'인지 응답한다. 척도에는 다음과 같은 항목이 포함된다.

- 대체로 삶을 내 뜻대로 할 수 있다고 항상 생각해왔다.
- 무언가를 하겠다고 마음먹으면 완수할 때까지 꾸준히 한다.
- 다른 사람은 하지 못하리라고 여기는 일을 해내는 것을 좋아한다.
- 일이 내 마음대로 잘 풀리지 않으면 더욱 노력한다.
- 내 기분이 일을 좌지우지하지 않도록 한다.
- 열심히 일하는 것이 삶이 좋은 방향으로 나아가는 데 큰 도움이 된다.

내 가치를 계속해서 증명해야 하고, 내가 얼마나 '회복탄력성 높고, 강하고, 고무적인지' 세상에 알려야 하며, 차별이라는 피해에 맞서 자신을 보호해야 한다면 점차 만성 스트레스가 쌓인다. 셔먼 제임스는 존 헨리이즘식 대처가 흑인 공동체에 더 흔할 뿐 아니라 이로써 흑인 공동체에서 고혈압과 심장병이 더 많이 발생하는 이유를 설명할 수 있다는 정확한 가설을 세웠다.

나를 포함한 많은 연구자는 '건강과 질병의 흑백 역설The Black-White paradox of health and illness'이라는 현상에 오랫동안 의아해했다. 흑인 미국인은 사회적 불평등, 차별, 스트레스, 신체적 질병에 더 시달리는데도 백인 미국인보다 정신장애를 적게 겪고 활력 수준이 더 높다. 어떻게 그럴 수 있을까? 그리고 이 숫자의 실제 의미는 무엇일까?

일부 연구에서는 시들함을 막아주는 두 가지 보호 요인이 작용한다고 지적했다. 흑인 미국인은 백인 미국인보다 자존감과 사회적 지원 점수가 높았다.[24] 사회적 지원은 믿음과 현실이라는 두 가지 중요한 방식으로 동시에 작동한다. '믿음'은 '문제가 생겼다고 다른 사람에게 말하거나 그들이 내가 처한 비극을 알게 되면 나를 돕고 위로해줄 것'이라고 믿는 것이다. 의지할 사람이 있다고 믿으면 사회적 지원이 필요하지 않을 때도 웰빙 수준이 높아진다. 마치 은행에 돈을 두둑이 넣어두었거나 일하는 동안 퇴직연금 계좌의 돈이 꾸준히 불어나고 있다는 사실을 알 때 느끼는 느긋함과 비슷하다.

'현실'은 필요할 때 의지가 되어줄 만반의 준비가 되어 있고, 능력 있고 의욕 있는 사람들이 실제로 주변에 있다는 뜻이다. 흑인 부모는 백인 부모보다 자신이 자기 자녀나 다른 아이들에게 부모로서 역할 모델이 되어준다고 믿을 가능성이 높다.[25] 이들은 부모가 되는 일이 자신의 정체성에서 가장 중요하다고 말한다(흑인 부모의 42퍼센트, 라틴계·히스패닉 부모의 38퍼센트가 이렇게 답했지만, 백인 부모는 25퍼센트만이 이렇게 응답했다). 흑인과 라틴계·히스패닉계 부모는 백인 또는 아시아계 미국인 부모보다 육아가 언제나 보람 있고 즐겁다고 말할 가능성이 두 배 이상 높았다.

'건강한 마음 네트워크Healthy Minds Network'는 해마다 학부생과 대학원생 수만 명을 대상으로 시들함 발생률을 포함한 정신건강은 물론 도움을 구할 가능성, 치료의 질, 정신건강 상태와 관련된 믿음과 태도를 조사한다. 2021~2022년 조사 결과는 이른바 '흑백 역설'과 일치했다. 흑인 학생은 백인 학생보다 활력 있을 가능성이 1.36배 높았다. 하지만 다른 연구 결과를 보면 나이가 들어가면서 이런 '이점'이 사라진다는 사실을 알 수 있다. 미국에서 성인으로 살아가는 일이 사람을 지치게 만든다는 의미다. (라틴계·히스패닉계 이민자 집단에서도 비슷한 현상이 나타났다. 미국 도착 초반에는 건강이 좋아졌지만 오래 머물수록 건강이 악화되었다. 이민 초반에 얻은 이런 이점은 코로나19 팬데믹이 시작되면서 대체로 줄었다.[26])

역사적으로 소외된 집단에서 나타나는 시들함의 비율이나 다른 건강 결과를 살펴볼 때는 의료계에서 소외되고 과소진단, 과소치료를 받는 이들의 생생한 경험을 바탕으로 수치를 맥락에 맞게 해석해야 한다. 의사는 통상적으로 흑인 환자가 백인 환자보다 통증을 적게 느낀다고 판단해 진통제를 더 적게, 저용량으로 처방한다. '건강한 마음' 연구에서 정신건강 문제로 도움을 요청한 흑인 학생이 정신건강 문제가 있다고 진단받을 가능성은 백인 학생보다 73퍼센트 낮았다. 이들은 의사의 도움을 청하기보다 가족이나 친구를 비롯한 비공식적인 경로로 지원을 얻을 가능성이 더 높았다.

이 연구를 분석한 연구진은 정신건강 치료를 받을 때 개인적 낙인personal stigma(자신에게 부여하는 고정관념 또는 편견 – 옮긴이) 또는 사회적 낙인에 대한 인식의 영향을 받는다는 사실도 강조했다. 흑인 학생 가운데 '사람들은 대체로 정신건강 치료를 받는 사람을 얕잡아볼 것이다'라는 항목에 동의한 학생은 63퍼센트로, 이는 모든 인종 및 민족 집단 가운데 가장 높은 수치였다. 반면 개인적 낙인에 관한 수치는 흑인 학생이 가장 낮았고(6퍼센트), 아시아계 미국인(23퍼센트)과 아시아계 유학생(35퍼센트)이 가장 높았다. 뜻밖의 결과는 아니지만 전반적으로 여성보다 남성이 느끼는 낙인이 더 높았다.

팬데믹으로 아시아인에 대한 혐오 범죄와 폭언이 급증했다는 사실은 미국 역사에 영원한 오점을 남길 것이다. 아시아계 미국인 사이에서 심리적 고통이 크게 늘었고, 이 가운데 많은 이가 오랫동안 지나치게 경계하고 남들 눈에 띄지 않으려고 긴장한 탓에 끔찍한 정신적·감정적 피해를 보았다고 호소했다. 작가 에스더 왕Esther Wang은 《뉴욕New York》에 기고한 글에서 이렇게 언급했다. "2021년 언젠가부터 나는 비상 버튼을 사서 목에 걸고 다니기 시작했다. 마음을 가라앉혀야 할 때면 무심코 그 작은 버튼을 만지며 무게를 가늠해보곤 했다."[27]

　이런 심각한 스트레스의 흔적은 '건강한 마음' 설문조사에서 분명히 드러난다. 아시아계 미국인 학생의 68퍼센트가 시들함을 느꼈다. 다른 어떤 인종 및 민족 집단보다 높은 수치다. 하지만 임상 치료를 받을 가능성은 가장 낮았다. 이들이 겪는 정신건강 문제의 약 80퍼센트는 치료되지 않고 방치되었으며, 실제로 치료를 받더라도 내원 당시 가장 극심한 수준의 고통을 보였다. 라틴계, 흑인, 백인 학생이 그 뒤를 이었다. 치료사나 정신과 의사들은 최근 몇 년 동안 진료실 문(또는 온라인상의 문)을 열고 들어오는 아시아계 미국인 환자가 늘었다고 보고했다.

　'건강한 마음' 설문조사에서는 트랜스젠더·논바이너리non-binary(성별 이분법에서 벗어난 성정체성 – 옮긴이)·기타 젠더 학생의 무려 87퍼센트가 시들함에 빠졌으며, 이들이 시스젠더(생물학적 성별과 성정체성이 일치하는 사람 – 옮긴이) 남성보다 활력 있을 가능성은 52퍼센트 낮다는 또 다른 사실이 드러났다.[28] 한편 이성애자 학생은 레즈비언·게이·양성애자 학생보다 활력 있을 가능성이 61퍼센트 높았다.[29] 학교에서 일어나는 괴롭힘, 가족 지원의 부족, 편협함, 어릴 때부터 맞닥뜨리는 명백한 폭력으로 받는 고통을 드러내는 섬뜩한 증언이다. LGBTQ+ 학생 중 정신질환을 겪는 사람의 비율은 이성애자의 두 배나 된다. 이성애자 남성의 9퍼센트가 정신질환을 겪는 데 비해 LGBTQ+ 남성의 20퍼센트가 정신질환을 겪고, 이성애자 여성의 15퍼센트가 정신질환을 겪는 데 비해 LGBTQ+ 여성의 29퍼센트가 정신질환을 겪는다.

이처럼 다양한 집단에 걸쳐 차별의 대가가 드러나는 암울한 현실에서 벗어나려면 무엇보다 먼저 정치적·사회적 변화를 촉구하는 외침에 힘을 실어주어야 한다. 산타클라라대학교 상담심리학 부교수 셰리 C. 왕Sherry C. Wang은 《뉴욕타임스》 기고문에서 이렇게 말했다. "요즘 세대 아시아계 미국인이라면 정신건강 문제에 대해 이전과는 다른 대화를 나눌 수 있겠지만, 치료 같은 방법으로는 그들이 일으키지도 않은 문제를 해결할 수 없다."[30] 아무리 힘을 돋우는 자기관리 루틴도 편협함·무지·인종차별·외국인 혐오·동성애 혐오라는 문화적 그림자에 맞설 해결책이 아니며, 취약한 공동체가 받는 상상할 수 없는 피해를 배상해줄 수도 없다.

하지만 더욱 안전하고 공평하며 인종차별에 맞서는 세상을 위해 싸울 때도 우리에게는 여전히 몸과 감정, 욕망, 두려움이 있다. 건강 형평성은 사회정의 문제이며, 이런 문제를 해결하려면 체계적인 변화와 즉각적인 치료가 필요하다.

연구진은 최근 몇 년 동안 사회적·환경적 요인이 건강 관련 데이터에 중대한 영향을 끼친다는 사실을 인식하기 시작했다. 다시 말해 우리는 주변 환경에서 자유로운 단순한 생물학적 존재가 아니다. 이런 인식이야말로 내 활력 연구의 길잡이였다. 정신건강을 둘러싼 전체적인 그림을 얻으려면 관계의 질(따스하고 신뢰하는가)과 공동체 사이의 연대가 지닌 힘(누군가의 관심과 지원을 받는다고 느끼는가)을 살펴야 한다. 도움을 요청할 대체 자원이 부족하고 사회경제적으로 불리한 공동체에서 일어나는 건강 문제를 예방하는 데 이런 사회적 '자원'이 특히 효과가 있다는 연구 결과가 늘고 있다. 누군가는 활력 수준이 높아지면 삶의 질이 극적으로 좋아질 수 있다는 뜻이다.

2021년 한 연구에서는 활력 있는 성인 미국인 가운데 흑인과 백인의 사망률 격차가 사라졌다는 사실을 발견했다.[31] (흑인 미국인의 평균 수명은 71세이지만 비라틴계·히스패닉계 백인 미국인의 평균 수명은 76세다. 분통 터지는 수치다.) 이 연구의 저자는 다음과 같은 가설을 세웠다. "미국 흑인은 빈곤, 주거 분리, 이웃 불안, 인종차별 등 정신적·사회적 자원을 소모하는 사회 조건에 불균형적으로 노출되어 있다." 따라서 활력이 있으면 조기사망을 막는 강력한 보호장치인 사회적 자원을 보충할 수 있고, 흑인 공동체는 다른 공동체보다 활력을 통해 더 많은 이득을 얻는다.

활력이 과잉 치안, 불균형한 투옥, 소득 불평등, 차별이라는 오랜 스트레스 요인 같은 부당함을 '지울' 수 있다는 의미는 아니다. 즉각적인 치료 관점에서 활력을 주는 조건을 만들면 건강 형평성이 늘어나고 개인의 노력과 공중보건 정책 개입이 함께 이루어질 수 있다는 뜻이다.

역경에 대응하기

평생 차별받아 해결되지 못한 트라우마에 시달리고, 경제적 지원이 없는 상태에서 직장을 잃고, 오랫동안 외롭고 고립된 채 고통받는 역경을 겪으면 '역경에 대응하는 보존전사반응conversed transcriptional response to adversity, CTRA'이라는 유전적 반응이 나온다. 마음속에서 위협을 감지하면 염증을 일으키는 유전자가 활성화되고 건강 유지에 도움이 되는 항바이러스 및 항체 유전자 발현이 줄어든다. CTRA는 우리 몸속 스트레스 시스템의 투쟁-도피 반응fight-or-flight response과 비슷하게 작동해 몸의 모든 자원과 에너지를 바로 눈앞에 있는 과제인 하루하루의 생존에 쏟도록 지시한다.

염증은 부상이나 감염이 일어났을 때 회복과 치유 과정을 돕는 유익한 신체 반응이다. 하지만 정서적·사회적·경제적 스트레스 요인에 맞설 때는 도움이 되지 않으며, 오히려 장기적인 역경이 주는 피해를 늘린다.

모든 스트레스 요인은 생명에 직접적인 위협이 되지 않더라도 스트레스 시스템과 CTRA를 활성화한다.[32] 물론 폭력과 경제적 불안은 매우 실질적인 위험을 일으킨다. 하지만 파트너와 결별하는 등 진짜 투쟁-도피 상황이 아닌 역경을 겪을 때도 우리 몸은 마치 그런 상황에 마주한 것처럼 반응한다. CTRA는 대체로 부적응 반응을 일으켜 암, 당뇨병, 심장병과 함께 정신건강 문제 발병 위험을 높인다. 연구에 따르면 외로운 사람은 친밀한 관계를 맺은 사람보다 염증이 더 많고 면역반응 효과도 떨어졌다. 그렇다면 이렇게 질문할 수 있다. "비참한 것만으로는 충분하지 않다는 말인가요? 만성질환과 조기사망까지 걱정해야 한다고요?" 삶이 시들해진다는 것은 잔인한 걱정거리다.

스트레스와 불안이 만연한 지금, 어떻게 하면 CTRA를 더 잘 조절할 수 있을까? CTRA 발현은 예나 지금이나 해롭다. 그래서 연구진은 CTRA 조절에 능숙한 사람이 지닌 특성과 자질을 발견하려 노력해왔다. 활력이 CTRA를 더 잘 조절할 수 있는 주요 예측인자 중 하나로 떠오르고 있다고 해도 크게 놀랄 일은 아닐 것이다.

분명히 말해두지만 CTRA를 조절하는 데 도움이 되는 것은 '기분 좋은 느낌'이나 '행복'이라는 활력 요소가 아니라 '건강하게 기능한다'는 부분이다. 다양한 문화권에서 실시한 여러 연구에서 연구진은 성적을 잘 받았을 때의 뿌듯함, 칭찬받았을 때의 긍정적인 느낌, 친구들과 햇살 좋은 날 맛있는 식사를 할 때의 즐거움처럼 기쁨과 만족감이 빠르게 폭발하는 일만이 변화를 일으키지는 않는다는 사실을 발견했다. 중요한 것은 심리적 웰빙, 곧 의미 있고 중요한 삶을 산다는 느낌이었다. 실제로 연구에 따르면 심리적 웰빙이 높은 사람은 스트레스를 많이 받아도 심리적 웰빙이 낮은 사람만큼 염증 유전자가 켜지지 않고 항바이러스 유전자도 억제되지 않았다.

게다가 제 기능을 하면 CTRA 유전자 발현 외에 혈액 표본에서 얻는 관련 생물지표biomarkers 수준도 달라진다. 연구진은 영국 노화 종단연구English Longitudinal Study of Ageing 결과를 이용해 정서적 웰빙 수준에 따라 염증과 관련된 특정 생물지표 수준이 어떻게 달라지는지 조사했다.[33] 여기에서도 행복과 만족(좋은 기분)은 나쁜 건강을 나타내는 생물지표인 C-반응성 단백질C-reactive protein, CRP 및 백혈구 수치와는 관련이 없었다. 하지만 심리적 웰빙(건강하게 기능함)이 높은 참가자는 CRP와 백혈구 수치가 낮았다.

여러 연구에서 수집한 데이터의 결론은 같았다.[34] 심리적 웰빙이 좋은 사람은 역경과 스트레스를 겪을 때 훨씬 건강한 반응을 보인다. 기본적으로 자기 성격을 대체로 좋아하고, 따스하고 신뢰하는 관계를 맺고, 성장하고 더 나은 사람이 되기 위해 도전을 받아들이며, 인생에 목적이 있고, 자기 생각과 의견을 자신있게 표현하고, 자기 삶을 관리할 수 있다면 심리적 웰빙이 높아진다. 심리적 웰빙이야말로 강력한 '약'이 아닐까?

Languishing

3장

행복에 속지 마라

행복은 우리에게 활력 있는 삶으로
나아가는 방향을 알려주지 못한다

인간은 행복에 자주 속는다. 나는 종종 헨리 데이비드 소로Henry David Thoreau의 아름다운 글귀를 떠올린다. "행복은 나비 같다. 곧장 따라가려 하면 날아가버린다. 하지만 다른 것으로 눈을 돌리면 나비는 가만히 내 어깨에 올라앉는다."

다시 말하지만 우리는 행복을 지나치게 주목한다. 전형적인 미국식 유행에 따라 흔히 '좋은' 기분을 추구하며 가능한 한 직접 빠르게 목표를 이루려 한다. 하지만 그럴수록 행복이라는 나비는 자꾸 날아가버린다. 더 좋은 방식이자 이 책에서 옹호하는 접근법은 건강하게 기능한다는 활력 요소에 노력을 기울여서 행복을 얻는 데 집중하는 것이다. 삶의 목적, 자기수용, 사회적 통합을 비롯한 활력 요소를 늘리는 등 건강하게 기능할 더 나은 방법을 찾는 데로 눈을 돌리면 제대로 기능할 수 있고 그 결과 행복을 얻을 수 있다.

나는 매년 새 학기에 우리 학생들에게 이런 교훈을 가르친다. 새 학기 첫날이면 나는 '행복의 사회학' 수강생들에게 과제를 하나 낸다. 학생들에게 무엇을 가장 추구하는지 질문하면 대부분 예상할 수 있듯 행복이라고 말한다. 당연하다! 고대 철학자들도 이런 사실을 잘 알았다. 에피쿠로스Epicuros(기원전 341~기원전 270년)는 쾌락

pleasure을 옹호한 최초의 철학자다. 21세기 대학생들도 이 사실을 잘 안다. 과연 기분 좋아지고 싶지 않은 사람이 있을까?[1]

"네, 좋아요! 그럼 첫 번째 과제를 내죠. 오늘 오후에 밖에 나가서 행복해지는 일을 해보세요. 그리고 그 행복이 한 시간, 더 나아가 오후 내내 이어지는지 알아보세요." 학생들은 이 과제를 좋아한다. 교재 안 읽나요? 에세이도 없고요? 그냥 밖에 나가서 햇볕이나 쬐라고요? 우아! 학생들은 미소를 머금고 교실을 나선다.

나는 교실로 돌아온 학생들에게 과제가 어떻게 되었는지 물어본다. 그런데 모두들 실패했다고 말한다. 오후 내내 행복감을 유지한 학생은 단 한 명도 없다. 기분 좋은 하루를 즐겼을지 모르지만, 솔직히 말해 한 시간 이상 행복을 느꼈다고 말하는 학생은 아무도 없었다. 그냥 그렇게 할 수 없었다. 그리고 그렇게 하려 해도 부자연스럽게 느껴졌다. 이유가 뭘까? 우리 학생들은 모두 실패자인가? 그들은 불행한 삶을 살아갈 운명을 짊어진 슬프고 절망적인 존재일까?

당연히 아니다. "행복은 감정입니다." 나는 학생들에게 이 사실을 다시 알려준다. 그러면 학생들은 나를 황당하다는 표정으로 바라본다. 교수님, 당연히 행복은 감정이죠. 학생들이 의아해하는 것이 눈에 보일 정도다. "슬픔도 마찬가지입니다. 공포, 분노, 혐오도요." 나는 요점을 말하기 위해 인간의 여섯 가지 기본 감정을 모두 언급한다.[2] 그런 다음 감정이란 실제로 무엇인지 더 깊이 파고들게 한다.

한 연구에서는 참가자들에게 세계 각 문화에서 다양한 감정을 표현하는 사진 수백 장을 보여주고 각 사진의 감정을 구분하게 했다. 그 결과 연구 참가자 대부분이 여섯 가지 기본 감정을 정확히 짚어냈다.

분노, 공포, 혐오, 놀람, 행복, 슬픔이라는 여섯 가지 기본 감정은 중요한 목적을 위해 어떤 역할을 하도록 발전했다. 좋은 감정뿐만 아니라 모든 감정은 중요하다. 슬픔은 우리에게 의미 있거나 소중한 무언가를 잃었을 때 느끼는 감정이다. 정든 사람들을 뒤로한 채 이사해야 할 수도 있고, 사랑하는 이가 세상을 떠날 수도 있다. 학생들은 학교와 친구들을 남겨두고 졸업할 때 슬픔을 느낀다. 슬픔은 보통 조용히 혼자 앉아 삶과 삶의 본질, 우리가 그런 감정을 느끼는 이유와 방식을 곱씹도록 이끈다. 공포도 유용한 감정이다. 관심과 신체적 자원을 집중해 생명이나 웰빙을 위협하는 무언가에 현명하게 대처하도록 해주기 때문이다. 비록 앞서 언급했듯 공포 반응이 너무 과민하게 나타날 때도 있지만 말이다.

행복은 우리를 구원할까?

행복이라는 감정은 삶에서 어떤 목적이나 기능에 부합할까? 우리는 수십 년 동안 이 질문에 답하지 못했다. 연구자들이 중독이나 알코올 의존의 본질, 그리고 뇌에서 도파민이 하는 역할을 이해하기 시작할 때까지는 말이다. 원하거나 필요한 것을 얻으면 뇌에서 즐거움과 보상을 알리는 도파민이 치솟는다. 즐거움은 흔히 행복이라는 신호로 나타나지만 때로 기쁨, 충만, 만족 등으로 표현되기도 한다.

어떻게 표현하고 느끼든 기쁨을 느끼고 이에 따라 도파민이 분비되면 뇌는 그런 보상을 가져다준 경험을 세세하게 기억한다. 조상들에게 기쁨의 원천은 음식을 먹거나, 안전하고 따뜻하게 지내며 음식을 먹을 수 있게 지켜주는 부족에 소속되는 등 아주 기본적인 것이었다. 정말 단순했다. 뇌는 원하는 것을 얻으면 행복하다고 느끼게 만든다. 자기 자신을 지키고 삶을 즐기려면 앞으로 더 많은 행복이 필요하다는 사실을 알기 때문이다.

"정의하자면 감정은 일시적입니다." 나는 학생들에게 다시 강조한다. "감정은 오래 지속되도록 만들어진 것이 아닙니다." 감정은 바람에 따라 여러 방향으로 움직이며 그저 그 순간에 바람이 어디에서 불어오는지 알려줄 뿐인 공항 풍향계와 비슷하다. 우리는 그에 따라 행동 방향을 정한다. 감정이 우리를 위해 해야 할 일을 하도록 허용한 다음 떠나보내는 것이 가장 바람직하다. 우리는 그렇게 나아간다.

감정이 병리적이 되면 문제가 시작된다. 감정이 너무 오래 이어지거나 강해지면 문제가 된다. 두려움이 길어지면 불안이 된다. 슬픔이 이어지면 우울증이 된다. 행복조차 너무 길어지거나 강해질 수 있다. 그런 상태를 조증mania이라 부른다.

아무것도 느껴지지 않아

신경과학자 안토니오 다마지오_{Antonio Damasio}는 아무런 감정도 느끼지 못하게 된 한 환자를 심도 있게 설명하는 글을 썼다. 환자 마빈은 한때 쾌활하고 사랑스러운 남편이자 아버지였지만 56세에 뇌졸중을 겪고 반신 마비가 되었다.3

게다가 의사가 뇌졸중으로 마빈의 뇌에서 중요한 영역이 손상되었다는 소식을 전하자, 그의 아내는 더욱 절망했다. 몸에서 만드는 감정 신호가 뇌 전전두피질prefrontal cortex, PFC에 도달하면 뇌가 감정을 인식하고 우리는 그 감정을 느끼게 되는데, 전전두피질 근처 영역이 죽었다는 것이다. 말하자면 다리가 끊어진 셈이다. 뇌가 손상되어 감정 신호가 전전두피질에 도달하지 못하게 되었고, 마빈은 자신의 감정과 완전히 단절되었다.

보통 합리적인 의사결정을 내리는 뇌는 판단의 대상이 되는 방대한 선택지를 줄이는 방향으로 작동한다. 직감인 감정은 전반적으로 나쁜 선택지에서 확실히 나쁜 선택지를 들어내 이성적인 뇌가 더 나은 결정을 하도록 돕는다. 결정을 내리기 전에 감정을 느낄 수 없다면 이성적인 뇌는 오히려 나쁜 선택을 내릴지

그날 '행복한 오후' 챌린지에 참여한 학생들은 매우 곤란한 상황에 빠져 있었다. 학생들은 지속할 수 없는 것을 지속하려 애썼다. 우리 사회는 도파민으로 촉진되는 쾌락과 세로토닌과 함께 오는 행복을 받들어 모신다. 피트니스 강습, 최첨단 전자기기, 호화로운 휴가를 과시하는 광고는 마치 우리에게 "긍정적 감정을 추구하지 않는 인생이 무슨 의미가 있어?"라고 묻는 것 같다.

도 모른다. 마빈은 더 이상 가정경제를 책임질 수도, 일을 할 수도 없었다. 마빈의 아내는 남편이 아주 건강하게 살아 있지만 앞으로 자신이 전혀 알아볼 수 없는 사람이 되리라고 예상한다. 남편은 더 이상 자신이 평생 함께 산 사람도 아니고 앞으로 그런 사람으로 돌아올 수도 없게 되었다. 뇌졸중을 겪은 마빈은 영구적으로 시들함에 빠졌다.

결혼기념일에 아내와 함께 결혼식 사진을 봐도 마땅히 느껴야 할 감정이 떠오르지 않는다. 논리적으로 무언가 느껴야 한다는 건 알지만 그렇게 할 수 없다. 결혼한 사실은 기억나지만 그때 느꼈던 감정은 느낄 수 없다.

일상이 시들해지면 우리는 마빈과 비슷한 상태에 빠진다. 마빈의 아내처럼 당신을 사랑하는 사람도 당신이 한방에 같이 있기는 한지, 같이 있다는 사실을 신경 쓰기나 하는지 의심할지도 모른다. 결혼기념일에 결혼식 사진을 봐도 사랑하는 사람과 나눈 감정이 기억나지 않는다. 중요한 프로젝트에 도움이 되지 못했을 때 동료가 느낄 실망감을 고려할 수도 없다. 농구 경기에 나갈 자녀를 격려할 수도 없고, 경기가 끝난 뒤 아이가 경기에서 어떻게 싸웠는지도 기억할 수 없다. 사람 많은 방에서도 항상 혼자라고 느낀다.

행복과 쾌락을 따르면 말 그대로 중독으로 이어질 수 있다. 정신과 의사 애나 렘키Anna Lembke 박사는 매혹적인 책《도파민네이션 Dopamine Nation》에서 이런 현상을 살피며 우리가 도파민에 사로잡히는 다양하고 놀라운 방법을 설명했다. 야한 소설을 읽든, 비디오 게임을 하든, 물건을 너무 많이 사는 쇼핑 중독에 빠지든 도파민이 빠르게 치솟으면 더 많은 것을 원하게 된다. 이런 일은 모든 면에서 우리를 유혹한다. 렘키 박사의 말처럼 "우리는 이 세상을 부족한 곳에서 압도적으로 풍요로운 곳으로 바꾸었다. (…) 오늘날 우리에게 큰 보상을 주는 자극은 그 수와 다양성, 효능 면에서 실로 놀라울 정도로 늘었다".4 행복하지 않다면 다른 도파민 피크를 찾아가면 되지 않나? 우리는 끝없는 트랙에서 로봇 토끼를 뒤쫓는 그레이하운드와 같아서 결코 추구하는 것을 얻지도, 결과를 통제하지도 못한다.

문화적 각본 다시 쓰기

서양인은 스스로 감정적인 삶을 통제하고, 어떤 감정을 얼마나 오래 느낄지 결정할 수 있다고 여기고 싶어한다. 뉴스 머리기사는 감정을 통제하는 11가지 전략을 자랑스럽게 늘어놓고, 책들은 '웰니스'에 이르는 특별한 단계를 따르면 더 행복해질 수 있다고 약속하며, 여러 앱은 당신이 느끼는 감정에 대해 깊이 따져볼 여지를 주지만 그전에 먼저 돈을 요구한다. 그래서 감정은 세상과 우리 주변에서 일어나는 일을 대할 때 나오는 정당한 반응이라기보다 자신과 자신의 정체성, 심지어 자기 노력의 수준을 표현하는 일이라고 여겨진다.

하지만 우리는 주변 세상을 통제할 수 없다. 어렵고 불편한 사건을 대할 때 자연스럽게 나오는 어렵고 불편한 감정을 나쁜 것으로 치부하면 결국 자기 마음을 나쁘다고 여기며 분노하고, 슬퍼질지도 모른다며 두려워하고, 불안해질지도 모른다고 걱정하며 스스로를 부끄러워하게 된다. 감정을 관리하느라 바빠 지금 이 순간의 내적·외적 경험을 명확하게 알아차리지 못하고, 불편한 감정을 자신 있게 다루지 못해 사소한 스트레스 요인도 실제보다 더 위협적이라고 느낀다.

대부분의 서구세계와 달리 여러 동양문화는 더없는 행복을 추구한다는 것에 의구심을 표하며, 그보다는 살면서 맞닥뜨리는 피할 수 없는 고통에 맞설 마음의 준비를 하라고 권한다.[5] 일부 코란 해설에서는 인간이 겪는 고통의 근원이 다름 아닌 부풀려진 욕망이라고 결론 내리기도 한다. 이런 접근법들을 예컨대 미국식 번영복음American Prosperity Gospel과 비교해보자. 미국식 번영복음 신앙에서는 신과 영적인 길을 일치시키면 현생에서 부, 성공, 행복이 넘치는 풍요를 얻게 된다고 한다.

수용전념치료acceptance and commitment therapy를 개발하는 데 도움을 준 심리학자 스티븐 헤이즈Steven Hayes는 불교적인 접근법을 이용해 인간 감정 전반을 설명한다.[6] 그는 불편한 감정을 정신적으로 억누르지 말라고 조언한다. 그렇게 하면 심리적으로 경직되고 외로워지며 스트레스에 더 취약해진다. 상대하기 버거운 전 세계 사회·정치·경제적 격변이나 건강·안전·경제적 안정·육아에 관한 끊임없는 걱정을 마주할 때 정신적으로 유연해지기는 그 어느 때보다 어렵지만 동시에 중요하다.

힘든 일을 받아들이면 그 일을 편안하게 대하는 법을 배울 수 있다. 슬픔, 수치심, 불안한 경험을 '좋아하게' 된다는 의미가 아니라 그런 감정을 부정하거나 판단하거나 곧바로 바꾸려 애쓰지 않고 그저 놓아두게 된다는 것이다. 불교에서는 감정이 내게 스며들게 하지 말고 그저 왔다 가도록 내버려두라고 조언한다. 그렇게 하면 부정적인 생각이 스쳐갈 때 무심코 '반응'하지 않고 자신의 가장 심오한 서약과 가치관에 따라 '대응하는' 법을 배울 수 있다. 이것이 심리적 웰빙과 활력의 핵심 요소다.

연구에 따르면 미국인은 정서적 삶에서 가장 변증법적이지 않다. 여기서 변증법이란 상반된 두 가지 생각이나 감정을 동시에 머릿속에 담아두는 능력이다. 다른 문화권에서는 좋은 때가 있으면 나쁜 때도 있고, 좋은 경험과 나쁜 경험이 한날한시에 일어날 수도 있다는 생각을 훨씬 잘 받아들인다. 좋은 일과 나쁜 일, 좋은 감정과 나쁜 감정은 동시에 일어날 수 있다. 달콤쌉쌀한 일이다. 수전 케인Susan Cain은《비터스위트Bittersweet》에서 이를 아름답게 표현했다. "우리가 고통받는 곳은 (…) 바로 우리가 마음 깊이 돌보고, 행동으로 옮길 만큼 마음 쓰는 곳이다."[7] 상반된 것을 동시에 느끼는 능력은 우리 안에서 더 위대하고 좋은 것을 이끌어낼까?

얼마 전 나는 돌아가신 친구 어머니를 애도하는 유대교 장례 의식인 시바Shiva 기간에 함께했다. 친구 부부는 방문하는 사람마다 포옹과 미소, 웃음으로 맞이했다. 유대인 문화에서 애도 기간은 공동체가 더욱 친밀해지고, 직접 만나 지지와 사랑의 인사를 전하고,

고통의 시간을 함께하는 기회다.

내 신앙과 전통에서도 이와 같은 일이 일어나며, 당신의 신앙과 전통에서도 정도는 다르지만 비슷할 것이다. 추모객들은 쿠키와 음식을 손에 들고 미소 짓고 웃고 울고 포옹하며 망자와 함께한 시간과 추억을 나눈다. 다른 정서적 삶에서는 변증법적 태도를 보이지 않았을 사람들도 돌아가신 분을 애도할 때면 슬픔과 행복, 나쁜 시절과 좋은 시절의 기억을 마음속에 한꺼번에 담는 변증법적 접근방식을 구현한다. 이런 일은 보기에도 아름답지만 경험하면 더욱 좋다. 한 인생에 작별을 고하며 삶의 복잡함을 이해하는 데 도움이 되기 때문이다.

긍정적 감정과 부정적 감정이 뒤섞인 이런 순간이 주는 이점은 아름답지만 경험하기는 힘겨울 수 있다.

내 친구들은 이 이상하고 현대적인 시대에 10대 자녀를 키운다. 친구들은 자녀에게 이런 변증법적 지혜를 알려주려 애쓴다. 딸은 친구에게 무시당하고, 아들은 주말에 열리는 멋진 파티에 초대받지 못했다. 청소년이라면 이런 상황에서 세상이 끝났다고 느낄 수 있다. 삶이 때로는 슬프고 외롭지만 그렇다고 항상 슬프거나 외롭다는 뜻은 아니라는 사실을 자녀가 받아들이도록 어떻게 가르칠까? 부모와 자녀 모두 이런 고통스러운 순간을 겪을 수 있지만 그런 고통에서 진정으로 성장할 기회를 얻을 수 있다는 사실을 깨달으면 크나큰 지혜를 얻는다.

모두가 가장 힘든 순간에 자신과 세상을 더 잘 이해할 기회를 얻는다고 믿는다면, 뒤섞인 감정은 순수하게 긍정적이기만 한 감정 못지않게 건강할 수 있다. 감정을 완화하고 통제해서 우리가 타고난 부정적 편견의 힘에서 벗어날 수 있다면 그저 기분 좋은 것(부정적 감정이 없는 상태)만 중시하지 않고 건강하게 기능하는 데 힘을 쏟을 수 있다.[8] 우리가 알고 있듯 건강하게 기능하는 것은 활력으로 이끄는 '북극성'을 찾을 열쇠다.

유다이모니아: 제 기능을 하는 좋은 정신건강 상태

고대 철학자 에피쿠로스에서 유래한 '쾌락주의자epicurean'는 살면서 자기방종과 감각적인 쾌락을 추구하는 사람을 일컫는다. 에피쿠로스의 가르침은 논란을 불러일으키기도 한다. 유럽에 자기수양을 강조하는 기독교가 뿌리내리면서 여러 쾌락적 즐거움을 수치스러운 것으로 치부했기 때문이다.

철학자 에밀리 오스틴Emily Austin은 에피쿠로스를 '심리적 쾌락주의자'라고 부른다. 에피쿠로스는 인간이 근본적으로 고통을 피하고 무엇보다 쾌락을 추구하려는 본능이 있다고 믿었기 때문이다. 오스틴은 저서《즐거움을 위해 사는 삶Living for Pleasure》에서 이렇게 썼다.

자궁에서 빠져나와 야단법석인 이 세상을 마주하며 분노에 가득

차 얼굴을 붉힌 채 비명을 지르는 아기를 상상해보라.[9] 배는 고프고, 자극은 너무 강하고, 갑자기 너무 춥고 불편하다. (…) 우리는 아기가 원하는 것을 주어 아기를 진정시키려고 한다. 영양분, 따뜻한 포옹, 따스함, 음악, 졸졸거리는 수돗물 소리, 공중에 둥실 띄워주기, 부드러운 모자 같은 것 말이다. 에피쿠로스는 안락한 편안함을 추구하는 이 야수 같은 욕망이 결코 우리를 떠나지 않는다고 생각했다. 근본적인 안정감이 없으면 아기는 손쉬운 기쁨을 찾으려 애쓴다. 에피쿠로스는 모든 단계의 인간도 마찬가지라고 여긴다.

쾌락 추구에는 분명 나쁜 편견이 덧씌워져 있다. 하지만 '쾌락주의hedonism'라는 말에 따라오는 선입견은 이제 던져두자. 행복을 바라보는 이런 관점은 방탕한 자기방종이나 난잡한 연회로 이어지는 장대한 축제를 의미하지 않는다. 쾌락주의라는 말은 '감정'을 뜻하는 고대 단어인 '혜돈hedone'에서 왔다. 에피쿠로스의 관점에서 보면 평온함은 좋은 삶의 정수다.

에피쿠로스와 동시대 사람인 아리스토텔레스Aristoteles(기원전 384~기원전 322년)는 사람들이 행복을 매력적으로 여기며 즐거움을 원하고 고통은 피하고 싶어한다는 사실을 부정하지 않았다.[10] 하지만 행복을 지고의 종착지로 여기며 우위에 두지는 않았다. 오히려 기분이 좋다는 것은 인간으로서의 성장, 자기인식, 자유, 자신의 가치에 따라 사는 규범, 공동체와의 연결, 제대로 기능하는 일처럼 더 중요한 무언가에 따라오는 부산물이라고 보았다. 아리스토

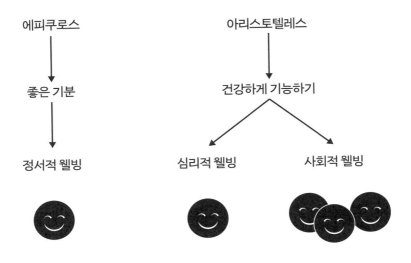

텔레스는 좋은 삶을 '유다이모니아eudaimonia'라는 말로 지칭했다. 이 단어에서 '유eu'는 좋은 것, '다이몬daimon'은 고대 그리스에서 내면의 정신이나 가능성을 의미했다.

활력은 앞서 언급한 정서적·심리적·사회적 웰빙을 모두 포함한다는 사실을 기억할 것이다. 나는 이것을 웰빙의 3자 모델tripartite model of well-being이라고 부르며 에피쿠로스와 아리스토텔레스의 저술을 바탕으로 한다. 행복하고 만족스럽고 삶에 관심을 보이는 인생을 사는 동시에 목적, 소속감, 기여, 수용을 품고 제대로 기능하려 애쓰는 일은 평생 이어가야 하는 과업이다. 우리의 임무는 탁월성excellence을 추구하는 것이다.

아리스토텔레스는 세상 모든 대상이나 사물에 어떤 기능이 있다고 주장했다. 톱은 나무를 똑바로 깔끔하게 자르기 위한 것이고,

자동차는 어떤 장소에서 다른 장소로 안전하고 빠르게 이동하기 위한 것이다. 인간에게도 어떤 기능이 있다. 그 기능은 아리스토텔 레스가 다른 모든 지각 있는 생물과 인간을 구분하는 요소라고 주장한 마음, 구체적으로는 오늘날 전전두피질이라 부르는 독특한 구조에서 온다. 계획을 세우고, 이해하고, 이성적으로 사고하거나 합리성을 발휘하고, 과거에서 배워 그 교훈을 미래에 적용하고, 자신과 자기 성격을 이해하고, 삶의 목적의식에 따라 생각하며 그렇게 살려고 노력하고, 옳고 그름을 판단하고 그 판단에 따라 행동하는 능력은 모두 전전두피질에서 온다. 전전두피질은 많은 일을 한다. 그런 일이 우리를 인간으로서 고유하게 만든다.

인간 본성에서 중요한 부분은 다른 모든 생명체와 공통인 영역에서 온다. 쾌락, 고통, 스트레스, 생존을 가장 중시하는 원시적이고 감정적인 대뇌 변연계다. 하지만 우리는 생존, 번식, 좋은 기분만을 목표 삼아 살고 행동하도록 만들어진 평범한 동물이 아니다. 인간이라는 종은 이런 것 이외에도 훨씬 많은 것을 할 수 있다는 점에서 독특하다. 다른 많은 생물과 달리 인간은 즉각적 만족을 바라는 욕구를 포기할 수 있다. 익히 알려진 마시멜로 실험에서 재미있게도 몇몇 아이가 이런 사실을 보여줬다.

뇌에서 가장 최근에 진화한 영역인 전전두피질, 곧 신피질 neocortex은 대뇌 변연계 주변이나 그 위에 겹겹이 쌓여 있다. 변연계 피질과 신피질을 연결하는 양방향의 복잡한 '고속도로'가 서로를 통제한다. 마시멜로 실험 연구진은 아이들 앞에 마시멜로를 하나 두고 자신이 몇 분 뒤 돌아올 때까지 먹지 말라고 당부했다. 연구자가 돌아올 때까지 자기 앞에 놓인 마시멜로를 먹지 않고 기다린 아이들은 더 큰 즐거움을 얻었다. 마시멜로를 하나 더 먹을 수 있었던 것이다.

이렇게 어린 나이에 전전두피질을 활용해 기다리며 유혹을 이긴 아이들은 자신의 잠재력, 곧 유다이모니아를 발휘한 셈이다. 연구자들은 이런 능력을 발휘한 아이들이 결국 커서도 성적이 더 좋고 대학입시 점수도 더 높으며, 마시멜로 하나의 유혹을 견디지 못한 아이들이 인생에서 얻은 것보다 더 많이 성취한다는 사실을 발견했다.

인생에서 많은 것을 이루려면 잠재력만으로는 충분하지 않다. 자라서 더 뛰어난 운동선수, 더 우수한 학생, 더 좋은 친구나 형제자매, 더 나은 직원, 더 영적인 사람처럼 더 나은 무언가가 되려면 노력, 연습, 시간, 헌신이 필요하다. 사실 내가 되고자 하는 최고의 내가 되려면 평생이 걸릴 수도 있다.

더 훌륭한 사람이 된다는 것은 성취다. 나는 수업 중 토론을 이끌기 위해 학생들에게 '소원을 말해봐' 게임을 하곤 한다. 학생에게 자신이 되고 싶은 사람이 되는 데 필요한 긍정적인 자질을 내가 지금 당장 모두 주겠다고 제안하는 것이다. 그런데 놀랍게도 대부분의 학생은 내가 소원을 들어준다는데도 거부한다. 왜 그럴까? 학생들은 좋은 자질을 스스로 얻고 싶어하기 때문이다. 학생들은 유다이모니아를 거저 얻는 것이 아니라 스스로 성취하기를 원했다.

나는 학생들에게 그런 점에서 그들과 아리스토텔레스가 비슷하다고 말한다. 그러고는 다른 질문을 던진다. "여러분, 아리스토텔레스가 주객을 바꾸면 안 된다고 경고한 이유를 이제 알겠습니까? 유다이모니아를 최우선으로 두고 더 나은 사람이 되기 위해 노력하기에 앞서 쾌락적 행복을 먼저 추구하면 안 되는 이유를 이해했나요?"

학생들은 이렇게 말한다. "그러면 마치 인생에 마시멜로가 하나밖에 없는데 언제든 그걸 곧바로 먹겠다는 것이나 마찬가지니까요." 사실 마시멜로를 더 나은 사람이 되기 위한 노력의 결과라고 본다면, 우리는 인생에서 훨씬 많은 마시멜로를 얻을 수 있다. 아리스토텔레스라면(어쩌면 우리 학생들도) 이렇게 주장할 수도 있다. 우리가 더 나은 사람이 되기 위해 노력한다면 연구자가 돌아와 우리 인생에 마시멜로를 한 개, 두 개, 세 개, 어쩌면 무한히 더 주는 셈이라고 말이다. 더 나은 사람이 되기 위해 끊임없이 노력할 때 느끼는 즐거움, 행복, 기쁨, 만족은 '소원을 말해봐' 게임에서 누군가로부터 좋은 사람이 되는 데 필요한 자질을 모두 받았거나 무제한 마시멜로 뷔페에 갔을 때 느낄 법한 즐거움을 훨씬 넘어선다.

새 학기 강의에서 학생들이 이런 결론을 내리면 나는 슬며시 고개를 끄덕이고 미소를 짓는다. 우리 학생들은 도전받고 싶다고 말하면서 자신이 때로 실패할 수 있고 항상 완벽할 수는 없다는 사실을 기꺼이 받아들인다.

인간이 지닌 탁월성의 여섯 영역

제 기능을 한다는 것이 꼭 완벽하고 특출나며 좋은 정신건강이라는 자질을 최고 수준으로 끊임없이 발휘한다는 뜻은 아니다. 필멸할 인간인 우리에게 주어진 진정한 도전과제는 어떤 순간이나 상황에 따라 적당한 양의 긍정적 자질을 되도록 꾸준히 발휘하는 것이다.

제 기능을 한다는 측면에서 활력을 측정하는 데 기초가 되는 탁월성의 여섯 가지 영역이 있다. 수용, 자율성, 연결, 역량, 숙달, 대인존재감이라는 여섯 가지 주요 영역은 심리적·사회적 웰빙의 수준을 결정한다.

1. **수용**acceptance 당신은 자신을 있는 그대로 받아들이는가? 당신의 성격, 장단점, 행동, 모든 생각과 감정을 받아들이는가? 다른 사람을 받아들이는가? 다른 사람을 좋아하고 그들의 의견에 동의하고 그들의 선택을 용인해야 한다는 뜻은 아니다. 그저 그들의 모습을 바꾸려 하지 않고 있는 그대로 받아들이면 된다.

2. **자율성**autonomy 자기주도성을 발휘해야 하는 상황에서 스스로 생각하고 표현하며 자기 생각대로 행동할 수 있는가? 사회 및 사회적 영향에서 벗어나는 자율성은 심리적 웰빙의 한 형태다. (만약 내가 지금 설문지를 만든다면 자신감의 사회적 웰

빙 측면을 반영해주는 협동적 사고 및 행동을 평가하는 질문을 추가할 것이다. 협동적 사고는 과거보다 오늘날 훨씬 부족한 것 같다.)

3. **연결**connection 따스하고 신뢰할 수 있는 관계를 맺고 있는가? 더 큰 공동체에 속해 있는가? 진화 역사의 80퍼센트를 소규모 수렵·채집 부족으로 지낸 사회적 종인 인간은 다른 사람과 연결되었다고 느낄 때 가장 번성한다.

4. **역량**competence 일상생활을 성공적으로 영위할 수 있는가? 이는 역량의 심리적 요소다. 사회적 역량은 까다로운 사건이나 복잡한 사회를 이해하는 능력이다.

5. **숙달**mastery 무언가를 배우고 성장하려는 동기가 있는가? 무언가를 더 잘하게 되면 내적 보람을 얻는다. 개인으로서 건강하게 기능하려면 개인적으로 성장해야 하지만 그전에 성장할 수 있는 환경에 속해야 한다.

6. **대인존재감**mattering 자신과 자기 삶이 중요하고 세상에 기여한다고 믿는가? 많은 이가 흔히 가족을 보살피거나 직업적 성공에 열의를 보일 때 세상에 기여한다고 생각한다.

2부에서는 인간 기능의 다양한 영역에 숙달하려면 어떻게 노력해야 할지 살펴볼 것이다. 이때 다음을 기억하자. 스트레스가 우리를 바짝 뒤쫓거나 예측할 수 없는 슬픔이 적절하지 않은 순간에 찾아와 기분이 좋지 않을 때에도 제대로 기능하는 데 에너지를 집중

한다면 웰빙에 즉각적으로 깊은 영향을 끼칠 수 있다. 그러려면 이 과정에 대한 믿음과 순간적인 용기가 필요하다. 나와 동료들이 수행한 연구 결과는 몇 번이고 이런 접근법을 뒷받침해왔다. 다음의 놀라운 표를 보면 시각적으로 이런 사실을 훨씬 잘 확인할 수 있다.[11]

'건강하게 기능하기' 대 '좋은 기분'

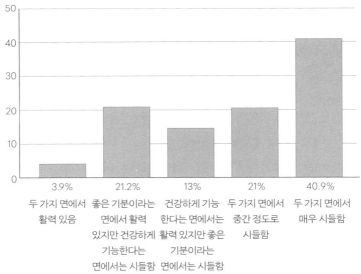

건강하게 기능하는 것과 좋은 기분은 둘 다 필요하다. 놀랍게도 연구에 참여한 대학생 가운데 활력 있는 학생의 정신질환율은 4퍼

센트 미만이었다. 하지만 여기서 볼 수 있듯 중간 정도라도 시들함에 빠지면 정신질환율은 몇 배나 늘어난다. 기분이 좋다고만 생각한 학생의 정신질환율도 아주 높았다.

이것이 바로 활력이 북극성인 이유다. 행복을 약속한다는 말에 속지 말자. 어떤 문화에서 특정 사회적 기준에 맞춰 행복을 측정한 다음 그 문화에서 성공적으로 '행복'을 찾을 수 있다며 칭송하는 연구가 많다. 하지만 그들이나 우리 모두 더욱 조심해야 한다. 문화는 사람과 마찬가지다. 말하자면 한순간 또는 많은 순간 행복을 느낄 수는 있겠지만 건강하게 기능하지 못하면 활력의 모든 이점을 제대로 누릴 수 없다.

Languishing

4장

우리는 1차원 인간이 아니다

건강하다는 것은 그저 질병이 없는
상태가 아니라 웰빙이 있는 상태다

고대 그리스에는 의학의 신 아스클레피오스Asclêpios와 그의 두 딸 파나시아Panacea, 히게이아Hygeia 신화를 빗댄 의학의 기원 이야기가 전해 내려온다. 두 딸은 서로 다른 의학 분야를 대표한다. 파나시아는 질환을 치료하는 방법을 찾는 의학 분야를 대표한다. 히게이아는 건강과 웰빙을 증진하고 유지하는 방법을 찾는 의학 분야를 대표한다.

의학과 공중보건을 상징하는 아스클레피오스의 지팡이에는 많은 사람이 의아하게 여기는 상징인 뱀이 그려져 있다. 왜일까? 예나 지금이나 뱀은 주기적으로 낡은 허물을 벗고 건강한 속살을 새롭게 드러낸다. 따라서 뱀은 건강을 증진하고 유지하는 일의 중요성을 상징한다.

의학은 초기부터 인간의 활력을 목표 삼아 각각 고유한 지향점과 기법을 지닌 두 가지 상호보완적인 분야를 통해 실행되었다. 하나는 질병의 퇴치에 주목하는 질병의학pathogenic medicine이고, 다른 하나는 건강 증진에 초점을 맞춘 건강의학salutogenic medicine이다.

질병의학이라는 용어는 '고통'을 의미하는 그리스어 파토스pathos에서 왔다. 건강의학이라는 용어는 긍정적인 상태로 여겨지는 '건강'을 의미하는 라틴어 살루스_salus_에서 왔다. 백신은 건강의학 접근법의 대표적인 사례다. 백신은 우리 면역계의 독특한 작동방식을 이용해 면역계를 강화하도록 고안되었다.

백신은 감염이 발생한 다음 치료하는 것이 아니라 애초에 심각한 감염이 일어나지 않도록 예방한다. 그런 점에서 백신은 히게이아에게서 배운 '요령'을 활용한다. 감염원을 체내에 조금 투여한 다음 면역계가 타고난 능력을 이용해 건강을 증진하고 강화하도록 돕는 것이다. 면역계가 강해지면 우리 몸은 '대체로 긍정적인' 상태가 된다. 바이러스 같은 부정적인 것이 몸에 들어와도 긍정적인 면역력이 훨씬 큰 영향을 끼친다. 백신 접종뿐만 아니라 스트레스 완화나 건강한 식습관 유지 같은 건강한 생활방식을 통해서도 면역계의 활력을 늘릴 수 있다.

정신건강도 신체건강과 비슷하게 작동한다. 질병의학 모델에서는 정신질환이 없는 상태를 정신이 건강한 상태로 보고, 고통의 근원을 치료하기 위해 질환의 원인을 이해하는 데 자원을 쏟는다. 반면 건강의학 모델에서는 긍정적인 느낌이 있거나 살면서 제대로 기능하는 것을 정신이 건강한 상태로 보고, 활력을 이해하고 만드는 데 자원을 쏟는다.

세 번째이자 상호보완적인 건강 개념은 '전체, 전인'을 의미하는 '할레_hale_'에서 왔다. 나는 이런 관점이 우리 삶을 제대로 보는 방법이라고 생각한다. 우리는 전인적인가?

물론 나는 과학자로서 건강 여부를 판가름할 수 있는 신뢰할 만하고 유효한 잣대가 필요하다는 사실을 안다. 내가 경력을 막 쌓기 시작했을 때만 해도 신체적·정신적 질환은 측정할 방법이 무수히 많았지만, 좋은 정신건강을 측정할 방법은 하나도 없었다. 나는 정신건강과 정신질환 두 가지를 동시에 측정하기 위해 정신건강 연속체mental health continuum 설문지를 만들었다. 앞서 당신이 작성한 바로 그 설문지다(21쪽 참조).

정신건강 연속체에 관한 내 연구를 발표하기 전만 해도 많은 학자는 우울증과 웰빙이 관련 있다고 생각했다. 심지어 하나의 차원으로 볼 만큼 아주 밀접한 관련이 있다고 여겼다. 정신건강을 이렇게 1차원적 관점으로 보는 상담사나 정신과 의사는 우울증 증상을 덜어줄 방법이 있고, 그런 방법을 이용하면 환자가 다시 웰빙을 얻고 곧바로 활력을 찾을 수 있다고 가정한다. 다시 말해 우울증과 웰빙 사이에 강한 상관관계가 있다는 말은 곧 우울증 증상을 줄이면 환자의 웰빙 수준이 곧바로 높아진다는 의미다.

하지만 놀랍게도 연구에서 드러난 사실은 이와 달랐다. 우울증과 웰빙 사이의 상관관계는 예상외로 미미한 수준이다. 우울증 증상을 줄인다고 해서 웰빙의 수준이 높아지지는 않는다고 확실하게 말할 수 있을 정도다. 이것은 무엇을 뜻할까?

바로 정신적 웰빙을 정신질환과 정신건강이라는 두 가지 차원에서 보아야 한다는 의미다. 정신질환이 심각하지 않은데 정신건강이 좋지 않을 수 있고, 정신질환이 심각한데도 정신건강이 좋을 수 있다. 여기서 우리는 두 가지 척도로 연구하며, 정신적 웰빙의

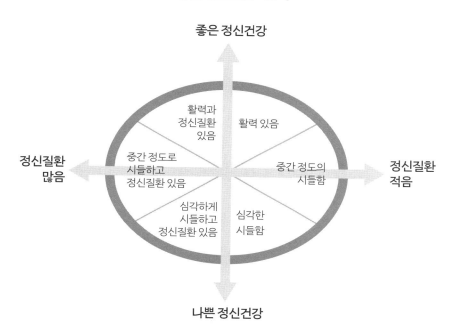

좋은 정신건강: 활력

좋은 정신건강

활력과
정신질환
있음

활력 있음

정신질환
많음

중간 정도로
시들하고
정신질환 있음

중간 정도의
시들함

정신질환
적음

심각하게
시들하고
정신질환 있음

심각한
시들함

나쁜 정신건강

지도는 위와 같이 그릴 수 있다.

이중 연속체 모델dual-continua model의 여러 함의 중 하나는 치유할 수 없는 정신질환을 어찌어찌 치료해 정신질환에서 벗어난다 해도 꼭 활력이 생기지는 않는다는 것이다. 엠 베이홀드의 〈작고 멍한 벌레처럼〉이라는 노래를 기억하는가? 이 노래 가사는 치료받으면서도 더 나은 치료법을 기다리는 이야기다. 아무것도 느껴지지 않는 시들함이 정신과 치료 때문이라고 말하는 듯하다. 실제로 요즘 연구에서는 의도치 않은 약물 부작용으로 감정 둔화를 겪는 사람이 있다고 속속 보고한다. 정신과 약물이 심지어 좋은 감정을 포함해 모든 감정을 무디게 만들 수 있다는 의미다. 약물은 슬픔의 강도를 줄인다. 우울할 때는 좋다. 하지만 좋은 감정까지 무뎌져 만사가 시들해진다. 불행의 깊이를 줄이려고 하다 보면 기쁨 또한 최고조로 경험할 수 없게 되고 마는 것이다.

우리 뇌의 정서적 활동은 뇌의 작동방식에 뿌리를 둔 이중 연속체 모델을 기반으로 한다. 신경과학에 따르면 슬플 때 켜지는 뇌 영역과 행복하거나 기분 좋을 때 어두워지는, 곧 꺼지거나 활성화되지 않는 영역이 똑같지는 않다. 슬플 때 꺼지고 행복할 때 켜지는 뇌 영역이 일부 겹치기도 하지만, 전반적인 뇌 연결 방식을 볼 때 행복이 꼭 슬픔의 정반대는 아니다.[1]

따라서 부정적인 것(슬픔)이 없다고 긍정적인 것(행복)이 있다는 의미는 아니며, 반대로 부정적인 것이 있다고 긍정적인 것이 없다는 의미도 아니다. 정신건강은 흑백논리로 볼 일이 아니다. 정신건강은 무지개다.

우리는 시들함에 빠질 수밖에 없는 운명인가?

이중 연속체 모델이 인간의 생물학적 특성에 아주 깊이 스며 있다는 증거가 또 있다.[2] 나는 정신질환의 행동유전학을 연구하는 저명한 생물정신과 의사 케네스 켄들러Kenneth Kendler 박사와 함께 1995

년부터 미국 동성 쌍둥이 성인 표본을 조사해 내 정신건강 척도를 이용해 유전적으로 물려받은 요인을 측정할 수 있는지, 이중 연속체 모델이 우리 DNA에 암호화되어 있는지 연구했다.

정신건강 연속체 설문지는 세 가지 웰빙, 다시 말해 정서적·심리적·사회적 웰빙을 평가한다는 점을 기억하자. 우리는 이 연구에서 활력과 시들함이 우울증이나 불안처럼 유전된다는 사실을 발견했다. 정신질환을 연구한 결과에 따르면 우울증의 약 60퍼센트는 유전으로 추정된다. 활력(및 활력이 없는 상태인 시들함)을 살핀 내 연구에서도 유전 가능성이 약 60퍼센트에 이르며, 세 가지 웰빙은 같은 유전적 근원을 공유한다는 사실이 밝혀졌다.[3]

하지만 어떤 질환이 주로 유전된다고 해서 그 질환이 유전자만으로 결정된다는 뜻은 아니라는 점을 명심해야 한다. 실제로 우울증이 유전적으로 결정된다는 주장을 뒷받침하는 증거는 거의 없다. 유전적으로 우울증 위험이 큰데 우울증에 걸리지 않는 사람도 많고, 유전적 위험이 낮은데도 우울증 진단을 받기도 한다. 우울증을 일으키는 높은 유전적 위험이 활성화되려면 극심한 스트레스나 만성 스트레스를 받아야 한다. 하지만 이런 상황은 유전적 위험이 낮다는 이점 또한 압도해서 운이 나쁘면 유전적 요인이 없어도 우울증을 유발할 수도 있다.

나는 정신장애의 유전 가능성과 정신건강 사이에 강한 상관관계가 있는지 알아보고자 했다. 정신질환(특히 우울증, 불안, 공황 발작)을 예측하는 유전자 중 (내 설문지로 좀 더 총체적으로 측정

이중 연속체 모델은 우리 안에 있다

우리 몸속에는 '불쾌한 것'이나 감염원이 많다. 모두 이중 연속체 모델에서 부정적인 축에 해당한다. 하지만 면역계에 활력이 넘치면 불쾌하고 부정적인 요인도 우리에게 해를 입히지 않는다. 우리의 힘이 강해져 취약함을 넘어서면 건강을 유지하고, 심지어 싸우며 성장하고 더욱 강해질 수 있다. 근육량과 근력도 이와 비슷하게 재미있는 방식으로 만들어진다. 운동을 하면 근육에 조금 상처가 나고 재생되면서 근육량이 늘어나고 건강이 좋아진다.

콜레스테롤 체계도 이중 연속체 모델을 따른다. 콜레스테롤에는 '좋은' 콜레스테롤과 '나쁜' 콜레스테롤이 있다. 나쁜 콜레스테롤이 적고 좋은 콜레스테롤이 많으면 심장 건강에 좋다는 사실은 잘 알려져 있다. 이와 같이 가장 좋은 상태를 나 같은 사람은 '콜레스테롤 활력 상태'라고 부른다

이중 연속체 모델의 긍정적인 면을 보여주는 또 다른 사례는 텔로미어telomere다. 텔로미어는 염색체의 연약한 끝을 덮는 부분으로, 세포가 분열하며 생명을 이어나갈 때마다 텔로미어가 손상된다. 텔로미어는 스트레스와 노화의

한) 정신건강의 수준을 예측하는 유전자와 겹치는 경우는 절반 이하였다. 좋은 소식이다!

정신질환을 일으킬 수 있는 경향이 크다고 해서 꼭 주관적 웰빙 수준이 낮은 것은 아니라는 의미다. 정신질환 위험이 낮은 유전자를 물려받았다고 해도 꼭 활력 있는 삶을 산다는 보장은 없다. 다시 말해 우울증에 걸릴 운명이 아니라고 해서 활력 높은 유전자

비밀을 푸는 열쇠다. 심리적 스트레스를 많이 받으면 텔로미어가 더 빨리 손상되어 질병 발생이 촉진되고, 질환이 일어나 수명이 줄어든다.

텔로머라제telomerase는 텔로미어를 코팅해 세포가 분열하거나 스트레스를 받을 때 텔로미어가 손상되지 않도록 보호하는 물질이다. 텔로머라제가 늘어나면 보호력이 좋아지고, 텔로머라제가 줄어들면 보호력이 나빠져 손상도 늘어난다.

내셔널지오그래픽National Geographic의 다큐멘터리 〈스트레스: 살인자의 초상Stress: Portrait of a Killer〉에서 언급한 엘리사 에펠Elissa Epel의 보고서에는 이 텔로머라제의 중요성이 잘 나와 있다. 이 연구에서는 오랫동안 중증 발달장애 자녀를 돌보는 어머니가 받는 스트레스의 장기적인 영향에 주목했다. 건강에 문제가 있는 가족을 돌보는 일은 만성 스트레스 요인이며, 만성적으로 높은 스트레스는 건강과 장수에 아주 치명적이다. 하지만 그런 강력한 발병 요인이 있어도 사회적 지원 모임에 정기적으로 참여한 어머니는 사회적 지원을 받지 못하고 고립된 채 자녀를 돌보는 어머니보다 텔로머라제가 더 많았다.4 텔로머라제와 사회적 지원이 만성 스트레스를 없애주지는 못하지만, 만성 스트레스 요인에 따른 손상은 줄였다.

를 물려받았다는 뜻은 아니라는 의미다. 이중 연속체 모델은 우리 DNA에 담겨 있다.

인간에게는 성장의 잠재력이 있다

이중 연속체 모델의 긍정적인 차원은 신경생성neurogenesis과 신경가소성neuroplasticity 측면에서 인간의 성장 능력 또한 보여준다. 이를 몸의 재생 능력이라고 하며, 오늘날 재생의학regenerative medicine이라는 의료 분야가 생겨나고 있다. 스트레스가 뇌 신경세포를 손상하고 파괴한다는 사실은 잘 알려져 있다. 하지만 최근에는 몸이 새로운 신경세포를 만들고 이들 사이의 연결도 새로 만든다는 사실이 발견되었다. 우리는 말 그대로 새로운 신경세포를 만들고 그것이 자라날 뇌 영역을 형성하도록 도울 수 있다. 이렇게 할 수 있는 방법은 매우 다양하며, 이는 곧 정신질환을 겪는 사람이 시들함에서 활력으로 나아가 정신적 웰빙을 향상할 수 있다는 증거가 된다.

1986년 데이비드 스노든David Snowden은 75세 이상의 가톨릭 수녀 678명을 대상으로 '노화와 알츠하이머에 관한 수녀 연구Nun Study of aging and Alzheimer's disease'라는 종단연구를 실시했다.[5] 사후 수녀들의 뇌를 검사한 결과 살아 있을 때 치매를 유발할 수 있었을 정도로 뇌 손상이 심한 수녀들이 있었다. 연구진은 수녀들이 삶에 얼마나 적극적으로 참여했는가에 따라 치매에 걸리는지 안 걸리는지를 설명할 수 있다는 사실을 발견했다. 육체적·정신적·사회적·영적으로 삶의 더 많은 면에서 활동적으로 참여했고 노년기까지 그런 삶의 방식을 유지했던 수녀들은 자신도 모르는 새에 신경생성과 신경가소성을 자극했다. 이런 수녀들의 뇌는 일부 손상되었지만 건강한 삶의 발판이 되어줄 수 있었다.[6] 나는 건강한 수녀녀들이 어떻게 서로 관계를 맺고 세상에 활동적으로 참여하며 정신적으로 성장할 기회를 더 많이 만들었을지 생각해봤다. 사람들이 시들함에서 활력으로 나아가는 방식을 이보다 잘 설명할 수는 없을 것 같다.

신경세포의 회복과 성장의 잠재력을 보여주는 또 다른 놀라운 연구는 제약유도운동요법constraint induced movement therapy, CIMT이다. 뇌졸중으로 팔다리를 쓰지 못하게 된 환자는 팔다리 사용 능력을 회복할 수 없다고 오랫동안 여겨졌다. 그러다 일견 잔인해 보이는 CIMT 요법이 등장했다. CIMT는 뇌졸중을 겪고도 여전히 한쪽 팔다리를 쓸 수 있는 환자에게 그쪽을 사용하지 못하게 제한(방해)하고 손상된 쪽의 팔다리를 사용하도록 강제한다. 뇌졸중으로 뇌와 팔다리 사이의 신경 연결이 완전히 끊어지지는 않았을 때 아주 섬세하고 정밀한 단계를 거치면서 점차 손상된 팔다리를 강제로 사용하면 신경생성과 신경가소성이 일어난다. 멀쩡한 팔다리를 사용하지 못하게 하고 손상된 쪽을 사용하도록 강제해서 새로운 신경세포와 신경세포 사이의 연결을 만들면 손상된 팔다리를 어느 정도 사용할 수 있다.[7]

건강의 긍정적 측면이지만 제대로 인정받지 못한 히게이아는 재생하고 회복하고 힘을 키울 능력을 대표한다. 우리는 이 힘을 자신과 건강, 그리고 타인을 보호하는 데 사용할 수 있다. 인간은 면역계, 심혈관계, 뇌, 신경생성, 세포, 텔로머라제 등을 이용해 감당할 만한 도전을 이겨내며 힘과 회복탄력성을 기를 수 있다.

신체의 회복력과 성장력이 감염, 장기 손상, 심리적·사회적 스트레스 등 역경에서 비롯한 손상을 넘어선다면 우리는 건강을 유지하고 심지어 더욱 건강해질 수 있다. 큰 역경 때문에 얻은 손상이 회복력과 성장력을 넘어서면 질병발생pathogenesis 과정이 시작된다. 건강하게 잘 자고 일어났는데 하루아침에 심각한 질병에 걸린 사람은 없다. 병은 점진적으로 발생한다. 특히 만성 질환은 역경이나 건강에 좋지 않은 습관, 손상(모든 발병 과정)의 총량이 재건·회복·성장 역량(모든 호전 과정)을 넘어설 때 점차 발생한다.

하지만 우리에게는 신체적 힘만 있는 것이 아니다. 힘은 우리 몸속 장기에서만 만들어지고 쓰이는 것이 아니다. 정신건강도 다른 모든 생물학적 과정과 마찬가지로 작동한다. 이런 사실을 알면 통증심리학자 레이철 조프네스 박사의 말에 귀 기울이게 된다. 그는 고통이 생체의학적인 것이 아니라 사실 일부는 몸에서, 일부는 뇌에서 오는 생체심리사회적인 특징이 있다고 말했다. "우리는 신경과학 연구를 통해 부정적 감정, 파괴적 생각, 건강하지 못한 대처 행동이 실제로 고통을 키우고 증상을 늘리며 공포, 무기력, 불행, 고통의 악순환에 빠지게 만든다는 사실을 알게 되었다. 다르게 이야기해보자. 스트레스, 불안, 우울, 파괴적 생각, 부정적 예측, 고통에 주목하기, 사회적 거부, 운동 부족, 활동 피하기 등은 모두 고통을 키운다."[8]

속임약placebo(플라세보)은 부정적 생각과 정반대로 작동한다.

속임약은 나으리라는 기대를 주어 생물학적 치유를 돕는다. 나아질 수 있다는 희망적인 마음을 속임약이라고 생각해보자. 희망은 실제로 우리가 나아지도록 돕는다. 우리는 다가올 어려움에 맞서 정신건강, 웰니스, 긍정성을 강화하도록 노력할 수 있다. 더 강해질수록 몸과 마음에 어떤 일이 닥치든 그것과 더 잘 싸울 준비를 할 수 있다.

이중 연속체 모델은 놀라운 발견인 동시에 낙관적인 사람이 될 이유다. 정신질환뿐만 아니라 정신건강에 주목해 삶을 시들함에서 활력으로 나아가는 연속체로 보기 시작하면 앞으로 나아갈 다른 길을 상상할 수 있다. 내면에서 일어나는 일에서 시작해 주변에서 일어나는 일로 시선을 돌릴 수 있다. 그저 기분 좋아질 방법을 알아내는 데 집착하지 않고 건강하게 기능할 방법을 찾을 수 있다.

희망에서 나오는 힘을 길러야 한다. 일단 희망을 품기 시작하면 씨앗을 심은 셈이다. 더 나은 일이 가능하다고 믿어보자.

마음의 의료화: 정신치료가 걸어온 길

20세기 말, 세계보건기구World Health Organization, WHO는 세계질병부담global burden of disease, GBD이라는 역사적인 연구 결과를 발표했다.[9] 이 연구에서는 100가지 이상의 급성 및 만성 질환에 초점을 맞추어 각 질병이 장애보정생존년수disability-adjusted life year, DALY라는 새로운 결과치에 얼마나 영향을 끼치는지 조사했다.

장애보정생존년수는 총 생존기간과 그 기간 중 장애를 안고 살아가는 기간을 반영한다. 예를 들어 살아 있지만 일하지 못하거나 목욕, 청소, 장보기, 정리하기 등 일상적인 활동을 하지 못하는 기간이 이에 해당한다. WHO는 1996년 전까지 질병으로 단축된 수명에만 초점을 맞췄다. 다시 말해 특정한 건강 상태나 질병 때문에 수명이 단축되거나 조기사망한 경우만 산정한 것이다. 간단히 말하면 사망률이 질병의 심각도를 판단하는 가장 중요한 기준이었고, 조기사망률을 높이는 질병은 공중보건에서 주목해야 하는 10대 중점과제에서 더 높은 순위에 올랐다.

사망률이 유일한 기준이었을 때는 정신질환이 공중보건 10대 중점과제에 포함된 적이 없었다. 하지만 20세기 말이 되자 마침내 WHO를 비롯해 다른 이들도 인류가 더 오래 살게 되었지만 그렇다고 해서 반드시 건강하게 사는 것은 아니라는 사실을 알게 되었다. 현대의학의 기적으로 지난 세기에는 생명을 앗아갔던 질병을 앓는 사람도 지금은 생존할 수 있게 되었다. 심장질환이 그 예다. 여러 심장질환은 관리 가능한, 곧 생존 가능하지만 만성으로 이어지는 질환이 되었다.

20세기가 저물며 사고방식이 달라졌다. 우리는 삶의 양뿐만 아니라 질을 높이는 데 집중하기 시작했다. WHO가 사망률에 장애라는 척도를 더해 공중보건 10대 중점과제 목록을 새롭게 만들면서 우울증이 처음으로 전면에 등장했다. 1996년 우울증은 장애보정생존년수에 영향을 끼치는 네 번째 주요 원인이었다. 2004년 WHO가 다시 연구를 수행했을 때는 순위가 훨씬 올라갔다. 우울증은 심장질환 및 암과 더불어 가장 많은 장애보정생존년수를 유발하는 원인으로 꼽혔다. 오늘날 전 세계 대다수 국가에서 우울증은 장애보정생존년수의 가장 큰 원인이며, 장애에 관한 한 심장병이나 암보다 더 큰 문제다.

최근 미국 질병통제예방센터Center for Disease Control and Prevention, CDC의 연구에서는 2015~2018년 18세 이상 성인의 13.2퍼센트가 지난달 항우울제를 복용했다고 밝혔다. 여성(17.7퍼센트)이 남성(8.4퍼센트)보다 많았고 60세 이상 여성에서 그 비율이 가장 높았다(이 집단의 24.3퍼센트가 지난 30일 동안 항우울제를 복용했다고 응답했다).[10]

게다가 처음 정신질환이 나타나는 평균 나이도 점점 낮아진다. 불안장애는 흔히 14세 전후에 처음 발병한다. 알코올의존증을 포함한 물질 남용은 20세 전후에 처음 발병한다. 우울증을 포함한 기분장애는 26세 전후에 처음 발병한다. 멕시코·브라질·튀르키예 같은 이른바 개발도상국에서 자랐든, 네덜란드·독일·미국 같은 이른바 선진국에서 자랐든 이런 현상은 전 세계에서 일관되게 나타난다.[11]

사람들은 이런 숫자를 보고 눈을 번쩍 떴다. 그리고 정신질환 문제를 사회적 관점으로 보기 시작했다. 정부와 정책 지도자들은 오랫동안 정신질환이 자기들 책임이 아니라는 망상을 고수했다. 그들은 이런 파괴적인 질병이 널리 퍼진 현실에 관심을 촉구하는 시도에 불신과 분노가 섞인 반응을 보였다. "어떻게 우울증이 심장병만큼 심각할 수 있어?" "암 때문에 사람이 죽는데 왜 우울증에 돈을 써야 해?"

점차 몇몇 정부가 이런 결과를 받아들이며 우울증 확산을 완화하는 데 큰돈을 투자하기 시작했다. 그 돈은 다 어디로 갔을까? 당연히 치료제를 더 개발하는 데 들어갔다. 약물치료와 대화요법은 사실 오래전부터 있었지만, 일부 설문조사 결과에 따르면 우울증 진단 기준을 충족한 사람 중 정신적·정서적 문제를 치료받고 있다고 응답한 사람은 절반 정도에 불과했다.

하지만 여기에 문제가 있다. 대다수 사람이 정신질환 치료가 효과적이고 유익하며 기본적으로 문제를 치료하는 최선이자 유일한 선택지라고 생각해왔다. 이것은 하나의 큰 가정이다. 이에 따라 영국에서는 2006년 〈우울증 보고서The Depression Report: A New Deal for Depression and Anxiety Disorders〉를 발간하며 "좋은 소식이라면 이제 우울증이나 만성 공포를 겪는 사람 중 적어도 절반을 질환에서 구제할 증거 기반의 심리치료 요법이 생겼다는 점이다"라고 자축했다.[12] 이 보고서에 따르면 영국에서 우울증이나 불안을 안고 사는 사람의 75퍼센트가 전혀 치료를 받지 않아 "이들 중 적어도 절반이 750파운드(약 120만 원) 이하의 비용으로 치유될 수 있는데도 여전히 고통받는다".

우울증을 '치유'할 수 있다고? 과학적 사실과는 거리가 먼 이야기다. 어떤 정신장애 치료법도 '치유'를 보장할 수 없다. 1996년 미국 의회에서는 정신질환 치료에 보험을 적용하는 정신건강평등법Mental Health Parity Act이 통과되었다. 정신질환 치료에 도움이 되고자 하는 바람에서였다. 하지만 2006년 국립정신건강연구소National Institute of Mental Health 소장 토머스 인셀Thomas Insel은 현재 알려진 모든 정신질환 치료법은 기껏해야 완화요법에 그친다고 공개적으로 밝혔다.

이어 인셀은 정신질환 유병률과 부담을 줄이는 데 거의 진전이 없다는 증거를 살펴보기 시작했다. 정신질환 분야 연구자들은 기존 약물을 개선하면서 점진적인 변화를 이룬 데 만족하는 것 같았다. 기존 약물을 개선했다지만 보통 부작용을 조금 줄인 것에 그친 경우가 많았다. 인셀과 동료들은 이렇게 밝혔다. "이용 가능한 치료법을 충분히 활용하지 못하고 있다는 데는 의심의 여지가 없지만, 이용 가능한 치료법이 충분하지 않다는 사실 또한 알아야 한다. (…) 현재 정신질환을 다루는 의학적 치료법은 모두 완화요법이지 치유요법은 아니다. (…) 우리는 다른 질병과 마찬가지로 정신질환에서도 완전하고 영구적인 완화를 회복으로 정의하고 이를 목표로 삼아야 한다."[13,14] 영구적인 완화란 치유를 의미한다. 인셀은 정신질환의 '치유제'를 찾자고 제안했다.

영국의 우울증 보고서와 인셀의 논문을 처음 읽었던 2006년, 나는 과학자로서 혼란스러웠고 환자로서 몹시 화가 났다. 나는 당시 내가 복용하던 약이 정신장애를 치료하는 최선의 치료법이라고 알고 있었다. 의사는 내 뇌에 화학적으로 불균형을 이루는 뇌기능장애가 있다고 말했다. 그러고는 처음에는 프로작Prozac을, 그다음에는 세로토닌과 도파민에 초점을 맞춘 두 가지 약물을 병용하는 '칵테일요법'을 이용해 뇌의 균형을 맞추겠다고 했다. 칵테일요법이 더 이상 듣지 않게 되자 의사는 프리스틱Pristiq이라는 새로운 약을 처방했다. 나는 인셀 박사가 말한 정신질환 치료 과학의 점진적 발전이라는 게 어떤 것인지를 몸소 체험하고 있었다.

이런 약물이 우울증이나 다른 정신장애의 고통을 줄이는 데 도움이 되지 않는 이유는 무엇일까? 간단하다. 정신장애 치료제는 문제를 이해하는 올바른 순서를 따라 설계되지 않았기 때문이다.

보통 제대로 된 치유법을 고안하려면 질병을 일으키는 근본적인 병리를 밝혀야 한다. 일단 질병의 내적 원인인 병인을 이해하면 최선의 치료법을 찾을 실마리를 얻은 셈이다. 병인에 따라 효과적인 치료법 개발이 결정된다.

과학자들은 애초부터 이 과정을 거꾸로 적용해 정신질환을 치료하려 애써왔다. 그리고 2006년부터 지금까지도 달라진 것은 없다. 조현병, 불안장애, 우울증까지 정신질환을 다루는 지금의 모든 치료제는 전적으로 다른 질환을 치료하기 위해 고안된 치료법이나 약물에서 발생하는 부작용을 관찰한 결과 만들어졌다.

2차 세계대전 중 로켓 연료가 부족해진 독일군은 히드라진hydrazine이라는 대체 물질을 고안했다. 종전 후 제약회사 호프만라로슈Hoffmann-La Roche의 화학자들은 이 히드라진으로 두 가지 물질을 만들었다. 이소니아지드ᵢₛₒₙᵢₐᵤᵢₐ와 이프로니아지드ᵢₚᵣₒₙᵢₐᵤᵢₐ라는 두 물질은 결핵을 일으키는 결핵균에 효과가 있었다. 하지만 의사들은 이프로니아지드를 복용한 결핵 환자들이 활력 넘치고 기분이 좋아지는 부작용을 일관되게 보인다는 사실을 관찰했다. 정신과 의사 네이선 클라인Nathan Kline은 이 부작용이 우울증 치료에 유익할 수 있겠다고 여기고 처음으로 우울증 환자에게 이프로니아지드를 사용했다. 그는 이 약이 기분 좋고 활력 넘치게 한다는 사실을 확인했다. 이렇게 우울증의 병인을 이해하기도 전에 유익한 치료법이 탄생한 것이다.

그다음 과학자들은 약물이 신체와 뇌에서 어떻게 작용하는지 연구하는 약리학으로 눈을 돌렸다. 약리학 연구 결과 이프로니아지드를 복용하면 세로토닌이라는 신경전달물질 수치가 증가했다. 약물을 투여했을 때 특정 신경전달물질이 늘어나거나(항우울제의 작용) 줄어든다(항정신병제의 작용)는 사실을 관찰함으로써 과학자들은 세로토닌 결핍, 곧 '화학적 불균형'으로 우울증의 병인을 설명하게 되었다.¹⁵

항우울제를 복용하면 신경전달물질 수치가 달라진다는 점에는 이견이 없지만, 그렇다고 해서 환자가 약물을 복용하기 전에 신경전달물질 수치가 낮았다거나 불균형했다는 의미는 아니다. 그저 약물을 복용하기 전보다 신경전달물질 수치가 높아졌다는 뜻일 뿐이다.

아주 쉬운 설명이다. 정신질환을 설명하는 화학적 불균형 이론을 뒷받침할 과학적 증거는 '아직' 없다. 대중들은 이 화학적 불균형 이론에 과학적 근거가 있는 것처럼 '보이게' 만드는 TV 광고를 보고 이 가설을 알게 된다. 과학이 아닌 TV 광고가 대중에게 화학적 불균형 이론과 그로 인한 '정신질환은 뇌 질환이라는 가설'이 옳다는 확신을 주는 셈이다.

내가 프로작을 복용하기 시작했을 때처럼 약물을 복용하면 왜 기분이 나아지고 활력이 넘치는지 궁금해졌다면 당신만 그런 것은 아니다. 연구문헌과 얻을 수 있는 최상의 과학자료를 조사한 결과, 당신이나 나처럼 반응하는 사람은 약물치료가 필요하고 약물로 장기적인 회복에 도움을 받을 수 있는 환자 25퍼센트에 해당한다는 사실이 밝혀졌다. 아니면 당신이나 나 같은 사람은 약물이 도움이 된다고 믿은 덕에 효과를 보았을지도 모른다. 약을 먹으면 기분이 나아지거나 제대로 기능하는 데 도움이 된다고 기대하는 속임약 효과에 따라 실제로 그렇게 되기도 한다.

그 뒤로 이어진 수백 건의 속임약 연구에 따르면, 우울증 환자에게서 나타난 증상 개선의 50퍼센트는 복용하는 약이 실제로 기분을 좋게 만들어주리라는 기대 때문인 것으로 나타났다. 항우울제를 복용한 환자에게서 나타난 증상 개선의 나머지 25퍼센트는 '자연 회복'으로, 약물 복용과 관계 없이 시간이 지나면서 점차 기분이 좋아진 것이었다. 연구에 따르면 약물로 우울증이 개선된 경우는 많아야 25퍼센트였다.[16]

따라서 인셀 박사가 문헌을 검토하고 나서 현재 모든 정신질환 치료제는 기껏해야 완화요법일 뿐 치유에 가까운 것은 없다는 결론을 내린 것도 당연하다. 인셀 박사의 2006년 논문이 발표된 뒤에도 병인 연구에서 달라진 것은 아무것도 없다.

지금도 우리는 뇌나 몸에서 우울증이나 다른 수많은 정신장애가 일어나는 근본적인 병리를 이해하는 데 조금도 더 다가가지 못했다. 뇌의 화학적 불균형을 치료한다고 주장하는 약물은 여전히 널리 처방된다. 새로운 정신과 약물을 개발하려는 연구가 이어지지만 그런 연구는 기존 약물, 다시 말해 보통은 다른 신체질환 증상을 완화할 목적으로 개발되었으나 그 부작용 일부가 정신질환에 도움이 된다고 여겨지는 약물을 개선하는 방향으로만 시도된다.

사실 우울증이나 다른 정신장애는 만성 질환이다. 질환을 관리하려 노력하면 일정 기간 질환이 뒤로 물러날 가능성도 있지만, 평생에 걸쳐 재발하기도 한다.

한번 우울증이 발병하면 평생 두 번째 우울증이 발병할 확률은 50퍼센트나 된다. 두 번째 발병하면 세 번째 발병할 확률은 70퍼센트까지 올라가며, 세 번째 발병했다면 네 번째 발병할 확률은 90퍼센트까지 치솟는다.[17] 이런 재발 데이터는 특히 우려스러운데, 이전에 정신장애를 겪은 사람은 살면서 다시 그런 장애를 겪을 가능성이 매우 높다는 것을 시사한다.

문제는 더 이상 정신질환이 심각한 공중보건 문제라는 데 동의하는지 여부가 아니다. 우울증의 폐해를 살피는 여러 연구가 진행되면서 우울증이 그다지 심각한 공중보건 문제가 아니라고 주장하는 전문가는 그 신뢰성을 의심받을 정도가 되었다. 이제 우울증으로 진단받은 이들의 고통을 줄이는 방법을 둘러싸고 더욱 진지한 선택이 우리를 기다린다.

여기서 이중 연속체 모델이 도움을 줄 수 있다. 이제 우리는 세계적으로 시들함이 우울증보다 훨씬 큰 문제일 수 있다는 사실을 이해하기 시작했다. 시들함은 우울증보다 널리 퍼져 있지만 지나치게 과소평가되고 있다.

우울증이 몹시 해결하기 어려운 질병이라는 사실은 잘 알려져 있다. 하지만 시들함에 빠진 환자의 상태를 활력 있는 상태로 끌어올릴 수 있다면 정신질환을 앓고 있어도 정신건강이 좋아질 수 있다. 활력은 우울증 예방에 도움이 된다. 왜 우리는 아직 우울증을 고치지 못했을까? 이런 질문은 틀렸다. 대신 우리는 이렇게 질문해야 한다. 왜 우리는 시들함에 주목하지 않을까?

기적을 약속하는 미국의 의료체계는 병에 걸려도 나중에 훌륭한 의사나 값비싼 시술로 고칠 수 있다는 희망을 줌으로써 건강을 유지하는 일을 밀어두게 만든다. 하지만 건강을 대수롭지 않게 여기다가 큰 경제적 부담을 지는 가정이 너무 많고, 국가경제적으로 생산성과 창의력이 저하되어 수백만 달러의 손실을 본다. 건강보험개혁법Affordable Care Act으로 어느 정도의 진전을 이루었으니 이제 다음 단계로 넘어가야 한다. 건강을 유지하고, 그 건강을 활용해 더 나은 삶을 살 권리와 책임이 있다고 독려하며 지원하는 시스템이 필요하다. 질병에만 주목하기보다 더 많은 활력과 건강으로 눈을 돌리는 시스템에 투자해야 한다.

다른 나라들은 제대로 하고 있을까? 정신질환 치료법이 더는 효과가 없다는 생각을 받아들였을까? 안타깝지만 아직은 아니다. 이제야 각국의 현명한 사람들이 이런 문제를 지성적으로 생각하기 시작했다. 하지만 좋은 의도를 지녔다 해도 여전히 우리 앞을 막는 장애물이 있다.

좋은 방향으로 나아가고 있다는 긍정적 신호도 있다. WHO와 UN은 정신건강을 결정하는 사회적 요인에 더 관심을 기울이도록 촉구하는 연합에 합류했으며, 이런 흐름은 점점 커지고 있다. 또래 지원 모임이나 좀 더 섬세한 치료 선택지 같은 심리사회적 치료도 자리잡았다. 공동체를 위한 정신 웰니스 지원 프로그램에 자금을 투자하는 학교나 대학, 회사도 늘고 있다. 모두 좋은 조치다. 하지만 더 큰 노력이 필요하다.

이제 정신건강의 새로운 지도가 필요하다

정신건강, 우울증, 정신과 상담 같은 말을 하면서 충분히 주의를 기울이고 문제를 제대로 다루는 척하지만, 사실 우리는 문제를 정확히 보고 있지 않다. 낙관적인 방향으로 사고를 전환하거나, 마음을 그저 뇌의 화학물질과 시냅스가 뒤섞인 것으로 취급한다고 해서 정신건강을 유지하는 데 도움이 되지는 않는다. 대다수에게는 그렇다. 더 많은 사람에게 활력을 주고 싶다면 다른 도구가 필요하다.

삶의 많은 부분은 신체뿐만 아니라 자의식이나 자기이해에서 비롯된다. 지난 몇 년 동안 수행된 수많은 연구를 통해 생각을 바꾸면 신체적·신경학적 상태도 크게 달라지며 심지어 다루기 어려워 보이는 문제도 치료할 수 있다는 사실이 밝혀졌다. 수학 시험을 보기 전에 수학을 잘한다는 말을 들은 학생은 실제로 더 좋은 점수를 받았다. 가사노동이 운동이나 다름없다는 말을 들은 가사도우미는 그런 말을 듣지 않은 사람에 비해 체중을 더 많이 감량했고 여러 건강 지표도 개선되었다. 집중해서 마음을 기울이면 뇌와 몸을 치유할 수 있다는 오래된 불교적 관점인 하향인과논증downward causation argument과 일치하는 현상이다.

수많은 사람이 정신질환을 치료하는 과정에서 희망을 빼앗긴다. '나는 우울증에 걸렸다' '나는 우울한 사람이다' '나는 우울증 환자다' 같은 생각을 떠올리는 것이다. 하지만 나는 이 얘기를 꼭 해주고 싶다. "그게 당신의 전부는 아니잖아요." 정신장애를 안고 사는 사람도 실제로는 어느 정도 정신건강이 좋아질 수 있으며 심지어 활력도 찾을 수 있다.

우리는 정신적으로 아프거나 아프지 않다고 이분법적으로 구분되는 1차원적 생물이 아니다. 내가 발견한 2차원적 정신건강 연속체는 정신적으로 더 건강한 세상을 만들 새로운 방법, 우리 삶을 더 풍성하게 설명할 더 나은 언어를 줄 것이다.

활력 있는 사람의 하루는 어떨까

활력을 찾으려면 무엇을 가장 중시해야 할까? 나는 오래전부터 이 질문을 수없이 했다. 하지만 답을 찾을 수 없어 당황했다.

그러던 어느 날 지인이 학술지에 실릴 논문 한 편을 검토해달라고 이메일을 보내왔다. 일부는 내 연구에 바탕을 두고 있다고 했다. 나는 논문을 검토해달라는 요청을 한 달에 수십 건 받는데, 그중에서 선택해 검토해야 한다. 나는 오랜만에 논문 제목을 보자마자 마음이 끌렸다. 〈활력 있는 사람이 보낸 화요일A Tuesday in the Life of a Flourisher〉이라는 제목이었다.[18]

학술논문이나 과학논문은 대체로 지루하고 장황하며 허세 넘치는 제목을 달고 있다(학자들은 모든 것에서 재미를 빼앗아가는 데 능력자다). 하지만 그 논문의 제목은 아주 흥미로웠다. 나는 단숨에 읽어 내려갔다.

이 연구에서 연구진은 실험 참가자에게 화요일마다 전날인 월요일에 일어났던 중요한 일화나 순간을 자세하게 떠올리고 표현해달라고 요청했다. 또한 그 순간이나 일화에서 무언가 새로운 것을 배웠는지, 누군가를 도왔는지, 누구를 만나거나 관계 맺었는지를 '전혀 하지 않았다'와 '매우 많이 했다' 사이에서 어느 정도인지 평가해달라고 했다. 영성 면에서는 그 순간이나 일화에서 기도하거나 예배드리거나 명상했는지 질문했다. 놀이를 했다면 게임을 했는지, 스포츠나 취미생활을 했는지 질문했다.

그다음 놀이, 영성, 관계 맺기, 배움 또는 성장, 타인 돕기라는 다섯 가지 영역에 해당하는 활동을 할 때 어떤 느낌을 받았는지 질문했다. 이런 활동을 많이 한 참가자는 더 즐거운 하루를 보냈다. 이들은 그 다섯 가지 활동을 덜 하거나 전혀 하지 않았을 때보다 즐거움, 흥분, 희망, 삶에 대한 호기심을 더 많이 느꼈다. 그때 참가자가 우울하거나 시들하거나 활력 있는지는 중요하지 않았다. 이런 활동을 매주 계속하면 활력에 더 가까워졌다.

이런 활동을 거의 또는 전혀 하지 않은 참가자는 형편없는 하루를 보냈다. 다시 말하지만 이때에도 참가자가 활력 있는지, 삶이 시들한지, 우울한지는 중요하지 않았다. 활력 있었던 참가자도 이런 활동을 끊으면 시들함에 빠지기 시작했다.

활력을 찾아가는 일은 삶의 베이스캠프가 된다

물론 나쁜 날도 있고 나쁜 일도 일어난다. 활력이 일상적인 스트레스를 겪지 않도록 막아줄 수는 없다. 하지만 높은 수준의 웰빙을 얻고 활력에 점점 더 가까워지면 나쁜 경험에서 정말 끔찍한 기분이 자라나는 것을 막을 수 있다. 한 연구에서는 참가자들이 대인관계 문제부터 직장이나 가정에서의 갈등, 건강이나 경제적 문제, 직장에서 부정적 평가 등의 스트레스 요인을 겪는 과정을 추적했다.[19] 그다음 그날 우울, 불안, 분노를 얼마나 느꼈는지 질문해 참가자의 부정적인 기분을 측정했다.

참가자는 당연히 스트레스를 더 많이 겪은 날에 기분이 좋지 않았다고 응답했다. 하지만 아무런 문제가 없거나 '수습 불가한' 상황이 거의 없는 날에도 활기 넘치거나 이에 가까운 참가자는 시들함에 빠진 참가자보다 더 기분 좋았다고 응답했다. 시들함에 빠지거나 이에 가까운 사람은 스트레스가 많은 날에 훨씬 더 부정적인 기분이었다고 응답했다. 활력 있다고 나쁜 일이 일어나지 않도록 막을 수는 없지만, 활력은 나쁜 일이 실제로 나쁜 기분을 만들어 하루를 망치는 일을 막는다.

활력 있다면 나쁜 일이 내게 들어와 들러붙어 있기 어렵다. 활력 있거나 그에 가깝다는 것은 가파른 산의 정상을 오를 때 베이스캠프가 있다는 뜻이다. 악천후가 닥쳐도 산 중턱에 있는 베이스캠프로 돌아가면 재난을 피할 수 있다. 그리고 거기서부터 마음을 가다듬고 다시 한번 시도하면 된다.

내면의 길에 담긴 이치

수십 년 동안 이 분야를 살핀 내 연구에 따르면 사람들은 두 가지 길을 따라 행복을 추구한다.[20] 하나는 외부의 길이다. 무언가를 '잘하게' 되는 길이다. 거래, 전문성, 경력 등에서 무언가를 잘하면 생계를 이어갈 수 있다. 우리는 기술이나 학문적 성취를 나열한 이력서를 만들어 경제·사업·업무 세계에서 내 가치를 보여주려 한다.

외부의 길에서는 계속 자신의 가치를 헤아린다. 우리는 점수와 승리를 따지고, 연봉을 계산하고, 소유물을 살핀다. 사람들은 이런 외부의 길에 주목한다. 돈과 소유물로 드러나는 사회적 지위와 외부의 길에 따라오는 권력감으로 행복을 손에 쥘 수 있다고 믿기 때문이다.

내면의 길은 이런 논리를 따르지 않는다. 여기서 중요한 것은 당신이 어떤 사람인지, 어떤 사람이 되려고 노력하는지다. 외부의 길은 경제성을 따르지만 내면의 길은 윤리를 따른다. 외부의 길은 성공과 승리를 중요하게 여기지만 내면의 길은 본질과 나눔을 중요하게 여긴다. 내면의 길을 걷는 사람은 자신이 획득한 물건의 양으로 존경받는 것이 아니라 자신이 얻은 미덕의 질로 존경받으며 행복을 얻는다. 자신에게, 자신만을 위해 더 낫고 좋은 사람이 되는 것이 아니라 '타인에게' '타인을 위해' 더 낫고 좋은 사람이 되는 것이 진정하고 참된 활력의 기초다.

건강하게 기능하기와 좋은 기분이라는 두 가지 기준을 충족하는 사람은 일상 속에서 간단하지만 의미 있는 다섯 가지 활동을 한다. 이런 사람들은 자신을 평생 배우는 사람으로 여기고 본질적인 관심을 추구할 시간을 낸다(예를 들어 '비행기 착륙 방법'을 검색해 어디로 연결되는지 확인하거나 실험적인 칵테일 레시피를 시도해본다). 심리적으로 만족스러운 우정을 우선시하는 이들이 맺는 관계는 조율, 호혜, 협력, 타협이 특징이다. 이들은 조건 없이 수용하고 자신과 타인에게 '친절한 관심'을 기울인다. 충족되지 않은 욕구를 가족, 공동체, 세계에서 충족시키는 데서 목적을 찾는다. 라테아트를 배우거나, 샤퀴테리 보드에 열을 올리거나, 새로운 골동품 가게를 찾아 옆 마을까지 차를 몰고 가는 등 자신만의 소소한 즐거움을 찾는다. 이런 활동은 마음을 차분하게 가라앉히는 데 효과적이고 마감이나 목표에 대한 집착을 덜어준다. 나는 이런 활동을 다섯 가지 활력 비타민이라 부른다. 엄격한 일상에 얽매이는 대신 매주 바쁜 일정에서 잠시 짬을 내어 일상에 이런 비타민을 더하는 것을 목표로 삼자.

심지어 '일상의 비타민'은 내면의 길과 외부의 길 사이의 균형을 맞추는 데도 도움이 된다.

예를 들어 새로운 것을 배우면(비타민 1) 지식과 학위, 우월감을 드러낼 수 있다. 겸손하고 정직해지며 자신이 연약하고 불완전하다는 사실을 받아들일 수도 있다.

다른 사람과 관계를 맺거나 사회활동을 하면(비타민 2) 멋져 보이고, 그 멋짐을 스냅챗이나 인스타그램Instagram에 게시할 수도 있다. 서로 깊고 의미 있는 관계를 맺고 타인을 보살피며 인내심을 기를 수 있다.

영적 수행(비타민 3)에 참여할 수도 있다. 천국에 가거나 지옥을 피하려고, 사업 인맥을 쌓기 위해, 이력서를 꾸미기 위해 영적·종교적 수련을 할 수도 있지만 동시에 더 나은 사람이 되기 위해 이런 수행에 몰입할 수 있다.

다섯 가지 활력 비타민

1. 호기심을 갖고 새로운 것을 배우자
역량 감각을 키우고 개인적 성장을 통해 자기서사를 다시 쓸 수 있다.

2. 따스하고 신뢰하는 관계를 맺자
더 깊은 소속감, 친밀함, '진실하게 서로 안다는 느낌'을 얻을 수 있다. 양보다 질이 중요하다는 사실을 기억하자.

3. (사색, 명상을 비롯한 영적 수행을 통해) 성스러움, 신성, 무한에 한 발 더 다가가자
모든 생명체와 연결되어 있다는 사실을 알아차리고, 자신과 타인을 조건 없이 수용하며 관대해지고, 삶의 신비에 감사할 수 있다.

4. 목적을 갖고 그 목적에 따라 살자
일상에서 나만의 의미를 찾고, 좌절이 다가와도 침착해지고, 공동체와 세계에 내가 '중요한 사람'이라는 심오한 감각을 느낄 수 있다.

5. 놀자(시간을 내어 결과가 아니라 과정을 즐기는 활동을 해보자)
즐거움을 재발견하고, 나만의 상상력을 다시 만나고, 활동적인 여가를 즐기고, 성과 집착에서 벗어날 수 있다.

다른 사람을 도움으로써(비타민 4) 자신의 목적을 따르는 것은 그렇게 하면 이타적으로 보이고 이력서에도 도움이 되기 때문일 수도 있다. 하지만 그렇게 하는 것이 당신 인생의 목적, 당신이 사심없이 전념하는 대의이며, 다른 사람에게 행복을 주게끔 동기부여를 받기 때문일 수도 있다.

마지막으로 놀이(비타민 5)를 할 수 있다. 게임에서 이기고 더 높은 점수를 얻거나 놀이 자체가 즐겁다는 본질적인 만족감을 얻기 위해 놀 수 있다. 놀이는 나눔과 배려(친절) 같은 좋은 자질을 표현하고 기른다. 놀이 자체가 즐거움과 기쁨을 주기도 한다.

여기서 핵심은 명확한 의도가 행동의 순수성에 영향을 끼친다는 사실이다. 알고 보면 간단하다. 심사숙고하는 삶은 곧 의도를 갖고 행동하는 삶이다. 삶을 매 순간 더 진정성 있게 만든다고 생각해보라. 삶에 무언가를 더하는 대신 털어내야 할 수도 있다. 그렇게 하면 당신 앞에 놓인 길이 더 명확히 보일 것이다.

활력은 북극성이다. 이 북극성은 시들함에서 벗어나는 길로 인도해준다. 다섯 가지 활력 비타민은 날마다 실천할 수 있는 활동이다. 매일 이 비타민을 복용할 때마다 의도를 떠올리자. 내면의 길을 따른다면 상상했던 것보다 훨씬 아름다운 무언가를 발견할 수 있을 것이다.

The Five Vitamins
of Flourishing

2부

인생의 기둥이 되는
다섯 가지 활력 비타민

나이, 성별, 직업, 정신질환 여부와 관계없이
모두에게 적용되는 '삶의 활력을 되찾는 5가지 방법'

Languishing

5장

배움: 자기성장의 이야기 만들기

내가 선택한 것을 나만의 시간에 배우는 것은
'시들함의 강력한 해독제'

코로나19 팬데믹 기간에 이선은 뉴욕시에서 탈출한 다른 사람들처럼 브루클린 시내에서 시골 업스테이트 뉴욕으로 이사해 부모님과 함께 격리 생활을 했다. 혼자 아파트에서만 너무 오래 지낸 탓에 몇 달째 햇빛도 제대로 본 적이 없었다. 낮에 돌아다니기는 위험할 것 같아 거리가 한산해지는 저녁에 산책했다. 해 질 녘 긴 산책이 도움이 되었지만 충분하지는 않았다. 그는 전에 없이 외로움을 느꼈다. 영국 공공 통신회사의 미디어팀에서 일하는 이선은 이제 일의 의미를 잃었다. 다른 직원들은 모두 멀어졌고, 전 세계에 퍼진 재앙 앞에서 중요하고 흥미로웠던 업무도 하찮게 여겨졌다. 대다수 친구가 이미 도시를 떠났지만 그는 가능한 한 오래 버텼다. 그는 항상 독립성을 소중히 여겨왔다. 아니, 갈망했다고 하는 편이 옳을 것이다. 하지만 이제 독립성은 그만한 가치가 없어 보였다. 그는 몇 달 치 옷을 싸서 북쪽으로 향했다.

이선은 뼛속까지 도시 청년이었다. 운전면허증도 없고 당연히 차도 없었다. 혼자 사는 집에는 화분을 놓는 것조차 큰 부담이었다. 식물이라고는 습하고 항상 물이 새는 맨해튼 시내 아파트 욕실에서 몇 달 동안 놀랍도록 성장한 버섯뿐이었다. 그는 정원사 체질이 아니었다. 하지만 이선이 시골에 도착하자 그의 어머니는 여름을 대비해 정원을 가꾸기 시작했고 놀랍게도 장미, 코스모스, 매발톱꽃, 원추리를 향한 어머니의 사랑이 이선에게도 영향을 끼치기 시작했다.

몇 년이 지난 지금도 이선과 어머니는 여전히 정원을 정성스레 가꾼다. 이선은 가족의 비공식 정원사로 무료봉사한다. 최근에는 정원 주변에 원추리 35종을 심었다. 그가 최근 실험하는 교배종은 포함하지 않은 숫자다.

스스로 선택한 새로운 무언가를 나만의 시간에, 나만의 이유로 배우는 일은 놀라울 정도로 강력한 시들함의 해독제다. 우리는 교육을 의무교육과 자연스럽게 연관짓고, 보통 직장에 들어가면 교육의 문이 닫힌다고 생각한다. 하지만 노년기에도 새로운 것을 배우며 큰 기쁨을 얻을 수 있다. 우리가 얻는 지식과 우리 삶 또는 관심사 사이에 어떤 관련이 있는지 발견한다면 삶의 어느 단계에서든, 심지어 의무교육에서도 의미를 찾을 수 있다. 개인적 성장을 진정한 의미의 자부심으로 본다면 더욱 그렇다.

요트 같은 값비싼 취미에 빠지거나 골프를 배우느라 수많은 시간(과 돈)을 써댈 필요는 없다. 구글에서 '원추리'를 검색해보고 호기심이 어디로 이어지는지 살펴보기만 하면 된다. 뜨개질은 스코틀랜드 원사의 맛을 알기 전까지는 그다지 돈이 많이 들지 않는 데다 지루한 줌 회의 때는 물론이고 밤낮을 가리지 않고 언제든 할 수 있는 취미다. 새로운 습관에 시간과 돈을 얼마나 쏟고 공을 들일지도 스스로 정할 수 있다. 새로운 일은 바로 지금, 우리 힘으로 시작할 수 있다. 단, 한 가지만 기억하자. 배우고 성장하는 데는 올바른 이유가 있어야 한다.

외부의 길 기술을 습득하고, 자랑하고, 다른 사람을 뛰어넘기 위해 새로운 것을 배운다.

내면의 길 이전과 다른 사람이 되고, 자신을 새롭게 정의하고, 능력을 확장하기 위해 새로운 것을 배운다.

자기라는 체계

자기향상self-enhancement은 스스로 무엇을 할 수 있는지 알고 자신을 개선하는 능력이다. 자기향상은 긍정적 자기 이미지를 구성하는 핵심 요소이자 활력으로 나아가는 관문이다. 이선은 브루클린으로 돌아오자마자 그 사실을 깨달았다. 그는 밤새 넷플릭스를 보는 대신 섬세한 장미나무가 업스테이트 뉴욕의 혹독한 겨울을 이겨내도록 돌볼 방법을 궁리하는 데 시간을 쏟았다. 이제 그는 정원사다. 우연인지 의식적으로 그 일을 하게 됐는지는 분명치 않다. 하지만 꾸준히 배우고 의지를 기르면서 그의 자기감은 더 나은 쪽으로 향했다.

자기self는 냉난방 시스템과 비슷하다. 냉난방 시스템은 집 안 온도를 모니터링한다. 온도를 설정해두면 시스템의 한 부분은 정보를 수집하고 다른 부분은 설정된 기준과 수집된 정보를 비교한다. 그다음 다른 부분이 집 안 온도를 올리거나 내린다.

자기는 냉난방 시스템처럼 내 장단점에 관한 정보를 수집해서 여러 상황이나 사람들 속에서 내가 누구인지, 다른 사람이 나를 어떻게 인식하고 내가 어떤 사람이 되어가는지 파악하도록 고안된 체계다. 그다음으로 자기는 수집된 정보를 '기준 온도'인 내면의 자기서사와 비교한다.

노스웨스턴대학교의 심리학자 댄 매캐덤스_{Dan McAdams}의 말처럼, 우리는 청소년기부터 '자기 역사가_{historians of the self}'가 되어 과거의 경험을 재구성해 일관된 이야기로 바꿔 의미감을 부여한다.[1] 물론 이런 이야기는 점차 진화할 수 있지만 "대개는 형태가 확정적인 경우가 많다. 우리는 살면서 이런 서사적 가정을 바탕으로 결정을 내리곤 한다". 부모님과 똑같은 사람이 되지는 '않으리라'는 결심이 당신을 구성하는 서사적 정체성 중 한 가닥일 수도 있다. 당신은 나는 '모든 것은 내 식대로 된다'라는 신념을 삶의 교본으로 삼는 사람, 항상 약속에 늦고 삶을 정리하지 못하는 사람, 특별한 능력을 지닌 사람일 수 있다. 예컨대 이선은 "나는 북동부 기후에서 꽃나무가 자라는 조건을 조금 안다" 또는 "나는 이제 막 원추리에 눈을 뜬 아마추어 전문가다"라고 자기서사를 구성한다. 매캐덤스는 이렇게 썼다.

인생 이야기는 심리적 자원이다. 우리는 인생 이야기를 바탕으로 살아가며 결정을 내리고 앞으로 나아간다. 이런 이야기가 미래는 희망차리라는 확신을 주고, 자신이 좋은 사람이라고 말해주며, 성취와 승리를 축하하고, 고통을 극복하는 데 도움이 되는 긍정적인 메시지를 준다면 더할 나위 없이 좋은 일이다. 하지만 이런 이야기는 당신의 실제 경험에 충실한 이야기여야 한다. 따라서 당신이 지금 몹시 끔찍한 일을 겪고 있다면, 강한 낙관주의를 풍기는 밝은 이야기를 재구성한다 해도 금방 효과가 나지는 않는다. 그렇게 재구성된 이야기의 주체는 진짜 당신이 아니며, 그 상황에서 당신은 자신을 속이는 셈이다.

살면서 겪는 힘든 상황은 건강하지 못한 방식으로 자기서사를 형성할 수 있지만 우리는 자기서사에서 두 가지를 얻고 싶어하도록 타고났다. 첫 번째는 자기일관성self-consistency이다. 연구에 따르면 우리는 스스로 지닌 자기 개념과 일치하지 않는 피드백을 받으면 본래의 자기 개념을 회복할 증거를 내보이려 애쓴다. 스스로 정직하다고 생각하는데 거짓말한다고 의심받으면, 정직함을 드러낼 기회를 찾거나 만들어 자신과 타인에게 내 자기감이 온전하다는 사실을 증명하고 싶어한다.

두 번째로 우리에게는 자신을 호의적이고 긍정적으로 바라보려는 (자기향상의) 깊은 욕구가 있다. 우리는 자기향상 관점에 따라 자신을 바람직하거나 긍정적으로 보고 스스로 으쓱해지게 만드는 정보를 찾는다. 연구에 따르면 긍정적 자기 이미지를 형성하고 지킬 방법은 수없이 많다. (자신이나 타인의) 성공을 자기 공으로 돌리고, 그런 성공이 그저 운이 아니라 실력 덕분이라고 여긴다. 실패를 변명할 때는 기술이 부족해서가 아니라 운이 없었던 탓이라고 핑계댄다. 궁극적으로 대다수의 사람은 자기가 평균보다 낫다고 여기고 싶어한다. 그럴 때 '우월감 환상illusory superiority'이라는 현상이 발생하는데,[2] 이런 현상은 다른 지역보다 북미에서 훨씬 흔하다. 연구에 따르면 대다수의 미국인은 창의성, 지능, 신뢰성, 운동능력, 정직성, 호감, 운전 기술 등 다양한 측면에서 자신이 평균 이상이라고 평가한다.[3]

우리는 이런 이야기에서 어떤 정보를 수집하고, 이 정보로 무엇을 할까? 사회적 비교를 한다. 말 그대로 다른 사람과 비교해 내가 어떤 사람인지 판단하는 것이다. 우리는 흔히 친구, 부모, 교사, 동료와 상호작용하며 서로 다른 자기서사를 만든다. 우리는 또한 '백 투 더 퓨처back-to-the-future' 시스템을 이용해 과거 몇 달이나 몇 년 전으로 거슬러 올라가 그때의 나와 지금의 나를 비교한다(시간적 자기비교). 이 과정에서 자신의 여러 면을 떠올리고 전보다 좋아졌는지 나빠졌는지 평가한다. 기억의 재구성을 따라 시간을 거슬러 이동하고 나면 과거 버전의 자기와 현재의 자기를 비교하는 것이다.

온도에 따라 작동하는 반응기가 장착된 냉난방 시스템처럼, 자기체계에도 냉난방 반응기가 있다. 연구자들은 자기체계에 있는 감정 체계를 가열 반응기로, 인지 및 사고 체계를 냉각 반응기로 본다. 냉난방 시스템과 자기체계의 차이점이라면 냉난방 시스템에서는 냉방과 난방이 동시에 작동할 수 없지만, 자기체계에서는 냉방과 난방이 동시에 최대로 작동할 수 있다는 점이다.

어떤 정보나 경험이 한결같이 좋거나 나쁘다고 판단하면 그 경험에 대한 느낌이나 생각에는 일관성이 있다. 한편 자신에 대한 피드백이나 정보에는 좋은 것과 나쁜 것이 섞여 있을 수 있는데(누구나 인정하듯이 꽤 흔한 일이다), 그런 상황에서는 느낌이나 생각이 일치하지 않는다. 이런 식으로 느끼면서도 저런 식으로 생각할 수 있다.

중요한 시험을 위해 몇 달 동안 공부하고 있다고 상상해보자. 그 시험 결과로 오랫동안 꿈꿔왔던 직장에 들어갈 기회를 얻을지 날릴지가 정해진다. 시험을 코앞에 둔 어느 날, 옛 친구들이 깜짝 방문해 좋아하는 밴드가 근처에서 공연을 한다고 말한다. 친구들은 표가 한 장 남는다며 다른 것을 포기하더라도 이 기회를 놓치지 말라고 설득한다. "공연은 전석이 매진되었고 이것이 마지막 남은 표야, 네 것이라고. 영원히 추억으로 남을 거야." 물론 공연을 보면 그 순간에는 기분이 매우 좋겠지만, 다음 날 아침이면 지치고 숙취에 절은 채 부정적인 생각에 사로잡힐지도 모른다.

이따금 보상받을 자격이 있다고 생각하다가도, 공부에 너무 소홀하지는 않았나 죄책감을 느끼기도 한다. 고작 맥주 몇 잔 마셨을 뿐인데 곧바로 다시 공부에 전념하지 못하는 자신에게 실망한다. 하루쯤 놀아도 된다고 생각했다가 시험에 떨어지면 어떻게 하나 걱정한다. 설령 그날이 소중한 친구와 함께 평생 못 잊을 귀한 순간을 보낼 단 한 번의 기회라 해도 말이다.

우리는 기분이 좋지 않으면서도 긍정적으로 생각할 수 있다. 마찬가지로 부정적으로 생각하면서도 기분은 좋을 수 있다. 어쩌면 당신은 그때 더 공부해야 했을지도 모른다. 하지만 진짜 가정이지만, 길게 보면 다른 배움의 시간이 더 가치 있을지도 모르잖나?

우리는 계속 배움을 선택할 수 있다

전 세계 학생들은 (바라건대) 날마다 새로운 지식을 흡수하러 학교에 간다. 새로운 것을 배우는 일 자체를 즐긴다면 청소년은 세상에서 가장 행복하고 활력 넘치는 집단이어야 한다. 하지만 사실은 그렇지 않다. 청소년이 고등학교를 졸업하고 대학에 진학해 경력을 시작하며 많은 것을 배워야 하는 청년기에 진입하는 시기는 인생에서 가장 시들함에 빠지는 단계다.

배움이 심리적 웰빙에 이바지하려면 그 배움은 개인적으로 의미 있거나 연관성이 있는 무언가를 이해하겠다는 자율적인 결정에 따라야 한다. 성인은 가족 부양·건강 유지·재정 관리·승진 등 새로운 도전과제에 끊임없이 부딪히고, 그 과정에서 해당 분야의 전문 지식을 쌓고 새로운 기술을 배워야 한다.

나이 들어도 지혜를 쌓는 일을 멈출 수는 없다. 배움은 삶의 주기에 따라 밀물과 썰물처럼 오고 가며 달라질 뿐이다. 고등학교나 대학을 졸업하고 나서 로스쿨에 진학하지 않았다고 해서 공부를 그만둔 것은 아니다. 자기 자신이 누려 마땅한 자격을 인정하자! 배움은 선택이고, 우리는 계속 선택할 수 있다. 하지만 배움을 통해 긍정적 자기 이미지를 얻으려면 자신이 얻은 지식에 가치를 부여해야 한다. 지식 향상과 그에 따른 자기 이미지 상승은 당신이 전혀 예상치 못한 순간에 온갖 놀라운 곳에서 일어날 수 있다.

용기의 모습

나의 친구 실라는 작년에 바이올린을 배우기 시작했다. 55세가 된 실라는 막내가 머잖아 대학에 입학하면 자신과 남편은 빈 둥지가 되리라는 사실을 점차 깨닫고 있었다. 남편은 여전히 바쁘게 일하는 와중에 해외에 사는 가족을 만나러 가는 등 업무와 가족의 의무를 다하느라 자주 집을 비운다. 최근 몇 년 동안 실라는 지독한 자가면역질환에 걸려 오랫동안 고생했다. 좌절감이 들었고 공허한 느낌을 통제하기 힘들었다. 지금은 건강하고 충만하게 바쁜 삶을 살고 있고, 언제나 공동체와 자녀들에게 둘러싸여 있다고 느끼는데도 말이다.

공허감은 내내 이어졌다. 병에 걸렸던 기억이 여전히 그림자를 드리우고 있나? 막내가 집을 떠나면서 다가올 변화가 느껴지는 것일까? 그게 무엇이든 간에 달갑지 않았다. 실라는 오랜만에 자신을 위해 뭔가를 해야겠다고 결심했다. 아이들이 어릴 때 좋아했던 취미를 한참이나 내버려둔 탓에 창고에는 아름다운 악기들이 먼지를 뒤집어쓰고 있었다. 내가 할 수 있을까? 할 수 있지. 그는 바이올린을 배우기로 했다.

그렇게 바이올린을 배운 지 1년 정도 되었다. 그는 농담처럼 '나이 든 개가 새로운 재주를 배우느라' 온갖 어려움을 겪었다고 말했다. 어른이 되어 새로운 것을 배우기는 어렵다! 실라는 곧 첫 번째 큰 연주회를 치러야 한다고 말했다. 연주자는 대부분 10대다. 다른 아이들의 부모가 다가와 '정말 용감하다'라며 칭찬하는 일도 다반사여서 조금 부끄럽다. 하지만 그들은 실라가 계속 새로운 일에 도전하고 배우려는 의지에 진심으로 감탄했다.

"사람들이 너한테 용감하다고 하면 화가 나?" 내가 물었다.

"아니, 나 실제로 용감한걸!" 실라가 웃으며 대답했다.

실라는 작고 폐쇄적인 마을에 사는 유색인종 여성으로서 소외감과 오랫동안 싸워왔다. 그는 자신이 존재감 있는 사람이고, 중요한 의견을 갖고 있으며, 아내나 어머니 또는 학부모회 회원 이외의 정체성을 지녔다고 느끼고 싶었다. 오래전 세 자녀를 키우기 위해 경력을 포기했을 때도 자신의 목소리를 포기할 생각은 없었다.

실라는 바이올린 덕분에 다시 목소리를 낼 수 있게 되었다고 말한다. 그 덕분에 더 젊고 더 활기차고 더 독립적인 사람이 되었다고 느끼는 한편, 세상의 지배에서 벗어나 자신의 삶을 더욱 통제할 수 있었다. 그는 활을 집어들 때마다 여전히 배우고 성장할 수 있다는 생각에 전율한다.

실천 계획 다음과 같이 스스로 질문해보고 답을 곱씹어보자. 그런 다음 몇 가지 변화를 만들어보자.

- 하루 종일 일하지 않아도 된다면 하루 또는 일주일을 무엇을 하며 보낼 것인가?
- 인생에서 본받고 싶은 사람은 누구이고, 그 이유는 무엇인가?
- 존경할 만한 사람을 어디에서 더 만날 수 있을까?
- 인생에서 가장 도전의식을 불러일으키는 사람은 누구이고, 그 이유는 무엇인가?
- 어떻게 하면 도전의식을 불러일으키는 사람을 더 만날 수 있을까?
- 내가 가장 두려워하는 가능성이나 미래의 결과는 무엇이고, 그 이유는 무엇인가?
- 죄책감을 느끼거나 후회하지 않으려면 인생을 어떻게 바꿔야 할까?
- 어떻게 하면 도전과제에 기꺼이 부딪치고 새로운 도전과제를 찾을 수 있을까?
- 과거에 매달리지 않고 어떻게 과거에서 배울까?
- 전보다 가치 있는 사람이 되었거나 나를 가치 있다고 여길 방법을 어떻게 찾을까?

가르치기를 배우고 배우기를 가르치다

교수로 재직한 지 오래되었지만 나는 날마다 맨 앞줄에 앉아 배움이란 무엇인지 살핀다. 물론 내 학생들도 배우기 위해 수업에 온다. 하지만 지금도 나는 더 나은 교사가 되는 방법을 수업마다, 학기마다, 해마다 배운다.

내가 깨달은 사실 중 하나는 내가 대학에 입학했을 당시에 비해 대학생이 된다는 것의 의미가 극적으로 달라졌다는 점이다. 1세대 학생인 나는 대학 졸업이 내게 가장 중요한 첫 성공이 되리라는 사실을 잘 알았다. 대학에서 잘 해내야 한다고 압박하는 것은 어른들이 아니라 나 자신이었다. 전공이나 과정을 결정하는 일은 오로지 내 몫이었다. 살면서 어른이나 다른 학생들과 내 미래를 상의한 적도 없었다.

그때는 그렇게 혼자 결정하는 일이 그다지 유별나 보이지 않았을지 모르지만, 요즘은 분명 유별나 보일 것이다. 대학을 성공적으로 마쳐도 전공수업에서 부모님이 자랑스러워할 만한 학점을 받지 못하면 실패했다고 느끼는 학생이 많다. 심지어 성적이 좋아도 부모만큼 또는 부모보다 학업을 잘 해냈다는 증거가 되는 전공을 선택하지 못하면 부모가 실망할지도 모른다고 여긴다.

세대 간 지위 이동이라는 '아메리칸 드림', 곧 부모보다 수입이 나은 직업을 얻어야 한다는 압박은 이제 악몽이 되었다. 많은 학생이 성공해야 한다는 압박 때문에 견디기 힘든 스트레스를 받는다.

이런 압박은 호기심을 충족하고, 시야를 넓히고, 새로운 열정을 키운다는 배움의 아름다움을 망친다. 오늘날의 교육체계 안에서는 물론 세계 최고의 대학에서조차 배움은 우리에게 활력을 주지 못하게 된 것일까?

학생들은 B 이하의 학점을 받으면 몹시 스트레스를 받는다. 그래서 '행복의 사회학' 수업을 가르치는 나는 학생 모두 나름대로 그 학기를 성공적으로 마쳤다고 느낄 만한 의미 있는 과제를 내기 위해 다양한 방법을 찾는다. 이런 환경에서 어떻게 하면 새로운 것을 배우고 가르치는 일이 나나 학생들에게 재미있고 의미 있는 일이 될 수 있을까?

나는 교사–학생 관계에서 뭔가를 바꾸어 나나 학생들에게 즐거움과 열정을 불러일으켜야 한다고 생각했지만, 무엇을 바꿔야 할지는 오랫동안 알지 못했다. 그러다 마침내 문제를 깨달았다. 나 스스로가 배우는 법을 잊었다는 사실이었다! 그 결과 나는 한때 가르치면서 얻었던 즐거움을 잃었다. 어쩌면 나는 행복학 수업을 한다면서 그렇잖아도 스트레스받는 학생들을 더 힘들게 만드는 데 일조하지는 않았을까?

강의 방식을 바꿔야 했다. 가능한 한 학생들의 삶과 직접 연관된 강의 자료를 만들 방법을 찾아야 했다. 그래서 나는 강의를 완전히 바꿨다. 내 앞에 앉아 있는 젊은 성인인 학생들이 지금뿐 아니라 머지않은 미래에 이 자료를 어떻게 활용할지 고민한 뒤 강의 주제를 선택했다. 읽어야 하는 논문 수를 일주일에 두 편 이하로 줄였다.《사이언티픽아메리칸Scientific American》《이코노미스트The Economist》《베니티페어Vanity Fair》《롤링스톤Rolling Stone》같은 주류 잡지에 실린 기사도 읽게 했다.

유튜브 동영상도 보여줬다. 테드TED 강의 영상도 배정했지만 자연스럽게 흥미를 유발할 수 있는 내용이라도 영감과 감동을 줄 수 있는지 신중하게 검토했다. 마침내 매 학기 수업마다 학생들은 자료를 다루고 토론하며 눈물을 글썽이게 되었다. 함께 다루는 주제마다 매우 감동적인 순간이 있었다. 우리는 호스피스 치료를 받으며 맞이하는 의미 있는 죽음, 부모의 기대에 부응하지 못할 때의 불안감, 자신을 사랑하지 못하는 일, 삶을 더는 견딜 수 없다고 생각했던 순간 등을 다뤘다.

물론 학생들은 강의를 듣고 필기하며 여전히 고군분투했지만 한편으로 자신의 삶 속에서 그 순간을 살아가고 있었다. 학생들은 부모가 실망할까 봐 걱정하고, 돌아가신 조부모를 애도하고, 진짜 사랑을 발견하지 못할지도 모른다는 고통스러운 두려움을 겪었다. 그래서인지 감사편지를 쓰고 함께 읽는 단순하지만 아주 중요한 행위만으로도 수업이 멈추곤 했다.

마침내 나는 내 강의를 그저 교과서 속 사람들의 삶이 아니라 학생들 자신의 삶에 적용할 방법을 찾은 셈이었다. 학생들이 뭔가 느꼈다! 나는 학생들이 배움과 이어졌다고 느끼게 하면서 나 역시 가르침과 이어졌다고 느낀다는 사실을 깨닫고 몹시 흥분했다. 수강 신청 개시 5분 만에 수강생이 꽉 찼을 때는 정말 놀랍고 고마웠다.

항상 고학년 학생에게 수강신청 기회가 먼저 주어졌기 때문에, 저학년 학생들은 학년이 올라갈 때까지 기다려야 겨우 내 수업을 들을 수 있었다. 많은 학생이 내 강의에서 삶에 적용할 만한 교훈을 얻었다는 후기와 댓글을 남겼다.

가르치는 방식을 바꾸었더니 분명 나 자신도 더 나은 사람으로 바뀌었다. 하지만 감히 말하건대 몇몇 학생의 삶도 바뀌었다는 인상을 받았다. 수업이 끝나고 몇 주, 몇 달, 심지어 몇 년 뒤에도 내게 그런 이야기를 전해준 학생들이 있었다. 새로운 접근법을 이용해 가르치고 배우는 과정에서 많은 학생이 매 순간 스스로 내리는 선택이 자신에게 어떤 영향을 끼치는지 생각할 기회를 얻었다.

나는 학생들에게 내가 연구하는 학문을 배워야 한다고 가르치는 것을 그만두고, 학생들이 스스로에 대해 배워야 한다고 가르치기 시작했다.

유일한 변화는 스스로 변화하는 것

나를 치료하던 인지행동치료사는 내가 경험하게 될 최대 효과의 20퍼센트만 줄 수 있다고 아주 솔직하게 말했다. 나머지 80퍼센트는 전적으로 내게 달려 있다고 했다. 그는 자기가 나를 이끌어줄 수는 있지만 나 대신 중요한 일을 해줄 수는 없다고 말했다. 부정적 생각이 삶을 망치지 않도록 내면을 바꾸려면 스스로 숙제를 해야 했다. 부정적인 자동사고automatic thought를 멈추고 더 긍정적이고 현실적인 생각을 하는 방법은 연습, 연습, 연습뿐이었다.

나는 예상하지 못했거나 의도치 않은 상황 또는 사람 때문에 부정적인 생각이 들어도 그 생각을 극복하는 데 능숙해졌다. 하지만 불쾌한 현실을 받아들이는 법도 배워야 했다. 감정이 북받치는 것이 지금 내 앞에서 화내는 사람 때문이 아니라 과거의 힘든 경험 때문일 수 있다는 사실도 받아들여야 했다. 타인의 행동은 통제할 수 없는 반면 내가 반응하는 방식은 나만이 선택할 수 있다는 사실을 받아들여야 했다. 불편한 상황이나 관계에 의미를 부여하는 것, 경계를 설정하겠다고(또는 그러지 않겠다고) 선택하는 것 등 모든 것이 내게 달려 있었다.

당신이 겪는 현실적이고 엄청난 고통을 깎아내리려는 의도는 없다. 우리 주변의 모든 사람은 물론 당신도 과거나 현재에 부당함과 고통을 견뎌야 했던 적이 있을 것이다. 하지만 우리가 여러 문제나 어려움을 마주할 때 보이는 반응은 우리에게 각인된 습관적인 생각, 감정, 행동 방식이다. 이런 반응은 내 안에 있다. 따라서 문제에 가까이 다가가고, 바라건대 바꿀 수 있는 사람은 나 자신뿐이다.

나는 한 선불교 승려에게서 배운 또 다른 중요한 교훈을 받아들여야 했다. "코리, 어떤 순간에 당신에게 일어나는 일은 당신에게 일어날 수 있는 최선의 일입니다." 처음에 나는 이렇게 반응했다. "일이 내 맘대로 잘 돌아갈 때는 그렇게 생각할 수 있어요. 하지만 인생이 끔찍한데 어떻게 그렇게 생각할 수 있죠? 나를 함부로 대하고, 무시하고, 트라우마를 안기고, 죽음으로 내모는 사람들을 볼 때도 이걸 교훈이라고 들이댈 수 있다고요? 어떻게 내게 일어나는 모든 일이 최선이라고 생각할 수 있나요?" 말도 안 되는 일이라고 생각했다.

하지만 그는 내가 요점을 이해하도록 신중하게 말을 다시 골랐다. 불교철학에서는 어떤 일을 마주하든 온전히 알아차리며, 그 일과 그에 대한 내 반응을 판단하지 않고 그대로 받아들여야 한다고 가르친다. 그러면 우리가 고통을 통해 나머지 세상과 이어져 있다는 사실을 천천히 깨닫게 된다.

1부에서 살펴보았듯 부정적 감정을 받아들이면 대응방식을 더욱 주체적으로 선택할 수 있다. 아주 현실적인 트라우마를 겪는 사람들에게 그런 일이 그들에게 일어날 수 있는 '최선의 일'이니 그냥 견디라고 하지는 않겠다. 하지만 현실적인 고통을 온전히 알아차리는 능력은 분명 노력해서 얻을 만한 것이라는 생각에는 동의한다. 아마 '어떤 순간에 당신에게 일어나는 일은 그 순간 당신에게 일어날 수 있는 유일한 일이다'라는 말이 더 정확할 것이다. 일단 일어난 일은 일어난 일이다.

비구니 페마 초드론Pema Chödrön은 《모든 것이 산산이 무너질 때 When Things Fall Apart》에서 우리는 "미지의 영역으로 들어가 자신이 놓인 상황에 아무런 근거가 없다는 사실에 안도한다. (…) 우리가 보통 회피하는 것을 받아들이면 우리와 그들, 이것과 저것, 좋은 것과 나쁜 것 사이에 발생하는 이분법적인 긴장을 해소할 수 있다"라

고 썼다.[4]

초드론의 스승은 이를 '어려움 받아들이기'라고 불렀다. 내 선불교 스승도 분명 이에 동의했다. 그는 재난이 닥치거나 일이 잘못되고 세상이 내게 적은 몫만 줄 때, 부정적이고 비극적인 경험에서 도망치기보다 그 경험에서 배워야 한다고 말했다. 아무리 멀리하고 싶어도 그것이 지금 내 삶에서 일어날 수 있는 유일한 일이라고 생각해야 한다. 상황을 직시하고 더 나은 선택을 해야 한다. 나는 우선 상황을 악화시키지 않는 대응책을 선택하는 연습을 했다. 그 과정에서 부정적 감정이 나를 반대 방향으로 끌고 갈 때도 나와 상황을 더 나아지게 만드는 행동을 선택할 수 있었다.

하지만 고통을 감내하며 고통과 손잡고 나아가려면 고통과 함께해야 한다는 신념의 가치를 믿어야 할 뿐만 아니라, 그처럼 불가능해 보이는 일을 해내어 본보기가 되어줄 덕망 있는 사람들이 있어야 한다. 이상적으로는 멘토가 있으면 좋고, 적어도 그런 방향으로 나아가는 데 영감을 줄 수 있고 존경받을 만한 사람이 있으면 좋다.

비교와 존경은 다르게 작동한다

우리는 많은 일을 겪고도 여전히 좋은 사람, 나아가 시간이 갈수록 더 좋은 사람이 되어가는 이들을 진심으로 존경한다. 그들이 진정성 있는 좋은 자질을 지녔으며, 타인·직장·가족·공동체에서 칭찬과 보상을 받을 만한 자격이 있다는 사실을 알기 때문이다. 하지만 그런 사람을 존경하는 데 그치지 말고 자신과 비교해보면 어떨까?

많은 사람이 자기 자신을 개선하지 못하는 이유 중 하나는 사회적으로 비교하며 일종의 낙담을 하기 때문이다. 인스타그램의 멋진 셀카 때문만은 아니다. 링크드인LinkedIn에는 중요한 회의에서 발표하거나 학위를 받았다는 경력이 가득하다. 틱톡에는 춤 실력, 귀여운 반려동물, 요리 실력 등을 자랑하며 갖가지 분야에서 잘 보이고 인정받으려는 사람들로 넘쳐난다. 전에는 이처럼 중요한 순간에 느끼는 기쁨을 가족이나 친구와만 공유할 수 있었다. 하지만 요즘 사람들은 그런 기쁨을 이 광활하고 무심한 세계에 전시하듯 내보인다. 어디에 떨어질지 모를 색종이를 공중에 흩뿌리듯이.

남과 비교하면 부정적 감정에 빠질 수 있다. 열등감을 느끼거나 소진된다. 고급 요리수업을 받을 시간과 돈은 어디서 나지? 분노도 솟구친다. 승진하거나 상사에게 칭찬받은 동료에게 자격이 없다며 남몰래 화를 낸다. 시기심도 불어난다. 성공을 제로섬 게임으로 보며 과도하게 경쟁적인 자본주의 문화에서는 누군가 행운을 얻으면 내가 불행해진다고 여긴다. 소크라테스는 시기심을 영혼을 파괴하는 궤양이라고 보았다. 내가 남들을 따라가지 못하고, 내가 부족한 사람이며 앞으로도 쭉 그럴 것이라는 생각에 반복해서 사로잡히면 개인의 성장은 가로막힌다.

존경은 시기심과 전혀 다른 논리로 작동한다. 누군가를 존경하면 더 나은 사람이 되고 싶다는 영감을 받아 자신의 내면에 관심을 쏟게 된다. 깊은 존경은 두 가지 활력 요소와 관련 있다. 삶의 목적의식이 더 커지고 개인적 성장의 수준이 높아지는 것이다. 둘 다 우리를 활력으로 한 발 더 가까이 이끈다.

연구에 따르면 시기심은 웰빙 점수에 부정적인 영향을 준다. 시기심이 적은 사람은 더 나은 관계를 맺고, 더 많은 목적을 지니며, 개인적으로 더 많이 성장한다. 시기심이 적으면 자신을 더욱 받아들이고(자기수용), 자기 삶을 더욱 책임감 있게 관리하며(환경 숙달), 자기 아이디어나 의견을 떠올리고 표현할 때 확신에 차 있다(자율성).[5] 시기심의 소리를 줄이고 존경의 소리를 키울수록 사람은 더욱 성장한다.[6]

자기변화는 어떻게 일어나는가

시들함에서 벗어나려면 살면서 제 기능을 하고 변화를 일으키는 데 집중해야 한다.[7] 특히 자신이 어떤 사람이며 살면서 어떤 역할을 하는지가 향상되었다고 느낄 만한 변화를 이루어야 한다. 흔히 우리는 자기개선 프로젝트를 실행하면 그 변화의 결과, 곧 자신에게서 보이는 개선이 그 자체로 보상이 되리라고 생각한다.

하지만 그렇지 않을 수도 있다. 몇 년 전 나는 사람들이 자기개선self-improvement을 얼마나 좋아하는지 측정했다. 그대로 머물지 달라질지 선택하게 하자, 대다수 응답자는 당시 자신이 얼마나 잘 기능한다고 보는지와 상관없이 그대로 머물기를 원했다. 나는 그런 결과에 깜짝 놀랐다. 이것이 바로 많은 사람이 오랫동안 이어져온 사고와 행동 패턴의 중력에서 벗어나지 못하는 이유다.[8] 이런 순환에서 애써 벗어났다가도 자신이 어떤 상태인지 깨닫기도 전에 원점으로 돌아가는 사람도 있다.

연구 결과에서는 더욱 이상한 점이 발견되었다. 배우자, 직원, 부모로서 더 발전하면 그대로 머물 때보다 부정적 감정이 더욱 늘었다. 게다가 더 발전할수록 그대로 머물 때보다 긍정적인 감정이 줄었다. 하지만 이와 동시에 그대로 머문 사람보다 개인적으로 더 많이 성장했다고 응답했다. 개선은 불편할 수 있지만 더 나은 사람이 되어간다는 사실을 깨닫게 해준다는 말이다.

긍정적인 변화가 왜 불편할까? 이런 결과는 우리가 결코 자신을 개선하려고 노력해서는 안 된다는 의미일까? 더 나은 배우자, 친구, 부모, 직원이 되려는 열망은 부정적인 결과만 가져올까?

개선을 어떻게 인지하는지 살펴본 연구에서 한 가지 답을 얻을 수 있다. 자기일관성 욕구가 우리를 방해한다는 사실이다. 사람들은 자신을 어느 정도까지만 개선하지, 스스로 원하거나 필요한 만큼 밀고 나가지 않는다. 하지만 더 나은 미래의 자신을 상상해보면 개선으로 나아가는 길이 꼭 필요하다는 것을 알 수 있다. 때로 자기개선은 사느냐 죽느냐의 문제일 수도 있다.

시들함에서 활력으로 나아가며 더 나은 사람이 되려고 애쓰는 사람은 누구나 성장 과정에서 오는 고통과 어려움을 바람직하고 유용한 결과가 나오는 속도보다 더 빨리 통과해버리고 싶은 유혹을 받는다. 우리는 고통을 좋아하지 않는다. 우리는 고통을 치유하고, 고통으로부터 도망치고, 가능한 한 빨리 고통을 지나치고 싶어 한다. 하지만 그 과정에서 자신이 상상했던 것보다 훨씬 많은 일을 할 수 있다는 사실을 깨닫는 경우도 아주 많다.

스트레스 요인과 인생의 시련들

사실 인간은 시련이 없으면 자신이 원하는 것(예를 들어 활력)에 도달하기 어려운 존재인 것 같다. 사회학자들은 이런 시련을 '스트레스 요인stressor'이라는 꽤나 무미건조한 용어로 부른다. 스트레스는 위험이나 역경(주관적이든 객관적이든)에 대처하기 위해 자원을 동원하는 신체의 생리적 반응이다. 스트레스 요인은 우리의 외부에 존재한다는 점에서 실제 역경으로, 생활이나 환경의 변화를 나타내는 사건이나 상황이며 우리에게 그 변화에 적응할 것을 요구한다.

스트레스와 노화 연구에는 이와 관련된 용어가 있다. '감당할 수 있는 어려움manageable difficulty'이라는 말이다. '적당한' 스트레스 요인이 찾아오면 우리는 자신의 대처능력을 넘어서지만 감당할 만하게 보이는 변화와 난관을 수습하고 극복할 수 있다고 생각한

개인적 변화 과정에서 의지력과 특권의 역할

우리의 정신적 · 감정적 자원은 제한되어 있고, 원하는 변화를 이루어낼 에너지가 충분하지 않을 때도 있다. 정신질환이나 기능 장벽, 시스템의 억압과 싸우고 있다면 사실 그저 '노력하는' 것만으로는 쉽지 않을 수 있다.

심리치료사 K. C. 데이비스K. C. Davis는 《물에 빠졌을 때 집 지키는 법How to Keep House While Drowning》에서 이렇게 썼다.

> 자기계발 전문가는 자신의 성공이 그들의 신체적 · 정신적 · 경제적 특권과 관계없이 노력 덕분이라고 과하게 칭송하는 경우가 많다.[9] 스무 살의 건강 인플루언서가 세 자녀를 둔 미혼모에게 "우리 모두에겐 24시간이 있잖아요!"라고 말한 것만 봐도 알 수 있다. 그 건강 인플루언서는 건강을 확실히 개선하려면 그저 노력만 하면 되고, 그 노력을 모두가 놓치고 있을 뿐이라고 가정한다. 하지만 세 자녀를 둔 미혼모는 전혀 다른 요구와 제한에 부딪힌다. 그에게는 노력뿐만 아니라 아이들을 돌봐줄 사람, 운동 강습에 등록할 돈이 필요하다. 하루 9시간 일하고 와서 또 5시간 동안 아이들을 돌보고 집 안 청소까지 한 다음에도 시간과 에너지가 남아 있어야 한다.

다. 이때 실제로 능력 밖의 문제라도 능력 안에 있다고 '느껴야' 한다.[10] 학습·대응 역량을 넘어서지만 버겁지는 않다면 견디고 극복할 수 있다고 느껴진다는 말이다. 내 친구는 이런 문제를 '확장 과제stretch assignment'(자신의 한계에 도전하게 만들어 성장을 도모하는 적

데이비스는 이렇게 덧붙였다. "사람마다 겪는 어려움은 제각각이다. 특권만이 유일한 차이점은 아니다." 신경다양성 스펙트럼의 이쪽에 있는 누군가에게는 꼭 들어맞는 인생 조언이라도 뇌가 다른 방식으로 기능하는 사람에게는 좌절감만 안길 수도 있다. 저마다 강점, 관심, 성격이 다르므로 개인적 성장을 누구에게나 똑같이 적용할 수는 없다. 솔직히 말해 많은 사람이 삶에 진짜 변화를 일으키기엔 너무 바쁘다고 느끼지 않나. 할 일 목록에 '저녁 6~9시: 자기계발'을 더하는 것은 고사하고 하루하루 간신히 버텨낼 정도니 말이다. 지금도 충분하지 않은가?

따라서 개인적 성장을 위해 목표를 설정하고 그 목표에 다가가는 방법을 알아내려고 할 때는 자신만의 속도에 따라도 괜찮다는 사실을 기억하자.

날마다 전날과 다른 한 가지를 실천하려고 노력하는 것도 좋다. 효과가 있을 수도, 없을 수도 있다. 당신의 소소한 성공과 성취를 판단할 사람은 당신밖에 없다. 내일이 되면 새로운 기회가 찾아온다는 사실을 기억하자. 스스로 가장 쉽고 동기부여가 된다고 느껴지는 것을 활용하자.

작은 목표를 세우자. 매달 관심 있는 주제를 다룬 책 한 권을 읽는 것도 좋다. 그 목표를 달성하려면 자신의 필요, 기질, 성격에 맞게 방법을 계속 바꿔야 할 수도 있다. 잠자리에 들기 전 30분 동안 책을 읽으려 애써도 효과가 없다면, 달리기나 집안일을 하면서 같은 책을 오디오북으로 들어보는 것은 어떨까?

당히 어려운 과제 – 옮긴이)라 부른다. 해결할 수 있지만 쉽지만은 않은 과제를 스스로 하거나 다른 사람에게 부여하는 것이다. 그는 이것을 바람직한 성장이라고 본다.

사람들은 대개 결혼을 긍정적 사건으로 여기며 간절히 기다리지만, 사실 결혼은 스트레스 요인이다. 우선 결혼식을 치러야 한다. 그다음 '결혼생활'을 실제로 마주해야 한다. 양쪽 모두 조정이 필요한 진짜 삶의 변화다. 앞서 살펴보았듯 여러 긍정적 변화를 모색하려면 삶을 조정해야 하는데, 그 과정에서 스트레스 반응이 일어날 수 있다.

성대한 결혼식을 치르고 결혼 축하를 받는 등 분명히 긍정적인 사건도 스트레스를 유발한다. 하지만 시험에 낙방하거나 새로운 도시로 이사하거나 직장에서 새로운 프로젝트 입찰에 실패하는 등 덜 긍정적이기는 하지만 감당할 만한 역경은 어떨까? 조금 부정적이지만 분명 극복할 수 있는 이런 사건은 개인적인 성장을 이룰 원동력으로 삼을 수 있다. 당신이 받아들이기만 한다면 말이다. 최근 일어난 부정적 사건에 집착하지 말고 도전과제의 반대편에 있는 성장 가능성에 집중하자. 이런 방식은 앞서 언급한 불교의 가르침을 다시 떠올린다. 물살을 거스르는 일은 위험하지는 않아도 어렵다. 하지만 강물의 흐름을 따라 헤엄치다 보면 때로 더 잔잔한 곳에 닿을 수 있다.

하지만 부정적이거나 예상치 못한 스트레스 요인은 몹시 해롭다. 이런 스트레스가 장기간 또는 만성적으로 이어질수록 더 큰 피해를 준다. 다음 연구에서는 바람직하지 않고 예상치 못한 스트레스 요인에 초점을 맞춰 이런 스트레스가 항상 부정적 결과를 가져오는지 조사했다.

이 연구에서는 참가자 본인 또는 사랑하는 사람이 살면서 질병이나 부상, 다양한 폭력(폭행, 강간, 신체적 및 언어적 공격), 사망 또는 사별, 경제적·심리사회적 사건(실직, 위험한 주택에 거주), 관계 파탄(이혼), 재난(대형 화재, 홍수, 지진, 기타 지역사회 재난) 같은 심각한 스트레스 요인을 겪은 적이 있는지 질문했다. 그다음 각 참가자가 이 연구에 참여할 때까지 평생 누적된 역경의 총량을 셈했다. 그리고 활력의 척도가 되는 정서적 웰빙의 구성요소인 '삶에 대한 만족도'를 측정했다.

연구 결과 평생 스트레스 요인이 평균보다 적거나 조금 많았던 참가자의 삶의 만족도가 가장 '높았다'. 이에 비해 평생 스트레스 요인이 가장 많았던 참가자, 그리고 놀랍게도 평생 역경을 거의 또는 전혀 겪지 않아 스트레스 요인이 가장 적었던 참가자의 삶의 만족도는 '낮았다'.

이 연구에 따르면 역경과 삶의 만족도 사이에는 딱 좋은 정도를 뜻하는 골딜록스Goldilocks 관계(영국 전래동화에서 유래한 말로, 흔히 경제에서 평형을 이루는 적당한 관계를 의미함 – 옮긴이)가 있다. 역경이 너무 많거나 적어도 삶의 만족도가 크게 떨어지고 역경을 '적당히' 겪을 때 삶의 만족도가 가장 높다.

이 연구에서는 참가자의 전반적인 정신적 스트레스도 측정했다. 스트레스 점수가 높을수록 신체적 통증, 우울증 유사 증상, 불안 증상을 더 많이 느낀다는 의미다. 스트레스 점수가 높다고 해서 임상적으로 우울증이나 불안장애가 있다는 의미는 아니고, 그저 슬픔이나 두려움 같은 증상을 더 많이 겪는다는 뜻이다. 평생 역경을 거의 또는 전혀 겪지 않은 참가자와 많이 겪은 참가자는 중간 정도로 겪은 참가자보다 정신적 스트레스가 훨씬 컸다.

인생에 역경이 첩첩산중 쌓인 사람을 시적으로 표현하거나 낭만적으로 묘사하지는 않겠다. 고통이 너무 많으면 전혀 도움이 되지 않는다. 연구에 따르면 역경을 많이 겪으면 신체 내부 기관이 계속 닳아버려 결국 신체 질병과 조기사망을 초래한다. 하지만 몸에 손상을 입히는 역경이 꼭 심리적·정서적 시스템에도 똑같이 손상을 입히지는 '않는다'는 사실을 기억하자.[11]

역경을 겪고, 견디고, 극복하면 더는 미지의 세계를 두려워하며 힘들어할 필요가 없다. 이미 겪어봤으니 잘 안다. 우리는 모르는 것을 두려워한다. 삶에 역경이 찾아오면 자신과 삶에 관해 더 많이 배운다. 자신의 강점과 인내력, 우리가 의지할 수 있는 사람과 상황에 관해 더 잘 알게 된다.

성공으로 가는 험난한 여정

역경을 겪은 적이 없다면 인생에서 처음 맛보는 좌절이 버겁게 느껴진다. 하지만 일단 역경을 경험하면 새로운 역경도 감당할 만해 보인다. 역경을 대하는 마음가짐도 중요하지만 역경이 닥쳤을 때 스트레스 경험이 나에게 어떤 영향을 끼칠지 살피는 마음가짐도 중요하다.

니콜이라는 훌륭한 학생이 있었다. 그는 저학년 때 내 강의를 신청하는 데 실패하고 졸업반이 되어서야 마침내 들을 수 있었다. 최근 니콜을 다시 만났을 때 그는 나를 만나기 전인 2학년 때 많이 아팠다는 이야기를 꺼냈다. 수막염과 뇌염에 걸려 상태가 아주 좋지 않았다. 결국은 회복했지만 그 과정은 아주 느렸다. 무용에 대한 열정이 컸던 그는 대학 시절 내내 그리고 그다음에도 무용을 계속할수 있기를 고대했지만, 의사는 신체적으로 감당할 수 없다며 더는무용을 할 수 없다고 말했다. 그와 그의 몸이 제대로 회복하려면휴식이 필요했다. 그는 큰 충격을 받았다.

니콜은 혼란스러웠다. 자신이 알고 사랑한다고 생각했던 모든것이 한순간에 사라진 것 같았다. 그는 자신의 관심과 에너지, 갈곳 잃은 열정을 어디에 쏟아야 할지 몰라 허둥댔다. 그는 에모리대학교 기숙사 근처 법학 도서관에서 공부하기 시작했다. 조용하고평화로워서였다. 어느 날 저녁 도서관에서 공부하던 그는 '페미니즘과 법 이론 프로젝트'라는 안내문을 보았다. 오랜만에 여유시간이 생긴 그는 호기심에 그 안내문을 검색해보고 흥미를 느껴 프로젝트를 진행하는 교수에게 연락해 참가할 수 있는지 물었다.

이 우연한 만남을 계기로 그 교수는 니콜의 비공식적인 멘토가되었다. 이 관계는 인생의 전환기를 맞은 니콜에게 매우 중요했다. 무용이 더 이상 선택지가 아니라면 법학은 어떨까? 갑자기 법학이추구할 만한 가치 있는 분야로 보였다. 그 순간 그가 인식했든 못했든 니콜은 자기 삶이 어떤 식으로 펼쳐져야 한다는 선입견을 내려놓아야 했다. 무용을 할 수 없다는 실망감에 빠져 몇 달, 몇 년 주저앉아 있었다면 무엇을 놓쳤을지 상상해보라. 새로운 열정은 결코 불타오르지 못했을 것이다.

니콜은 그때부터 열정을 버린 적이 없다. 졸업한 다음 듀크대학교 로스쿨에 진학했고, 뉴욕으로 건너가 대형 법률사무소에서 일했으며, 최근 우리가 대화를 나눌 당시에는 노스캐롤라이나의 한 로스쿨 객원교수가 되었다. 그는 법대생들에게 법을 가르치는 일이야말로 자신이 평생 하고 싶은 일이라고 말했다.

집을 떠나 혼자 있으면서 병에 걸리고 사랑하는 무용을 포기하는 등 끔찍한 상실과 고립감을 겪는 시기는 분명 니콜에게 성장과 배움의 시간이 되었다. 살면서 그 어느 때보다 많은 역경을 겪는 상황은 고통스러웠다. 하지만 그는 역경이 주는 스트레스에 굴하지 않고 오히려 그 역경을 이용해 인생을 바꾸었다.

실천 계획 호기심이 실망을 이기도록 하자. 새로운 주제, 새로운 기술, 완전히 새로운 인생 계획 등 미지의 것을 두려워하느라 새로운 것을 탐색하기를 주저하지 마라. 다음에 도서관에 갔는데 새로운 회원을 모집한다는 안내문을 보면 기숙사 방으로 그냥 돌아가지 말고 바로 가입하자. 몇 년 전 자녀가 버린 바이올린을 집어들고 조금 부끄럽지만 해볼 가치가 있는 일이라고 생각해보자. 다 큰 자녀가 채워주었던 마음속 빈 곳을 채우기 위해서라도 말이다. 호기심이 이기게 하자.

인식이 가장 중요하다

역경과 그에 따른 스트레스, 불편, 고통을 떠올리며 불편에만 주목하면 상황이 악화될 수 있다. 역경을 감당할 만하다고 여기고 과거의 기대를 떠나보내는 기회로 본 니콜의 관점으로 역경에 접근하면 우리는 더 나은 사람이 될 수 있다.

우리가 스트레스를 어떻게 보는지 살피고, 스트레스에 대한 인식이 조기사망 위험에 어떤 영향을 주는지 조사한 한 연구가 이 점을 강력하게 시사한다.[12] 스트레스 요인이 많고 스트레스가 건강에 '큰' 영향을 끼친다고 생각한 참가자는 정신질환을 겪고 그 결과 조기사망할 위험이 컸다(43퍼센트). 하지만 스트레스가 건강에 거의 또는 전혀 영향을 끼치지 않는다고 생각한 참가자는 스트레스 요인이 많아도 조기사망 위험이 17퍼센트 적었고 정신질환도 가장 적게 겪었다.

견딜 만한 스트레스 요인이 있다고 치자. 농구장에서 강한 상대를 만나거나, 업무 마감 시간이 너무 촉박하거나, 10대 자녀가 정신적으로 무너지는 등의 요인이 있을 수 있다. 하지만 사람마다 견딜 수 있는 '범위'는 다르다. 폭행, 학대, 조직적인 인종차별, 어린 시절의 트라우마 등 정말 심각한 요인도 있다. 모두 같은 요인은 아니다. 그리고 하나 이상의 심각한 스트레스 요인을 겪는 사람에게 그저 버티면서 사고방식을 바꾸라고만 말할 수는 없다. 심각한 스트레스 요인이 많을수록 분명 일상의 건강에 영향을 끼친다. 하지만 이런 트라우마를 여럿 겪어온 사람으로서 나는 이렇게 권하고 싶다. 당신이 견뎌온 심각한 스트레스 요인 중에서 감당할 만한 스트레스 요인을 구분해보고, 감당할 만한 것은 좀 더 견뎌보기를.

실천 계획 감당할 만한 일에 집중한다. 고칠 수 있는 것은 고치자. 되돌릴 수 없는 것도 있지만, 살면서 감당할 만한 스트레스 요인은 마음속에서 성장의 기회로 재구성할 수 있다는 사실을 기억하자.

정말 힘든 상대와의 경기를 준비하는 코치는 두 손 들고 "난 포기야. 이건 너무 힘들어"라고 말하지 않는다. 경기 계획을 감당할 만한 부분으로 나누어 상대 팀의 강점을 무력화하고 우리 팀의 약점을 보완할 방법을 찾는다. 훌륭한 코치는 앞으로 다가올 도전을 긍정적으로 달라질 기회라고 보고, 감당할 수 있는 여러 어려움의 집합으로 생각하는 접근법을 찾는다.

지금 당신 삶에 놓인 장벽을 생각해보자. 직장에서 다음 단계로 나아가려면 거쳐야 할 과정일 수도 있고, 할 일 목록에 있는 중요한 프로젝트를 시작하기 위한 회의일 수도 있다. 가족 모임을 계획하거나 오해를 풀기 위한 가족 간의 전화통화일 수도 있다.

이제 그 일을 장애물이라기보다 새로운 길로 나아갈 때 마주치는 과속방지턱이라고 생각해보자. 가족과의 통화가 어긋나더라도 그 과정에서 당신이나 다른 사람이 갈등에 어떻게 대처하는지 배울 수 있다. 이런 과정을 사랑하는 사람, 직원, 자신과 주변 세상을 더 잘 이해하려고 노력하는 사람으로 성장할 기회라고 여기자. 감당할 만하고 실제로 극복할 수 있는 도전과제라고 생각하자.

역경 이후의 성장

루미Rumi라는 수피sufi파(이슬람교의 신비주의 종파 - 옮긴이) 시인은 자신의 시 〈여인숙The Guest House〉에서 역경이 어떻게 우리 삶의 문 앞에 계속 찾아오는지 썼다. 우리가 할 일은 슬픔·어두운 생각·수치심·분노에게 합당한 존경심을 품고 이들을 맞이하는 것이다. 역경은 손님이고, 언젠가는 떠난다.

역경은 도움이 된다. 역경은 우리에게 더는 소용없는 것을 정리하게 해준다. 루미의 말을 빌리면, 모든 손님과 마찬가지로 역경은 우리가 내면에서 일어나는 모든 것을 직면하고 그것에 귀 기울이고 겪고 나면 결국 떠난다. 그래야, 그럴 때만 손님은 목적을 달성한다. 역경이 다시 찾아와도 두려워할 필요가 없다. 이미 알기 때문이다. 당신은 성장했다.

인생을 망치려는 사람은 없다. 하지만 실패를 두려워하는 것은 부적절하다. 완벽함에 집착하는 것은 아주 어리석은 태도다. 완벽하게 지켜지는 것은 한 번도 사용하지 않은 것뿐이다. 우리 부부가 결혼선물로 받은 멋진 도자기는 35년이 넘도록 한 번도 음식을 담지 않았기 때문에 완벽하게 보존되어 있다. 하지만 사람을 손도 대지 않고 벽장에 흠 없이 보관해둘 수는 없다. 자신의 실수를 타인에게 숨기는 사람은 인간성을 숨기는 셈이다. 앞서 살펴보았듯 활력으로 나아가는 유일한 길에는 (불편한) 변화, (고통스러운) 실패, (힘든) 노력, (때로 불가능하다고 여겨지는) 개선이 필요하다.

다른 사람의 생명을 위험에 빠뜨리는 실수는 어떨까? 의사들도 우리처럼 부주의와 판단 오류의 희생양이 되어 오진, 약물용량 계산 착오, 치료 지연, 병원 내 감염, 피할 수 있었던 수술 실수처럼 환자와 그 가족은 물론 자신과 동료, 기관에 심각한 영향을 끼치는 실수를 저지른다. 미국에서는 의료사고로 연간 10만~20만 명이 사망한다.

이런 오류 대부분은 사람의 실수보다 인력이나 자원 부족, 또는 통신 인프라가 부실해 중요한 환자 정보가 직원·부서·시설을 거치며 사라지는 등의 시스템 오류로 발생한다. 스탠퍼드의과대학교 연구진은 번아웃으로 고통받는 의사들이 실수를 저지를 가능성이 두 배나 높다는 사실을 발견했다.[13] 프로세스 중단이나 열악한 조건 때문에 빚어지는 피해와 '예방할 수 있는' 실수를 구분하기 어려울 때도 있다.

하지만 의사 개인에게 책임이 부과되는 경우도 있다. 의사들은 그런 실수를 통해 성장할까? 대답은 '그렇다'다. 하지만 실수에 직면할 용기가 있는 경우에 한해서다. 흔히 의사들은 실수 때문에 수치심, 자기의심, 보복을 당하거나 심지어 직장을 잃을 수도 있다는 두려움에 시달린다. 한 연구에 따르면 의사 중 34퍼센트는 심각한 의료 실수를 환자에게 공개해야 한다고 여기지 않고, 20퍼센트는 고소당할까 봐 두려워 실수를 완전히 공개하지 않았다. 하지만 자신의 실수를 공개하기로 한 의사들을 살핀 연구를 통해 실망이나 패배에 대처할 보편적인 교훈을 얻을 수 있다.[14]

이 의사들이 택한 첫 번째 단계는 되돌리거나 바꿀 수 없는 일을 받아들이고, 다른 곳으로 비난의 화살을 돌리거나 서사를 다시 쓰려는 충동에 저항하는 것이었다. 이는 수치심, 두려움, 다가올 심리적 혼란에 정면으로 맞서는 내적 행위인 동시에 정직성을 투명하게 내보여야 하는 외적 행위이기도 하다. 끔찍한 비극을 겪은 뒤에도 계속 일할 수 있었던 의사들은 보통 자신의 행동에 책임질 뿐만 아니라 '테이프를 되감아' 무슨 일이 왜 발생했는지 살폈다. 한 의사는 이렇게 말했다. "우선 내가 무슨 일을 했는지 알아보고, (…) 무슨 일을 했어야 했는지 알아보았다. 그다음에는 이 사건에서 어떻게 그런 일을 놓쳤을까 질문했다."

많은 의사는 과거를 돌아보며 자신이 답을 전부 아는 것처럼 일해왔다는 사실을 깨달았다. 하지만 역경을 겪은 다음에는 의견, 질문, 비판을 더 많이 받아들였다. 환자를 위해 가능한 한 최선의 결정을 내리는 방법의 하나로 의견 불일치를 받아들이는 능력이 향상되었다고 응답한 의사도 있다.

우리는 의사가 마치 전지전능한 인간처럼 행동하기를 원한다. 하지만 그런 생각은 의사에게는 물론 우리에게도 해롭다.

실천 계획 스스로 달라지면 완벽에 가까워질 수 있다. 하지만 이는 자신과 삶의 불완전함을 받아들일 때만 가능하다. 자신이 불완전하다는 사실을 받아들이자. 삶에 겸손함을 초대하자. 실수할 수 있는 여지를 두고(단 의료 환경에서는 그러지 않는 것이 좋다) 실패가 불가피하다는 사실을 받아들이자. 당신의 삶 속 다른 사람에게도 같은 여유를 주는 은혜를 베풀자. 나는 주변 사람들이 내게 이와 반대로 대하는 것을 보며 좋은 사람이 된다는 것에 관해 많은 것을 배웠다.

자신이 저지른 일을 계속 후회하며 주저앉아 결국 기억에서 밀어내는 대신 '실수를 다시 파내어' 자기 자신, 내면의 동기, 대처 메커니즘, 행동 패턴에 관해 통찰할 수 있지 않을까? 이렇게 성찰하면 자기인식뿐만 아니라 자기연민도 불러올 수 있다.

루미를 닮자. 집에 찾아온 역경이라는 손님을 적이 아니라 기회로 받아들이자. 역경이 주는 교훈을 얻자. 비극적인 실수에서 회복하려던 한 의사가 남긴 말처럼 말이다. "애초에 잘 돌아가는 일에서는 그다지 현명함을 얻지 못했습니다."

6장

관계:
따스하고 신뢰하는 유대 맺기

불신 가득한 세상에서 서로 동등하다고
느끼는 우정은 활력의 전제조건

칼과 애런은 코로나19 팬데믹이 한창일 때 어린 아들을 데리고 대도시를 떠나 작은 마을로 이사했다. 인생에서 새로운 단계를 시작하고 싶었기 때문이다. 그렇다고 생활을 완전히 바꾸지는 않아도 되었다. 직장을 옮길 필요도 없었다. 둘 다 새집에서 출퇴근하거나 재택근무를 할 수 있었기 때문이다. 새내기 부모인 두 사람은 아들이 친구를 사귈 수 있겠다는 생각에 신이 났다. 부부는 아들을 유아차에 태우고 동네를 오래 산책하기 시작했다. 그러고는 몇 주 뒤 뭔가를 눈치챘다.

그들이 다가가면 사람들은 길을 건너 피했다. 처음에 그들은 웃어넘겼다. "맙소사, 여기 사람들 게이 정말 싫어하나 봐, 그렇지?" 하지만 부부는 곰곰이 생각한 끝에 마을 사람들은 꽤나 자유롭고 개방적이지만 단지 동성애라는 새로운 질병이 너무 두려운 나머지 글자 그대로든 비유적으로든 새로운 사람은 다 피하는 것이 아닐까 의심하기 시작했다.

그래도 그들은 외롭고 혼란스러웠다. 솔직히 핵가족 단위에 조금 신물이 났다. 짐작하다시피 두 사람은 공허했다. 사랑하는 이들을 모두 남겨두고 이곳으로 이사 온 것이 실수였을까?

다행히 몇 년 전 교외로 이사한 도시 친구가 있어 그 인연을 통해 새로운 마을에서의 삶을 엮어나갈 수 있었다. 둘 중 좀 더 외향적인 칼은 학교가 다시 문을 열자 학부모회와 몇몇 지역 위원회에 합류했다. 그러자 곧 자신을 되찾은 듯했다. 애런은 조용한 웃음과 부드러운 재치로 아들의 새 어린이집 친구 부모들과 알아가기 시작했다. 일단 그를 알고 나면 동네 사람 모두는 아니지만 많은 사람이 그를 좋아했다. 몇 년이 지난 지금 두 사람 주변에는 밤에 둘이 함께 외출할 때 아이를 봐달라고 부탁하거나, 멀리 여행 갈 때 나이 들고 아픈 개를 돌봐달라고 부탁할 수 있는 이웃, 곧 두 사람이 오는 모습을 보고 절대 그들을 피해 길을 건너가지 않는 이웃들이 있다.

의미 있는 연결을 만드는 데는 시간이 걸렸지만, 마침내 관계를 맺자 모든 것이 바뀌었다. 두 사람 모두 가족과는 멀리 떨어져 있어도 보살핌을 받고 공동체라는 조직의 일부가 되었다고 느꼈다.

친구와 우정은 다르다

친구란 무엇일까? 관계를 따스하고 신뢰감 넘치게 만드는 것은 무엇일까? 페이스북 친구, 스냅챗 친구, 인스타그램 팔로어, 틱톡 팔로어를 만들며 상호연결이 늘어나는 이 시대에 왜 많은 사람이 의미 있는 관계를 맺기 어려워할까? 온라인에서 만날 곳이 점점 늘어나는 것이 현실에서의 만남을 줄이는 주된 요소일까? 많은 사람은 이런 현상을 다음과 같이 설명한다. 우리는 친구와 우정을 혼동한다. 친구를 만나면 기분 좋지만, 사실 살아가는 데 진짜 필요한 것은 우정이다.

C. S. 루이스C. S. Lewis는 저서 《네 가지 사랑The Four Loves》에서 우정에 관해 조금 놀라운 사례를 제시했다. 우정은 인간의 유대감 가운데 가장 흔치 않고 심오하며, 개와 주인 사이에서 샘솟는 느낌 같은 자연스러운 애정보다 우위에 있다. 에로스eros는 가장 열정적이면서 불안정하기 쉬운 관계이고, 아가페agape는 가족 또는 우리가 사심 없이 사랑하기로 한 사람들 사이에서 흔히 볼 수 있는 무조건적 사랑이다. 루이스는 이렇게 썼다. "내 친구들에게는 다른 친구만이 온전히 끌어낼 수 있는 무언가가 있다. 나 혼자서는 그 사람이 온전히 발휘되도록 만들 수 없다. 그의 모든 면을 완전히 드러내려면 나 말고 다른 사람의 빛도 필요하다."[1]

사회적 연결은 아주 구체적인 요구에 부응해야 이루어진다. 관심사, 취미, 가치관을 공유하는 일은 생각보다 중요하지 않다. 같은 책을 좋아하면 대화가 술술 풀리지만, 대화를 쉽게 시작한다고 해서 좋은 우정이 시작되리라는 보장은 없다. 사실 공통점이 너무 많아도 서로에게서 배우기 어렵다.

진정한 우정은 양쪽이 자유롭게 (그리고 점수를 매기지 않고) 주고받는 상호관계에 달려 있다. 다른 사람이 자기 곁에 있어주는 것보다 자기가 다른 사람 곁에 있어주는 것을 더 편하게 느끼는 사람도 있다. 자신의 가장 내밀한 욕구와 어려움을 공유하려면 그저 도움을 주는 경청자가 되는 것 이상으로 큰 노력을 기울여야 할 수도 있다. 하지만 진정한 친밀감을 형성하는 일은 양방향이어야 한다. 루이스의 말처럼 우정은 "한 사람이 다른 사람에게 '뭐야, 너도? 난 그런 사람은 나밖에 없다고 생각했는데……'라고 말하는 순간 비로소 시작된다".

활력을 얻으려면 사회적 관계에서 서로 동등하다고 느껴야 한다. 사실 많은 관계는 사회적 지위가 서로 다른 상황에서 맺어진다. 부모와 자녀는 동등하지 않다. (자식이 성인이 되어서도 부모와 친구가 되는 것이 아주 건강한 목표는 아니라고 말하는 사람도 있다.) 직원은 상사나 관리자와 동등하지 않다. 우리는 모두 삶의 여러 영역에서 권력과 지위가 서로 다르다. 이렇게 불평등하면 상대방에게 '너는 여기에 속하지 않아'라든가 '내가 윗사람이야'라는 메시지를 줄 수 있다. 하지만 '나는 너를 이해하고 너는 여기에 속해 있어, 우리는 동등해'라는 메시지를 보낼 수도 있다.

평등과 상호주의를 바탕으로 한 진정한 우정은 갈등 상황에서도 공감하고 이해하고 협력하고 타협하는 의지, 기술, 능력에 달려 있다. 당신이 어려움을 겪을 때 당신을 잘 아는 사람이라면 당신에게 재빠른 공감이나 쉬운 해결책 이상의 무언가가 필요하다는 사실을 안다. 그리고 당신을 어떻게 도와야 할지 잘 모르겠다면 당신에게 물어볼 것이다. 자기 집에 있지 않아도 함께 있으면 자신의 집에 있는 것처럼 편안하게 느낀다.

당연히 우정도 양보다 질이다.

그렇다면 현실에서 감정적인 친밀함과 만족스러운 우정은 어떻게 비슷해 보일까?

친구 오늘 회사에서 무슨 일 있었어? 진짜, 나도. 상사가 완전 짜증나게 말하잖아.

우정 오늘 회사에서 무슨 일 있었어? 힘들었겠다. 사실 나도 그래. 우리 어디 가서 한잔하며 얘기 좀 할까?

친구 네 아들 오늘 정학당했다고? 우리 아들도 고등학교 때 몇 번 정학 받았는데 별일 아냐. 괜찮아질 거야.

우정 네 아들 오늘 정학당했다고? 세상에, 너희 엄청나게 스트레스받았겠다. 어떻게 된 일인지 얘기 좀 해봐.

친구 오늘 어머니가 넘어져서 병원 가셨다고? 큰일이네. 어머니 괜찮으셔?

우정 오늘 어머니가 넘어져서 병원 가셨다고? 큰일이네. 어머니 뵈러 갈 거면 내가 태워다줄까? 너 바쁠 텐데 내가 뭐 좀 도와줄까? 너희 가족 먹을 것 좀 병원으로 사다줄까?

재미있고 좋은 친구가 있다는 것은 좋은 일이다. 누구나 그런 친구가 필요하다. 그리고 위 대화 중 친구의 답변도 문제는 없다. 때로 지금 당장 필요한 대답은 그런 말일 수도 있다. 하지만 인간인 우리는 더 많은 것을 주는 친구, 곧 나를 있는 그대로 바라보고 내게 가장 필요한 방식으로 나를 지지해주는 우정도 필요하다.

실천 계획 양보다 질에 초점을 맞추자. 인생은 혼자서 살아갈 수 없다는 신호를 수없이 주지만, 우리는 '일상의 해야 할 일'에 너무 시간을 쏟는 바람에 의미 있는 관계를 뒷전으로 미루는 경우가 많다. 주변에 친밀한 우정을 유지하거나 가까워질 수 있는 사람이 많아도 시간을 바라보는 관점을 바꾸지 않으면 그 우정에 충분히 감사하지 못한다. 인생 선배들의 가르침대로 시간이 '넉넉하다'에서 '부족하다'로 관점을 바꾸면 이런 관계가 실제로 얼마나 소중한지 깨닫게 된다. 이처럼 의미 있는 연결을 우선시하는 변화는 우리가 크게 아플 때나 좋은 이웃, 친구, 동료와의 관계를 키웠던 곳을 떠나려 할 때에도 일어난다.

가벼운 관계를 늘리는 것도 괜찮은 생각이다. 사실 이런 생각에도 다양한 이유와 동기가 있다. 전문적인 네트워킹을 쌓고 싶을 수도, 트위터(현 X) 스레드를 보고 깔깔 웃고 싶을 수도 있다. 하지만 그저 바쁘고 인기 있다는 느낌을 얻으려고 사회적 만남을 맺어서는 안 된다. 활력으로 나아가는 데 필요하고 정서적으로 만족스러운 관계를 맺으려면 마음의 여유와 시간을 확보하고 정신적 에너지를 키워야 한다.

소속감은 인간적 존엄의 전제다

10년 전쯤 영국에서 활력에 관해 강연한 적이 있다. 질의응답 시간에 엉뚱한 질문이 들어왔다. "박사님, '지옥의 천사들' 회원들은 활력 있다고 생각하시나요?"

지옥의 천사들Hell's Angels은 스스로 오토바이 '동호회'라고 부르지만 운영방식을 보면 사실 폭력배 무리에 가까웠다. 이들은 마약 밀수부터 암살 같은 불법 활동에 연루되어 있다고 알려졌다. 강연 참가자의 질문을 받고 나는 다른 흥미로운 의문이 떠올랐다. 관습을 벗어나 때로 불법적인 행동을 하는 공동체에 속해도 활력을 얻을 수 있을까?

신생아를 키우는 엄마, 사회적으로 불안한 청소년, 독거노인뿐만 아니라 다른 수많은 사람에게도 사회적 연결은 거저 주어지지 않는다. 따스하고 신뢰하는 관계는 아주 중요하므로, 그런 관계를 쉽게 얻지 못하는 사람은 연결 비슷한 관계라도 얻기 위해 노력할 것이다. 사회적 규범을 해치거나 심지어 법을 위반하는 모임이라도 그 일원이 되어 자신이 어딘가에 속해 있다고 느끼고, 세상에 이바지할 만한 무언가가 있으며, 보호받고, 더 이상 혼자가 아니라고 느낀다면 말이다.

'지옥의 천사들'이나 야쿠자, MS-13 갱단, 마피아 같은 폭력배 집단은 전 세계 많은 도시와 국가, 심지어 아주 부유한 나라에도 분명 존재한다. 이런 집단은 폭력배 무리에 소속된 사람은 물론 공동체에도 심각한 문제를 일으킨다.[2] 그렇다면 그런 단체를 무엇이라 부르든, 왜 많은 젊은이가 그런 모임에 가입할까?

폭력배 집단은 주로 남성 청소년이나 청년으로 구성되며, 상징이나 특별한 소통방식을 이용해 의사소통하고 불법 활동에 관여한다. 이들은 특정 구역이나 지역에서 일정 기간 존재하며 활동한다. 폭력배 집단을 이렇게 정의한다면 불법적이라는 점만 빼면 리틀야구단이나 보이스카우트와 크게 달라 보이지 않는다. 그렇지 않은가? 인간으로서 우리는 인간다운 연결을 갈망하게 되어 있다. 그런 연결을 찾기 위해 우리가 어디까지 나아갈 수 있는지 살펴보아도 전혀 놀랍지 않을 것이다. 아마 동네 리틀 야구단과 폭력배 집단을 가르는 유일한 차이점은 폭력배들이 일상적으로 범죄 행위에 가담하고 목적 달성을 위해 협박이나 폭력을 이용한다는 사실뿐일지도 모른다.

우리는 모두 가족, 이웃, 사회단체 같은 사회적 구성 단위에 속해 있다. 이런 집단은 소속감뿐 아니라 보호받고 안전하다는 느낌도 준다. 보호받고 안전하다는 느낌을 받지 못하는 세상에서는 활력을 얻기 힘들다. 신체적 안전은 건강한 애착과 진정한 연결을 얻기 위한 전제조건이다. 안전을 당연하게 여기는 사람이 많지만 사실 모두가 안전하지는 않다. 안전과 보안이 기본 요구사항인 데는 이유가 있다.

하지만 다른 안전도 신체적 안전만큼 중요하다. 소속되고 받아들여진다는 느낌을 얻으려면 심리적으로 안정되어야 한다. 정서적으로 안전하면 마음의 평화를 얻어 자신의 감정을 타인과 자유롭게 공유할 수 있다. 이런 안전을 바탕으로 이룬 사회적 안전 속에서 비로소 우리는 사회에 기여할 수 있다고 느낀다.

인류가 진화해온 수백만 년 동안 우리의 생존은 여러 가지 안전을 확보하는 데 달려 있었다. 인간은 역사적으로 서배스천 융거Sebastian Junger가 저서《부족Tribe》에서 자세히 설명한 수렵·채집 단위의 유용하고 가치 있는 구성원이 되어 신체적·심리적 안전감을 얻었다. 수렵·채집인이라는 부족 본성은 인간의 신체적·사회적 DNA의 일부로 남아 집단에 속함으로써 얻는 사회적 연결감이 꼭 필요하다는 아주 기본적인 교훈을 준다. 성가대에서 폭력배 집단까지 모든 단체가 이런 집단이 될 수 있다. 꼭 조직적인 집단일 필요는 없다. 브루클린에 사는 젊은 엄마들이든, 55세 이상 노년을 위한 애리조나 생활 공동체에 거주하는 은퇴자들이든, '지옥의 천사들' 회원이든, 친밀하고 끈끈한 친구 집단이라면 모두 같은 혜택을 얻을 수 있다.

오랫동안 의심스럽고 불법적인 수단을 이용해 사회적 지위, 권력, 돈을 얻어온 이도 많다. 좋은 학교나 괜찮은 이웃 같은 합법적인 사회적 수단을 통해 활력을 얻을 접근성과 기회가 부족한 사람에게도 여전히 활력을 얻고 싶은 인간적인 의지가 있다고 주장할지도 모른다. 친밀하고 (여러 의미로) 안전한 관계를 맺지 못한 사람은 폭력배 같은 집단에 가담할 가능성이 더 높다. 우리가 얼마나 연결을 갈망하는지 쉽게 보여주는 사례다. 어떤 공동체에 속하든,

공동체의 일원이 되는 소속감은 인간적 존엄을 얻으려는 투쟁에서 반드시 필요하다.

소속되고 싶다는 갈망

우리 모두 소속감을 얻으려 애쓴다. 주변 사람이 나보다 더 똑똑하고, 더 강하고, 더 빠르고, 더 낫고, 더 효율적으로 살아가는 것 같다면 그들과 내가 동등하다고 느끼기 힘들다. 이런 생각이 들면 소속감을 느끼지 못한다.

이런 분투는 어릴 때부터 시작된다. 인종이나 문화에 상관없이 모든 유아는 심리학자들이 '효능동기effectance motivation'라 부르는 주변 환경에 영향을 끼치려는 욕구를 드러낸다. 이런 욕구는 성인이 되면서 사회에 공헌할 수 있는 역량과 유용한 기술을 개발하려는 욕구로 발전한다. 인종차별, 성차별, 동성애 혐오, 학대를 비롯한 수많은 생생한 트라우마는 효능감을 얻으려는 내적 동기에 맞추어 행동할 능력이 발달하지 못하도록 부정하고 억제한다.[3]

나도 비슷한 일을 겪었다. 나는 어렸을 때 버려졌고 의존증에 시달렸으며, 신체적·정서적으로 학대받으며 끔찍하리만치 제 기능을 못 하는 어린 시절을 보냈다. 학교생활도 엉망이어서 정학당하거나 낙제하는 일이 다반사였다. 그러다 열두 살에 조부모에게 입양된 뒤 내 인생은 완전히 달라졌다.

갑자기 나는 조부모님의 사랑과 보호를 받으며 평화롭고 안전한 환경에서 살게 되었다. 하룻밤 새에 합창단, 풋볼팀 쿼터백, 학급대표로 활동하는 우등생이 되었다. 난생처음 진짜 친구가 생겼다. 나는 사랑받았고, 안전한 집에 살았고, 세상에서 더 이상 혼자가 아니었다.

방금 쓴 문장을 보면, 내가 환경이 달라지면 지금의 모습과 미래의 모습을 더 나은 방향으로 바꿀 수 있다고 믿는 사회학자가 된 것도 어쩌면 당연해 보인다. 우리는 자신이 '뿌리내린' 곳에서 활력을 얻기도 하지만, 때로는 활력을 누릴 수 있는 더 나은 곳에 다시 뿌리내려야 할 수도 있다. 만사에 시들해진 것을 절대 자기 탓으로만 돌리지는 마라.

고등학교를 졸업할 무렵 나는 우리 반 53명 중 대학에 진학하기로 한 단 세 명 중 한 명이었다. 나는 우리 가족 중에서 대학에 처음으로 진학한 1세대 학생이었다. 하지만 나는 평등하다는 감각, 기본적으로 어딘가에 소속되어 있다는 감각을 내면화하기 어려웠고, 그런 상태는 평생 이어졌다.

나는 고등학교 시절에 대학 진학 준비를 거의 하지 못했다. 위스콘신 스리레이크스 출신 가운데 대학에 진학한 사람이 드물었기 때문이다. 대학 1학년 시기는 재앙이었다. 2학년 때는 (학점 평균이 2.01점인 C 학점으로) 거의 학사경고를 받을 수준이었다. 기본적인 에세이도 쓸 줄 몰랐고, 조교의 도움을 받아 기초영어 과목 에세이를 계속 다시 써내도 교수님을 만족시킬 수 없었다.

그해 말 나는 기초영어 수업에서 대학 성적 중 가장 낮은 D−를 받았다. 학기 말 영어 교수님이 나를 불러 어찌 보면 현명한 조언을 해주셨다. "코리, 넌 이곳에 어울리지 않는 것 같아." 교수님은 자기도 모르게 어린 시절 트라우마가 내게 심어준 핵심 믿음을 건드렸다. 넌 이곳에 속하지 않고, 이곳도 너를 원하지 않고, 우리는 동등하지 않아. 교수님은 내 존재를 부정했다. 그 말이 뼛속까지 꽂혔다.

트라우마는 내게 분노도 심어줬다. 교수님이 내가 이곳에 맞지 않는 것 같다고 말한 순간, 그 교수와 온 세상을 향해 그런 생각은 틀렸다는 사실을 증명하고 싶다는 열망이 활활 타올랐다. 그 동기는 평생 이어졌다. 트라우마가 나를 쓰러뜨리게 놔두고 싶지 않았다. 나는 날마다 이 주문을 외웠다. "넌 나를 때려눕힐 수 없어. 넌 나를 이길 수 없어."

치열한 분노는 도움이 되었다. 시작은 힘겨웠지만 나는 대학을 우등으로 졸업하고 당시 세계 최고의 사회학 대학원이 있는 위스콘신대학교 매디슨캠퍼스에 입학했다. 5년 만에 박사학위를 따고 사회적 웰빙을 다룬 논문을 발표했다.

우리가 동등하지 않다는 생각, 아무도 나를 동등하게 여기지 않으리라는 생각에 힘입어 나는 공부와 연구에 매진할 수 있었다. 다른 사람도 나와 같은 어려움을 겪고, 같은 것을 갈망하는지 알고 싶었다. 예컨대 사회에 더욱 통합되고, 타인을 더 받아들이고, 사회에 의미 있는 기여를 하며, 주변 사회에서 일어나는 일을 더 잘 이해하고 싶은지 궁금했다. 나는 인생에서 내가 더 바라는 것을 연구하고 있었다.

1세대 대학생이 되는 데 성공해도 사회적으로는 낯선 위치에 놓인다. 심지어 자신의 성공에 스스로도 놀랄 만큼 만족하더라도 두 세계 사이에 갇힌 기분이 든다. 내가 자란 곳 사람들은 내가 너무 변해서 함께 어린 시절을 보내던 그 시절의 내가 아니라며 결코 고향에 돌아갈 수 없게 만든다. 사회적으로 신분이 상승했다는 사실을 증명하지 않고는 고향에 돌아갈 수 없다. 원망의 표적이 될 수도 있다. 더 이상 내가 자란 곳에서 받아들여지지 못한다고 느낀다.

이와 동시에 내가 획득한 새로운 사회 계층에도 속하지 못한다. 그들처럼 말하고 걷지만, 내 태생이 어딘지를 결코 잊을 수 없다는 말도 있지 않은가. 아무리 노력해도 나는 지금 이곳에 그다지 어울리지 않는다는 미묘한 메시지를 계속 받는다.

연결을 통해 소외감 이겨내기

사회적으로 두 세계 사이에 끼어 있다는 느낌 때문에 오늘날 많은 이가 사회적 연결을 맺는 일을 더욱 어려워한다. 미국에서는 작은 시골 마을이 사라지면서 비슷한 어려움이 시작되기도 한다. 오늘날 전 세계의 많은 사람이 인구밀도 높은 도심 지역에 거주한다. 얼마 전까지만 해도 사람들은 농촌과 도시에 비교적 고르게 분포

되어 살았다. 도시화는 내가 어릴 적부터 시작되었고, 위스콘신주의 작은 마을 스리레이크스에서도 어릴 적 내가 누리던 삶은 천천히 사라지고 있었다. 스리레이크스는 다행히도 세계에서 가장 큰 담수호가 있는 인기 있는 휴양지였다. 시카고, 밀워키, 매디슨에 사는 부유한 가족들의 별장이 호수 근처에 있는 덕분에 우리 마을은 살아남아 번창할 수 있었다. 하지만 모든 소도시가 운 좋게도 이런 천연자원을 이용해 도시를 지킬 수 있는 것은 아니다. 많은 소도시가 서서히 소멸하고 있다.

할머니가 돌아가시고 몇 년 뒤, 나는 아내와 장인 장모를 모시고 위스콘신 북부에서 휴가를 보냈다. 나는 장인 장모에게 내가 자란 곳을 보고 싶으신지 물었다. 우리는 경로를 바꿔 스리레이크스로 향했고, 내가 자란 이동식 주택 부지인 레이크테라스로 갔다. 조부모님의 이동식 주택은 사라지고 없었다. 놀랍고 당황스러웠다. 움푹 팬 땅에 이동식 주택을 설치했던 기초만 덩그러니 남아 있을 뿐이었다. 몇 년 동안 조부모님이 애정으로 보살핀 나무와 관목, 꽃들은 다 죽어 있었다.

이동식 주택이란 말 그대로 영구적인 고정물과는 거리가 멀기 때문에 그곳을 찾아간 것은 바보 같은 일로 보일지도 모르겠다. 하지만 나는 길을 잃고 세상과 단절되어 방황하는 기분이었다. 찾아가볼 집이 사라진 고향은 더는 예전의 고향이 아니다. 지금도 나는 그때 그 광경을 보지 않았더라면 좋았을 텐데 하고 생각한다. 가장 좋았던 어린 시절 기억으로 남아 있는 그 집에서 지금은 다른 사람들이 서로를 아끼며 자라나고 있으리라 믿으며 옛 기억을 품고 사는 편이 더 나았을지도 모른다.

소속 허가를 기다리며

나는 평생 많은 사람이 나를 쓰레기로 여겼다는 사실을 잊으려 애썼다. 우리가 '하찮게' 여기는 사람을 지칭하는 용어는 수없이 많지만, 여기에 일일이 나열해서 그 말이 이미 쥔 권력에 힘을 보태지는 않겠다. 이런 '파괴적인 말'은 자존심과 존엄에 영향을 끼친다. 그런 메시지는 우리가 어디에도 속하지 못한다고 느끼게 만들어 무의식적으로 소속 허가를 기다리게 한다. 그런 외부의 메시지를 내면화해 다른 사람이 이기도록 내버려두어서는 안 된다.

조부모님께서 내가 소중한 존재라는 사실을 알려주시지 않았다면 내 어린 시절이 얼마나 더 힘들었을지 상상하기도 싫다. 경력을 시작하고 몇 년 뒤 나는 다행스럽게도 조부모님을 만난 것과 비슷한 일을 겪었다. 대학원 시절 멘토이자 내가 깊이 존경하는 교수님이 나에게서 당신 모습을 보았다고 말씀하셨다. 나는 그 말에 감동했다. 우리의 배경이나 업적, 대중에게서 받는 찬사는 크게 달랐지만 언젠가 내가 교수님과 비슷해지면 나 역시 그분에게서 내 모습을 볼 수 있으리라 느꼈다. 그리고 어쩌면 나도 나와 비슷한 학생들에게 우리가 평등하고 다른 사람이 그들을 중요하게 생각한다고 느끼게 해줘서 그들의 삶을 바꿀 수 있을 것 같았다. 인생을 뒤흔드는 경험이었다.

특히 어린 시절에 자신이 주변인이라는 메시지를 받으면 성인이 되어서도 자기서사가 왜곡될 수 있다. 결코 어딘가에 소속되지 못한다고 믿으면 뇌는 무의식적으로 이를 뒷받침할 증거를 찾는다. 예를 들어 친구가 너무 짧은 문자를 보내면 부정적으로 해석한다. 내가 경계심을 풀면 다른 사람들이 나를 받아들이리라는 사실을 결코 믿지 못한다. 브레네 브라운Brené Brown은《진정한 나로 살아갈 용기Braving the Wilderness》에서 이렇게 썼다. "다른 사람들과 함께 있으면서 외롭다고 느끼는 것보다 더 외로운 일은 없다." 운이 좋다면 우리 교수님 같은 분이 벽을 깨부수고 당신 안의 무언가를 바꿔줄 수도 있다. 그러려면 자신이 존엄과 존경을 받을 만한 자격이 없는 사람이라는 잘못된 믿음에 맞서고, 자신을 조건 없이 사랑하고 수용하며, 깊은 내면의 작업을 시작해 근본적으로 자신이 가치 있고 평등하다는 자기서사를 구축해야 한다.

실천 계획 시간을 들여 내면의 대화에 진심으로 귀 기울이고 바깥에서 오는 메시지 중에서 도로 밖으로 흘려보내야 할 것을 구분하자. 당신에게 사랑한다고 말하고 행동으로 그런 사랑을 보여주는 사람들의 마음이 진심이라는 사실을 가능한 한 자주 떠올리자. 좋은 일이 있든 나쁜 일이 있든 나를 받아줄 사람이 있다는 점을 기억하고, 재미있거나 호감 가는 사람처럼 사회적으로 '연기'할 필요는 없다는 사실을 깨닫고 마음을 편하게 갖자. 상처받았다면 친구들이 내 마음을 읽어줄 때까지 그냥 기다리지 말자. 먼저 도움을 청하고 다음에는 내가 도와주자.

우리 모두가 동등하다는 메시지

우리는 흔히 소속감이라는 특권을 너무나 당연하게 여긴다. 하지만 소속되었다고 느끼지 못하거나 사회·경제적 지위, 교육, 업무 경험이 부족한 채로 일해야 하는 사람도 있다. 계급이 높고 권력을 쥔 사람은 그런 사람과 만날 때 서로 평등하다는 메시지를 전할 수 있다. 순전히 운이 좋아 괜찮은 곳에서 태어났든 불운해서 좋지 않은 곳에서 태어났든, 환경은 의미 있는 관계를 얼마나 쉽게 맺을 수 있는지, 관계를 형성하는 데 시간·학습·노력을 얼마나 들여야 하는지에 큰 영향을 끼친다.

스웨덴에서 많은 시간을 보내는 한 친구는 그곳에 다녀올 때면 사회적 차이가 너무 커서 충격을 받는다고 한다. 스웨덴에서는 아이들이 선생님을 그냥 이름으로 부르고, 어린아이들도 부모님의 친구를 대할 때 조심스러워하거나 우리가 흔히 기대하는 공경심 같은 것을 보이지 않고 스스럼없이 대한다고 한다. 처음 그런 모습을 본 친구는 몹시 놀랐다. 스웨덴 아이들은 어른을 공경하지 않는 걸까?

하지만 그는 곧 스웨덴 사람들이 전인적이고 평등한 생활방식과 사회 정책을 통해 모두가 평등하다는 메시지를 강조하는 이유가 바로 여기에 있다는 사실을 깨달았다. 예를 들어 스웨덴에서는 점심 모임이 흔해 시내 인기 있는 식당에 가면 항상 자리가 꽉 차 있다. 한 테이블에는 고급스러운 정장 차림의 남녀가, 그 옆에는 일상복 차림의 은퇴한 부부가, 바로 건너편에는 반사 조끼를 입은 공사장 인부들이 그날 점심식사에 대해 비슷한 기대를 하며 같은 곳을 찾아온다. 스웨덴에서는 이처럼 배경이나 직업, 삶의 단계가 서로 다른 사람들이 뒤섞이는 현상이 어디에나 존재한다. 이곳 사람들은 서로 평등하다는 기대가 결코 타협하지 않을 존중의 한 형태라는 사실을 깨달은 듯하다. 이런 가정이 그들의 사회적 관계를 이루는 토대다. 내 친구에 따르면 스웨덴 사람들은 모두 그런 가정의 수혜자다.

실천 계획 첫째, 바라보자. 당신의 시각을 넓혀보라. 나와 외모나 행동이 다르거나 전혀 다른 곳에서 온 사람도 제대로 바라보자. 둘째, 생각하자. 다른 사람의 요구가 내 요구와 많이 다르더라도 어떻게 하면 그들이 더 좋은 하루를 만들도록 도와줄 수 있을지 생각해보자. 어떻게 하면 내가 여기 존재하고 우리가 동등하며, 지금 이 순간 내가 상대방을 이해한다고 느끼게 할 수 있을까? 셋째, 행동하자. 그냥 해보자. 가장 힘들었던 순간에 진정한 친구가 내게 무엇을 해주기를 바랐는지 상상해보고 그대로 해주자. 친구가 슬플 때

캐서롤 요리를 만들어줄 수도 있고, 저녁에 함께 조용히 산책하자고 제안할 수도 있다. 말없이 든든하게 지원해준다는 느낌은 그 어떤 것에도 비할 수 없다.

내가 누군가에게 중요하다는 '대인존재감'

대학원 시절 멘토였던 지도교수님은 나에게서 당신의 모습을 보았다고 말씀해주시며 내 삶을 완전히 바꾸었다. 그 말과 친절한 관심은 내가 그분에게만이 아니라 궁극적으로 우리가 함께 하는 일에서도 내가 중요한 존재라는 사실을 알려줬다. 내가 누군가에게 중요한 사람이라는 대인존재감은 매우 중요하다.

사회학적 관점에서 '대인존재감mattering'은 '사회적 기여'라는 활력 요소에서 중요한 부분이다. '대인존재감이 있다matter'라는 것은 타인과 세상에 중요하고 가치 있는 무언가에 이바지하며 산다는 것이다. 개미 군락에서 벌집, 늑대나 코끼리 무리에 이르기까지 모든 사회적 생물에게는 그들 집단의 일원으로서 그들의 사회에 이바지할 고유한 임무가 있다.

대인존재감을 측정하는 척도는 다섯 가지 문항으로 구성된다.[4] 각 항목은 타인과 진정으로 연결된다는 것의 핵심 의미를 다룬다.

1. 사람들이 당신에게 의존하는가?

2. 사람들이 당신의 말에 귀 기울이는가?

3. 사람들이 당신에게 관심을 갖는다고 느끼는가?

4. 자신이 타인의 삶에 중요한 부분이라고 느끼는가?

5. 당신이 갑자기 죽으면 다른 사람들이 당신을 그리워할 것 같은가?

대인존재감 척도를 개발한 연구자들은 특히 어린이와 은퇴 전 성인이라는 두 집단이 대인존재감을 가장 잘 누리는 경향이 있다고 지적했다. 어린이는 자신이 세상의 중심이거나 적어도 그와 비슷하다고 생각하기 때문이다. 또한 부모, 배우자, 직원 역할을 하는 대부분의 중년 성인은 타인에게 책임감을 느끼고 자신과 타인의 삶이 제대로 기능하도록 해야 할 의무가 있다고 생각한다.[5]

하지만 같은 이유로 청년과 중장년은 일종의 충격에 빠진다. 청소년이 청년이 되면 자신이 더 이상 세상의 중심이라고 느끼지 못한다. 은퇴한 성인은 일 이외의 영역에서 대인존재감을 나타낼 새로운 방법을 찾아야 하며, 그러지 못하면 자신이 중요하게 여겨졌던 삶의 일부가 끝났다는 불안한 사실에 직면할 수도 있다.

많은 사람은 가족과 직장이 대인존재감의 중요한 원천이라고 느낀다. 가정에서 관심의 중심이 되거나 집이나 직장에서 일이 제대로 돌아가게 하는 책임을 맡았을 때는 그렇다. 하지만 그 반대의 경우도 쉽게 상상할 수 있다. 가족과 직장이 나를 중요하지 않다고 여기고 평가절하하며 보이지 않는 존재로 느껴지게 만들기도 한다.

세상이 나를 중요하게 여기지 않는다고 느낄 때, 다시 말해 오랫동안 정서적으로 무시받았거나 최근 늘어나는 노숙자처럼 소외된 집단에 속하면 요크대학교 심리학 교수 고든 플레트Gordon Flett의 말처럼 "외로우면서 자신을 하찮게 느끼는 '이중 위기double jeopardy'"에 취약해진다. 건강과 웰빙에서 '반反대인존재감antimattering'의 역할을 오랫동안 연구한 플레트와 동료들은 이런 감각이 낮은 자존감뿐만 아니라 낮은 외향성, 자기효능감 감소, 자기관리를 하지 못하거나 꺼림, 신경증 및 불안정애착의 증가와 어떤 연관이 있는지 찾으려 했다.

플레트는 2021년 연구에서 대인존재감을 느끼지 못하는 사람은 "'나는 주목받을 가치가 없다'라거나 '내 목소리를 낼 가치가 없다' 같은 생각을 내면화하고 자신을 향한 타인의 부정적 대응이나 반응에 취약해져 과민 반응할 우려가 있으며, 이에 따라 방어적 동기를 지향하고 부정적 상호작용으로부터 보호받고 싶어한다"라는 사실을 발견했다.[6]

다시 말해 대인존재감이 부족하면 고립된다. 외롭다는 감각은 점차 스스로 자란다. 내가 만든 벽은 무너져야 할 바로 그 순간에 오히려 더 높아진다. 자신이 중요하지 않다고 느끼면 사회에 공헌한다고 여기게 해주는 활동을 그만둔다. 다른 사람에게 유용하지 않은 사람이 되면 자신이 중요하지 않다고 느낀다. 이 연구에서 발견한 대인존재감과 외로움의 상관관계는 강력했다. 대인존재감이 늘어나면 외로움이 줄었다.

내가 다른 사람에게 줄 것이 없다고 느끼는 것보다 더 큰 고통은 없을 것이다. 다른 사람이 그렇게 느끼도록 내버려두거나 그렇게 느끼게 만들 때마다 우리는 그들에게 실패를 안겨주는 셈이다. 세상 누구나 중요하고 유용한 존재가 될 수 있다. 우리는 너무 오랫동안 여성이 돌봄을 도맡도록 방치했다. 이는 부당한 부담일 뿐만 아니라 우리 모두를 빈곤하게 만든다. 연결의 핵심은 누군가가 고통, 실패, 상실을 겪을 때 그가 스스로 할 수 없거나 하지 않으려는 일을 그를 위해 대신 해주는 것이다. 그런 순간에 우리는 친절하게 타인을 배려하고 지지하고 도울 수 있으며, 상호의존이라는 복잡한 그물망에서 자신의 자리를 찾을 수 있다.

실천 계획 어떤 일에 참여하거나 도움을 주려면 허락을 받거나, 요청 또는 초대를 받아야 한다고 생각하는 사람이 많다. 하지만 사실은 그렇지 않다. 도움이 필요한 사람이나 무언가를 발견하면 그저 손을 내밀면 된다. 먼저 그들을 보면 그들도 나를 본다.

한 친구는 어렸을 때 엄마가 들려준 훌륭한 인생 조언을 내게 말해줬다. 친구의 어머니는 저녁식사 때 주방에서 뭐 도울 일이 없는지 묻지 말고 그냥 싱크대로 가서 수세미를 들고 설거지를 하면 된다고 말씀하셨다. 기본적으로 뭘 도와줄지 묻는 것은 모두의 시간을 낭비하는 셈이라는 뜻이었다. 그냥 하면 된다는 것이다. 그냥 뭐든 하면 무언가에 이바지하게 되고, 그 결과 더 거대한 무언가의 일부라고 느끼게 된다.

이 조언을 들으니 고등학교 시절 댄스파티가 떠오른다. 남녀 학생들이 체육관 양 끝에 줄지어 서 있었다. 음악이 흘러나왔지만 아무도 춤추지 않았다. 맞은편에 선 서로를 초조하게 바라보며 누군가 다가와 춤추자고 손을 내밀기를 은근히 바라기만 했다. 대다수 아이는 거절당할까 봐 계속 기다렸다. 그러다 갑자기 한 학생이 체육관을 가로질러 누군가를 향해 걸어갔다. 두 사람은 눈을 마주치고 미소 지으며 다른 친구들에게도 함께 춤추자고 청했다.

다른 사람이 나를 실제보다 덜 좋아한다고 여기는 '호감 격차 liking gap'에 관해 처음 읽었을 때 기억이 난다. 잠깐, 지금까지 아무도 나와 어울리고 싶어하지 않는다고 걱정했는데 알고 보니 사실이 아니었다는 말인가? 그러니 누군가에게 말 그대로든 비유적으로든 함께 춤추자고 권해보자. 우리 모두는 초대받기를 간절히 원한다.

내 사랑의 전당

몇 년 전부터 나는 연구실 한쪽 벽에 '사랑의 전당'을 만들어서 평생 내가 사랑하고 나를 돌봐준 내게 중요한 사람들의 사진을 모아 놓았다. 얼마 전 나는 이 '사랑의 전당' 사진을 찍어 앞서 소개한 사랑하는 옛 대학 은사님께 이메일로 보내드렸다. 교수님은 예나 지금이나 내게 아버지 같은 분이어서 내 '사랑의 전당'에는 그분 사진이 두 장이나 붙어 있다. 브라운 교수님의 별명은 T버드T-Bird(썬더버드Thunderbird)다. 나는 그분을 아버지만큼 사랑한다.

발신: 2022년 7월 1일 금요일 오전 6:43
수신: 윌리엄 T. 브라운 교수님
제목: 중요한 사진 보내드립니다

교수님,
제 인생에 중요한 사람들 사진을 모두 모아 벽에 붙였는데, 그중 교수님 사진이 두 장 있어요. 그 사진을 찍어 보내드립니다.
주말 즐겁게 보내세요. 사랑하는 교수님이 언제나 그립습니다. 필요한 일이 있으시면 무엇이든 꼭 알려주세요. 조앤을 통해 알려주셔도 좋아요. 언제든 달려갈게요.
코리 드림

발신: 2022년 7월 1일 금요일 오후 4:03
수신: 코리 L. 키스
제목: 답) 중요한 사진 보내드립니다
진심으로 감동했다. 매우 감격스럽고 기쁘구나. 조앤과 내게 아낌없는 사랑과 관심을 보내주다니, 너를 생각하면 눈물이 난다.
나는 오랫동안 너를 '가장 좋아하는' 제자라 불렀고, 네 빛나는 경력과 성공을 자랑하며 너를 입양하고 싶다는 이야기를 몇 번이나 했지.

하지만 이건 모든 걸 넘어서는구나. 너의 심성 일부가 내 안의 어딘가를 건드려 나를 본래 모습보다 더 나은 사람이 되게 하고, 삶을 더 풍요롭게 경험하게 해주고, 더 많은 일을 하게 해준단다.

그래서 나도 너를 사랑한다. 과거의 네 모습만큼 지금 네 모습도 말이다. 우리 둘 다 '특별할 것 없는' 것에서 꽤 좋은 결과를 얻지 않았니. 몇 시간의 수업, 책에 끄적인 낙서, 추천서 한 장……. 하지만 운 좋게도 우리는 서로를 만났고, 그 덕분에 우리에게도, 또 다른 사람들에게도 좋은 결과를 가져왔어. 이런 것들은 아마존이나 가게에서 살 수 없는 것들이지!

네 인생에서 '중요한' 사람들의 자리에 나를 붙여줘서 고맙구나. 너도 내게 중요한 사람이란다. '언제든 달려오겠다'는 말도 진심이란 걸 알기에 더더욱 고맙다.

뒤돌아보지 말고 그대로 나아가렴. 무언가가 다가올지도 모르니 말이다(새철 페이지Satchel Paige의 말을 인용해봤다).

올드 T버드와 조앤이 보낸다.

실천 계획 내가 사랑하는 교수님은 벌써 90세다. 교수님이 내 인생에 그토록 소중했다는 말을 전할 수 없게 되는 일도 시간문제다. 그러니 소중한 사람들이 내 인생에 얼마나 중요한지 떠올리고 그런 사실을 전할 기회를 절대 놓치지 말자. 일주일에 한 번 정도 작든 크든 내 삶을 풍요롭게 만들어준 사람들을 떠올리며 감사 일기를 쓰고 그 사람들에게 마음을 전해주자.

다음으로 스스로에 대한 감사 일기를 쓰자. 내가 어떤 다양한 방법으로 다른 사람들이 주목과 관심과 지지를 받는다고 느끼게 만들었는지 떠올려보자. 기다리거나 미루지 말자.

산후시들함: 새내기 엄마의 고군분투

데니스는 스물일곱 살 때 남편과 함께 텍사스주 오스틴에서 힐컨트리의 한적한 교외로 이사했다. 두 사람 모두 원격 근무를 하고 가끔만 출퇴근하는 데다 곧 아기도 태어날 예정이었기 때문에 완벽한 시기 같았다. 도시를 벗어나면 좀 더 여유로운 공간에서 평화롭고 조용한 생활을 누릴 뿐만 아니라 적은 월급으로도 훨씬 편하게 살 수 있을 것이다. 두 사람은 이제 도시를 떠나 새로운 삶의 단계로 나아갈 때가 되었다는 데 합의를 보았다.

하지만 예쁘고 건강하고 사랑스러운 아기가 태어나고 남편이 짧은 육아휴직을 마친 다음 직장에 복귀하자 데니스는 지치기 시작했다. 신생아를 키우는 엄마로서 당연히 겪을 법한 위기 수준의 피로감만 느낀 게 아니라 앞으로 상황이 나아지리라는 희망이 보이지 않았다.

데니스는 출산휴가 동안 일에서 벗어나 다른 새내기 엄마들과 오랫동안 산책하거나 기저귀와 수유 시간에 대한 수다를 떨며 즐겹게 지낼 것이라 상상했다. 하지만 실제로는 대부분의 시간을 아기와 단둘이 보내야 했다. 아직 동네 새내기 엄마들과는 만나지 못했다. '엄마와 나' 요가 수업은 너무 비쌌다. 지역의 작은 공공 도서관에서 실시하는 무료 이야기 시간에는 사람들이 넘쳤지만 다들 아는 사이 같았고 하나같이 데니스에게 눈길을 주지 않았다.

데니스의 가족은 차로 몇 시간 떨어진 곳에 살아서 자주 오지 못했다. 친한 친구들은 여전히 오스틴에 살고 다들 아이가 없어서 그들과 이야기를 나누기는 거의 불가능했다. 친구들이 퇴근 후 놀다가 집에 돌아올 즈음이면 데니스는 잘 준비를 해야 했다. 아침 산책을 하거나 아들이 낮잠을 자는 동안 대화를 나누고 싶어도 친구들은 사무실에서 바쁘게 일하고 있었다. 다른 사람들은 데니스보다 더 좋은 시간을 보내고 있을까? 그가 갈망하던 공동체 의식을 느끼게 해줄 마법 같은 새내기 엄마 친구들은 어디 있을까? 왜 그는 남편과 함께 일군 멋진 가족에서 기쁨을 찾는 삶에 만족하지 못할까?

데니스는 이 시기에 상당히 솔직했다. 그는 의사를 만나 상담했고 산후우울증은 아니라는 말에 고개를 끄덕였다. 아기를 사랑했고 자신이 아기를 해칠지도 모른다는 걱정은 하지 않았다. 통제할수 없을 만큼 펑펑 울지도 않았고 공황 발작도 없었으며, 새내기 엄마로서 임무를 완벽하게 해낼 수 있다고 느꼈다. 하지만 초조하고 공허했다. 단절된 느낌이 들었고 자신에 대해 확신이 없었으며, 어디에도 속하지 못하는 것 같았다. 바쁜 옛 친구들이 있는 오스틴에도, 아기와 단둘이 새집에 고립된 채 지내는 교외에도 속하지 못했다.

내 생각에 우리는 데니스나 수많은 산모가 겪는 어려움에 이름을 붙일 기회를 놓친 것 같다. 그 이름은 바로 '산후시들함postpartum languishing'이다. 실망감과 자기판단은 산후시들함의 특징이다. 새로 태어난 아기와 함께 있는데 왜 나는 행복이나 즐거움, 성취감을 느끼지 못할까? 아기를 충분히 사랑하지 않는 걸까? 내가 뭔가 잘못하고 있나? 산후시들함을 다룬 초기 연구에서는 문화적 각본에 따라 산모가 매우 기뻐해야 하는 이 취약한 전환기를 그들이 무사히 겪어낼 수 있도록 우리 모두가 도와야 한다고 주장한다.

우리에게는 자신이 더 큰 공동체에 속해 있고, 따뜻하고 신뢰할 수 있는 관계를 맺고, 더 큰 사회에 이바지할 수 있다고 믿고 싶은 깊은 욕구가 있다. 하지만 많은 새내기 부모는 자신이 놓인 환경에서 이런 핵심 욕구를 만족시키지 못해 고통받는다.

데니스는 자신과 비슷한 새내기 엄마들을 만나고 싶어했다. 분명 그런 만남은 도움이 되었을 것이다. 하지만 그런 우정은 데니스가 기대했던 것만큼 적절한 시기에 적절한 방식으로 실현되지 못했다. 연결되고 싶다는 희망을 버리지 않았다면 그는 다른 곳에서 희망을 찾을 수 있었을지도 모른다. 자신과 다른 삶을 사는 사람들과 소통할 방법을 찾았다면 완전히 다른 방식으로 타인에게 중요한 사람이 되었다고 느꼈을 수도 있다. 이제 막 회사에서 경력을 쌓기 시작한 젊은 여성을 만났다면 출산휴가 기간 동안 멘토링을 제안할 수도 있고, 자녀가 장성한 다음 지역 도서관에서 자원봉사하는 은퇴한 임원을 만날 수도 있다. 이들도 모두 새롭고 특별한 관계를 찾는 사람들이다.

나와 다른 사람을 찾아서

우리는 흔히 자신과 같은 일을 하는 사람들로 사회적 모임을 제한한다. 하지만 그렇게 하면 배울 수 있는 것이 제한되지 않을까? 최근 나는 70대 후반인 한 남성과 대화하던 중 놀라운 이야기를 들었다. 그 남성은 백인 중상류층이 대부분인 오하이오주 클리블랜드의 한 동네에서 자랐다. 그는 고등학교를 졸업한 다음 이스트코스트에 있는 대학에 진학했고, 다음으로 하버드대학교 경영대학원에 진학했다. 대학원에 들어갔을 때 그는 대학을 갓 졸업한 스물두 살 청년이었다. 가방을 메고 기숙사 방 근처를 어슬렁거리며 망설이다 방문을 살짝 열어보니 화려한 아프리카풍 셔츠를 입은 룸메이트가 침대에 누워 있었다. "여기 내 방인 것 같은데"라고 하니 그 남자가 얼굴을 찌푸리며 대답했다. "나 1인실 요청했는데."

침대에 누워 있던 남자는 같은 클리블랜드 출신이자 자칭 흑인 민족주의자인 서른두 살의 프랭클린 델라노 루스벨트 앤더슨 Franklin Delano Roosevelt Anderson(미국 흑인 지역사회 개척자이자 지도자로 활약한 인물 – 옮긴이)이었다. 그는 당시 클리블랜드에서 가장 빈

민가가 많았던 허프애비뉴 지역 거주자를 지원하는 비영리단체 허프개발공사Hough Development Corporation의 전무이사였다. 프랭클린은 샌프란시스코주립대학교를 겨우 2년 다녔지만 직장 경력이 있어 MBA 프로그램에 합격했다.

출신 도시를 제외하면 두 사람 사이에 공통점이 거의 없어 보였지만, 프랭클린은 전부터 이스트코스트에서 지내던 새 룸메이트가 여자를 만나는 방법에 대해 뭔가 알 거라 기대했다. 두 사람은 함께 저녁식사를 하러 갔다. 알고 보니 지금 76세인 내 친구는 실제로 그날 그곳에서 미래(이자 지금)의 아내가 될 사람을 만났다. 프랭클린은 당연히 1년 뒤인 1970년 두 사람의 결혼식에 초대받았다. 결혼식에 참석한 유일한 흑인이었다. 주변 사람들은 두 사람의 인연이 어떻게 시작되었는지 잘 몰랐겠지만 그들의 우정은 매우 소중했다.

최근 내 동료 한 명도 비슷한 이야기를 들려줬다. 몇 년 전 그는 직장 상사와 매주 사무실 근처 식당에서 점심을 먹었다. 그런데 몇 주 뒤 그는 바에서 노트북에 얼굴을 파묻고 구부정하게 앉아 있는 한 사람도 계속 자기가 흥얼거리는 음악에 맞춰 똑같이 흥얼거린다는 사실을 발견했다.

알고 보니 그는 그 식당의 매니저였다. 그가 틀어놓은 음악은 언제나 훌륭했다. 두 사람은 서로를 소개하자마자 자기들이 같은 종족이라는 사실을 알아차렸다. 한 사람은 코네티컷주 그리니치에서 자랐고 기숙학교에 다녔으며 여름은 부자들이 많이 오는 휴양지 낸터킷에서 보냈다. 다른 한 사람은 뉴저지주 엘리자베스의 매우 가난한 동네에서 자랐고, 가정형편은 믿을 수 없을 만큼 어려워서 평생 상상할 수 없을 정도의 고난을 겪어야 했다. 그런데도 두 사람은 매주 같은 장소에서 점심을 먹으며 같은 음악을 흥얼거렸다. 말 그대로 반대편에 있는 두 사람은 정치·사회 이슈 등 거의 모든 문제를 다른 관점에서 보았다. 하지만 음악 취향만큼은 일치했고, 알고 보니 다른 부분에서도 비슷한 점이 많았다.

내 동료는 몇 년이 지난 지금도 그가 여전히 세상에서 가장 친한 친구라고 말했다. 두 사람은 함께 여행을 다니며 기쁨과 슬픔을 공유했지만 직면한 문제에 관해서는 놀라울 정도로 다른 관점을 보이기도 했다. 왜 그럴까? 두 사람은 대다수 주제를 전혀 다른 렌즈를 통해 보았기 때문이다. 그는 서로가 상대방을 판단하고 싶은 마음이 있었을 것이라고 말했다. 각자의 생활방식 선택, 경력에 관한 결정, 문제해결책, 논쟁에서 내린 결론은 서로 전혀 달랐으니 말이다. 하지만 두 사람은 깊고 변치 않는 존경과 사랑을 바탕으로 상대방의 의견을 들었다. 그들은 서로에게서 배웠다. 함께 이야기 나누거나 때로 논쟁하거나 함께 울기도 하면서 점차 새로운 관점을 받아들이고 세상을 완전히 다른 시각으로 보게 되었다. 서로의 눈을 통해 세상을 보는 법을 배웠기 때문이다.

두 친구가 새로운 인식을 공유하면서 찾은 기쁨은 연구 결과로도 드러난다. 배경이 다른 친구를 사귀면 서로에 대해 더 많이 배우는 것은 물론 세상과 교류하는 방식을 변화시켜 나와 다른 타인을 이해하고, 편견을 없애고, 내 경험과 전혀 다른 관점을 갖는 데 도움이 된다.[7] 연구에 따르면 직장 내 다양성 교육은 타인의 관점을 이해하고 인정하는 '조망수용perspective taking' 능력을 갖는 데 도움이 된다.[8] 이런 관점은 타인을 더욱 포용하고 불평등을 깨닫고 고정관념을 버리는 직장문화를 조성하는 데 핵심이다.

실천 계획 외모나 살아온 배경이 다른 사람에게 마음을 열자. 도예 수업에서 만난 나이 든 여성과 친구가 되어보자. 공원에서 개를 산책시키다 만난 젊은 남성과 대화를 나눠보자. 바에 앉아 있는 사람에게 먼저 말을 걸어보자. 어색할 수도 있다. 처음에는 상대방을 전부 이해하지는 못할 것이다. 당신의 사전에서 '해야 한다'라는 단어를 빼보자. 상호교류에서 '이래야 한다'라거나 어떤 말이나 행동을 '해야 한다'라는 생각을 지워보자. 자신의 모든 개성을 세심하게 다듬어 세상에 내보여야 한다고 생각하면 진이 빠진다. 가끔 균형을 잃어도 좋다는 사실을 기억하자. 그저 내 존재를 드러내고, 마음을 열고, 경청하자.

정서적 지원: 양보다 질

경청은 아주 중요하지만 듣는 기술을 충분히 연습하는 사람은 너무 적다. 하지만 우리는 나이 들며 실제로 변한다. 최근 내가 실시한 한 연구에 따르면 나이 들수록 우리가 주고받는 정서적 지원의 양은 줄어들지만 그 질은 좋아진다. 위기에 처한 친구에게 쓸데없는 조언을 건네거나 비슷한 경험을 이야기하며 고통을 이해하는 척하지 않는다. 이런 행동은 대체로 그 관심을 다시 자신에게로 돌릴 뿐이다. 때로는 끼어들거나 판단하지 않고, 질문하고 주의 깊게 대답을 들어주는 것만으로도 친구에게 최고의 약을 주는 셈이다. 치료사에게 전화하는 친구의 손을 잡아주거나 아무 말도 건네지 않고 따뜻하게 안아주는 것도 도움이 된다. 적극적으로 경청하기, 타인의 관점 받아들이기, 인내하기, 조건 없이 수용하기 등은 모두 우리가 배우고 함양해야 하는 기술이다. 이런 지원은 친밀하고 내밀하며 배려하는 관계의 핵심이다.

우정도 균형이 맞아야 진정한 친밀감을 느낄 수 있다. 서로 공평하게 지원할수록 양쪽 모두 둘 사이의 관계가 더 좋다고 느낀다. 나이 들수록 정서적 지원은 더욱 균형 있게 교환된다.[9] 특히 55세 이후 성인은 관계에서 공평함과 만족감을 더 많이 느낀다고 응답했다.

두 테니스 선수가 아름답고 긴 랠리를 주고받는 것처럼 우리도 무언가를 계속 주고받는다. 감정적 지원을 주고받으면서 대인관계에서 위로·기쁨·소속감·목적·기여·가치·연대감을 더 많이 얻고, 서로 연결되며, 궁극적으로 공정하다는 느낌을 받는다. 더 이상 양과 질을 혼동하지 않는다. 사회적 관계와 교류에서 때로 적은 것이 더 낫다는 진리를 실천한다.

불신 가득한 세상에서 우정 회복하기

원자가 우주 물질의 근간이듯 신뢰는 우리 사회구조의 근간이다. 서로 신뢰하면 더 평화롭게 함께 생활하고 일하고 놀며 관계를 더 수월하게 형성할 수 있다.

하지만 요즘 미국에서는 공정성과 신뢰에 대한 감각이 서서히 약화되는 듯하다. 시민 정치담론이 붕괴하고 제도를 불신하는 것 뿐만 아니라 소득 불평등이 급격히 늘어난 것이 그 이유다. 지난 수십 년 동안 미국에서 소득 불평등이 심화하면서 사회가 더 불행해졌다는 사실이 과학적으로도 분명히 입증되었다.

연구에서는 불평등과 행복이 어떻게 반비례하는지 설명하는 두 가지 요소를 명확하게 지적한다. 소득이 불평등해지면 공정하다는 인식과 신뢰가 떨어지고, 반대로 소득이 평등해지면 공정하다는 인식과 신뢰가 높아진다.[10]

오래전 나는 포스트아파르트헤이트(남아프리카공화국에서 1948년 공식화되었던 인종분리 정책이 공식 폐지된 1994년 이후의 시기 – 옮긴이) 시기에 남아프리카공화국에서 오랫동안 순회 강연을 했다. 프리토리아에서 가장 부유한 지역을 걸어갈 때 나는 철조망을 얹은 까마득히 높은 울타리가 집들을 에워싼 모습을 보고 충격을 받았다. 그런 집은 사나운 경비견이 지키고 있었다. 신문에는 요하네스버그와 프리토리아에서 일어난 차량 탈취 사건 기사가 날마다 실렸다. 물론 탈취 표적은 언제나 부를 과시하는 아주 비싼 자동차였다.

미국의 상황도 별반 다르지 않다. 미국에서도 부유한 집일수록 높은 대문과 울타리로 무장하고 서로 감시하며 산다.[11] 프린스턴대학교 사회학 교수 패트릭 샤키Patrick Sharkey는 이 주제로 훌륭한 연구를 실시했다. 연구에서는 우리가 잘못된 보호감과 안전감으로 소득 불평등의 대가와 비용을 상쇄하려 한다는 사실을 밝혔다. 이 장의 앞부분에서 폭력배 조직에 가입하며 보호감을 얻으려 한 것과 마찬가지다.[12] 부유한 사람도 보호감을 얻으려 애쓰지만 폭력배 조직원처럼 결코 안전을 찾을 수 없다. 그들이 진실로 얻고자 하는 것은 소속감이기 때문이다.

우리는 다시 한번 서로 신뢰하는 법을 배워 사회의 원자를 재건해야 한다. 만족스럽고 의미 있는 사회적 관계를 중시하는 것은 자신만을 위해서도, 삶의 마지막을 준비하기 위해서만도 아니다. 그렇게 할 때 우리는 더 많은 사람이 활력을 얻을 여건을 조성할 수 있다.

7장

영성:
피할 수 없는 인생의 굴곡
받아들이기

언제라도 평온과 유연함을 되찾을 수 있는
내 마음의 베이스캠프 만들기

이번에 소개할 활력 비타민은 종교 또는 영성 수련과 관련이 있다. '난 종교가 없고 신을 믿고 싶지도 않아' '난 영적인 것에 관심 없는데'라고 생각할 수 있다. 이해한다. 자신에게 도움이 되지 않는다면 그 누구의 신념 체계에도 끌려가서는 안 된다.

내가 추구하는 세 가지 이상은 친절한 관심, 수용, 신비로움을 경외하는 마음이다. 나를 비롯한 많은 사람이 이 세 가지를 통해 자신이 작은 존재라는 사실을 더 편하게 받아들였다. 어떻게 그럴 수 있었을까? 자신이 생각보다 더 거대한 무언가의 일부라는 사실을 이해하면 그렇게 될 수 있다. 이런 이상에 뿌리를 두고 그것을 '영적'이라고 부르든 아니든 끊임없이 그 이상을 되새기며 그 속에 자신을 두려면 수련이 필요하다. 더 큰 이야기 속에 놓인 내 위치를 이해하려면 올바른 어휘도 배워야 한다.

우주는 매우 신비롭다. 스티븐 호킹Stephen Hawking이나 알베르트 아인슈타인Albert Einstein 같은 위대한 사상가조차 우주의 가장 내밀한 작동방식은 파헤치지 못했다. 하지만 아인슈타인은 중력과 전자기학을 연구하면서 인간이 본질적으로 무한한 무언가와 연결되어 있다고 확신했다.

아인슈타인은 열한 살 난 아들을 소아마비로 잃고 상심에 빠진 한 뉴욕 남성과 가슴 아픈 대화를 나누고 나서 이렇게 편지를 썼다. "한 인간은 우리가 '우주'라 부르는 전체의 일부, 시간과 공간의 제약을 받는 일부입니다. 인간은 자기 존재와 생각과 느낌이 나머지 우주와 분리된 것이라고 느끼는데, 이는 사실 의식이 일으키는 일종의 시각적 망상입니다. 이런 망상에서 벗어나려는 노력, (…) 이것이 바로 달성 가능한 마음의 평화에 이르는 길입니다."[1]

이 우주에서 인간이 한낱 작은 입자에 지나지 않는다는 사실을 깨달으면 불안정해진 자아가 관심을 끌기 위해 비명을 지를 수도 있다. 이런 깨달음을 통해 인간이란 우리의 고통과 본질적인 가치로 결합된 거대한 생명망과 떼려야 뗄 수 없이 엮여 있다는 사실을 보지 못한다면 말이다.

자기보다 더 위대한 무언가를 믿기 위해 반드시 종교 예배에 참석하거나 날마다 명상 수련을 해야 하는 것은 아니다. 자신과 맞는다면 가까운 예배당에 나가거나 힌두교 예배에 참석해도 좋다. 개인적으로 나는 언제나 불교의 가르침에 공감했고 어릴 때 이후로는 교회에 나가지 않았다.

더 위대한 무언가를 추구한다면 올바른 것, 올바른 관심 또는 불교에서 말하는 친절한 관심에 주목하자. 주변 세상을 받아들이고 그 속에서 평화롭게 사는 법을 배우자. 주변 사람, 무엇보다 자신에게 사랑스러운 친절과 수용을 베풀자.

바꿀 수 없는 것을 받아들이는 평온함

상황이 계획이나 희망과 다르게 흘러갈 때 어떤 수련법에 의지할 수 있을까? 기대와 현실이 다를 때 어떻게 꼬인 인생에 저항하지 않고 받아들여 평화를 찾고 상황에 더 잘 적응할 준비를 할 수 있을까?

내 친구가 알코올의존자 익명 모임Alcoholics Anonymous에서 있었던 이야기를 들려주었다. 정회원인 에릭은 얼마 전 30주년 메달을 받았다고 했다. 그는 자신이 계속 금주할 수 있었던 비결은 '더 고귀한 힘'에 의지한 덕분이라고 밝혔다. 알코올의존자 익명 모임은 종교에 뿌리를 두지만 의도적으로 좀 더 모호하게 더 고귀한 힘을 믿는다고 표현한다. 여기에 영적이고 초자연적인 의미는 없다. 일부 회원은 '우리보다 더 위대한 힘'이라는 표현을 선호한다. 에릭은 이 말에서 몇 년 전 세상을 떠난 자신의 첫 번째 후원자를 아름답고 경건하게 떠올렸다.

에릭은 기념 동전을 만지작거리며 몇 년 전 한 모임에 참석했을 때 자신의 회복 이야기를 들려준 어떤 사람을 떠올렸다. 그 사람은 후원자가 "당신이 자신을 사랑하는 법을 배울 때까지 우리가 사랑을 줄게요"라고 끊임없이 말하며 존재감과 가치를 느끼게 해줬던 일을 잊지 못했다. 에릭은 전율했다. 자신을 구했던 바로 그 말이었기 때문이다. 그의 첫 후원자가 아니어도 누구든 할 수 있는 말이었지만, 에릭은 마치 바로 지금 자기 뒤에 그 후원자가 든든히 서 있는 듯한 존재감을 느꼈다. 나중에 자신의 후원자가 바로 그 말을 한 사람의 후원자와 같은 사람이었다는 믿기 힘든 사실이 밝혀졌을 때, 에릭은 놀랐지만 동시에 전혀 놀라지 않았다. 후원자의 현명한 말은 지금도 생생하다.

알코올의존자 익명 모임의 창립자 중 한 명인 빌 윌슨Bill Wilson은 자신이 금주라는 여정을 시작하도록 이끈 것은 정직함이었지만, 계속 금주할 수 있었던 원동력은 수용이라고 자주 말했다. 참가자들은 모임을 시작할 때 항상 침묵의 시간을 갖는다. 침묵은 신성하기 때문이다. 지금도 술을 마시는 알코올의존자들을 위해 기도하고 기도문을 낭송한다. 큰 소리로 함께 기도를 낭송하면 신성함이 생겨난다. 이들이 드리는 평온의 기도는 이렇다. "주님, 제가 바꿀수 없는 것을 받아들이는 평온, 바꿀 수 있는 것을 바꾸는 용기, 그 차이를 아는 지혜를 주소서."

내가 바꿀 수 있는 것은 무엇일까? 내가 통제할 수 있는 것은 오로지 나 자신뿐이다. 내가 생각하고 느끼고 행동하는 방식을 바꿀 수 있는 것은 나뿐이다. 나는 다른 모든 것에는 무력하다. 내가 당신을 설득하고 초대하거나, 당신에게 강요하고 요청하고 간청할 수는 있다. 다른 사람이나 상황을 바꾸기 위해 말이나 몸을 써서 요구할 수도 있다. 하지만 대체로 우리는 자기만의 방식으로 살아가며, 다른 사람의 삶은 거의 통제하지 못한다. 우리는 자기 방식대로 자신의 기대에 부응해 살아가려 하지만, 항상 그렇게 되지는 않는다.

실천 계획 인생이 나에게 던지는 것을 받아들이는 힘을 기르자. 남이 당신에게 무언가를 던지는 것이 아님을 기억하면 더 좋다. 당신은 자신만의 길을 가고 있으며, 그 길에서 갖가지 장애물을 만날 것이다. 그 길을 어떻게 가든 장애물은 계속 나타나겠지만, 누가 일부러 당신의 걸음을 늦추거나 길에서 벗어나게 하려고 그런 장애물을 설치한 것은 아니다.

날마다 어떤 상황에서든 어떻게 하면 좋은 사람이 될 수 있을지 궁리해보자. 그러면 두려움, 분노, 원망, 좌절감에 시달리지 않고 가장 내밀한 가치관과 원칙에 따라 인생에서 만나는 갖가지 놀라운 일에 대응할 수 있다.

언젠가 비행기 중간 좌석에 앉은 적이 있다. 젊은 엄마와 아기가 우리 줄 통로석에 앉자 옆 창가석에 앉은 여성이 깜짝 놀랐다. 나는 미소 지으며 앞으로 몇 시간은 노래 부르고 우스꽝스러운 표정을 지을 준비를 해야겠다며 가벼운 농담을 건넸다. 그러자 그는 당황스러운 표정으로 이렇게 말했다. "전 항상 이래요. 비행기 탈 때마다 옆에 우는 아이가 있어요. 제가 뭘 잘못해서 이런 일을 당하는지 모르겠네요."

통로석에서 우는 아이, 그런 도전이나 시련, 과속방지턱은 그에게 일어난 일인가? 아니다. 그런 일은 그에게 일어난 일이 아니라 그의 주변에서 일어난 일일 뿐이다. 그 여성에게만 일어나는 일이 아니라는 사실은 신도 아실 것이다. 삶이 우리에게 던지는 일(특히 잠이 부족한 아기가 옆자리에서 칭얼대는 것보다 훨씬 힘든 일)을 침착하고 자비롭게 받아들이고, 그렇게 할 수 있다는 고귀한 힘을 믿으면 어떤 도전에도 맞설 수 있다.

영성으로 향하는 여정은 수용에서 시작된다. 그곳에서는 내가 나보다 더 위대한 무언가의 자비 안에 있다는 사실을 받아들일 수 있다.

나 자신을 받아들이는 것부터 시작하자

우리가 발휘할 수 있는 여러 신성한 자질 중 수용이 가장 고결한 자질 가운데 하나라는 사실은 잘 알려져 있다. 하지만 자기 모습 대부분을 받아들이지 않으면서 어떻게 다른 사람을 받아들일 수 있겠는가? 자신을 연민하지 않고는 타인을 연민하기 어려운 것처럼 수용은 나 자신에서 시작해야 한다.

활력 있는 사람이 우울증이나 불안에 빠질 가능성이 적은 중요한 이유를 알고 싶은가? 모두 수용과 관련이 있으며, 서로 별개이면서 연관된 두 가지 데이터를 통해 이를 확인할 수 있다. 우리는 활력 있는 사람이 사과를 더 잘한다는 사실을 알아냈다. 뿐만 아니라 활력 있는 사람은 자기연민 수준이 더 높다.

사랑하는 사람에게 실수를 저지르거나 상처 주지 않는 사람이 있을까? 그런 실수를 했을 때 나타나는 반응 중 하나는 수치심이다. 하지만 수치심을 느끼는 뇌는 실수에서 배우거나 성장하지 않고 스스로 벌을 준다. 심리학자 메리 라미아Mary Lamia는 이런 감정을 '감춰지고 전염되는 위험한 감정'이라 불렀다.[2] 이보다 나은 방법은 자신을 더 친절하게 대하는 것이다. 완벽한 사람은 아무도 없다. 하지만 브레네 브라운의 말을 빌리면 우리는 모두 사랑받고 소속감을 느낄 자격이 있다. 상대방에게 미안한 마음을 담아 진심으로 사과하면 상황을 바로잡고 배우며 성장할 수 있다. 자기가 틀렸고 불완전하다는 사실을 인정하고, 상황에 대처할 최선의 방법을 선택하지 못하거나 때로 감정에 휘둘리기도 한다는 사실을 인정해야 한다.

수치심은 일상생활이나 직장에서 강한 압박을 받거나 절망감, 두려움, 분노, 시기심 같은 강한 감정을 느낄 때도 부풀어오른다.

친절한 알아차림을 키워주는 명상은 마음의 '오염 제거'에 도움이 된다. 아무리 불편한 감정과 생각이 떠오르더라도 밀어내지 않고 있는 그대로 알아차리는 것이 명상의 출발점이다. 그저 감정에 이름을 붙이고, 너무 많다거나 감당할 수 없다는 당황스러운 생각에 저항하지 않고 그런 생각이 떠오르는 대로 놓아두는 것이다. 불편한 생각에 이름을 붙이거나 처리하지 않은 채 마음 저편에 방치해두는 데 익숙해지면 그런 생각이 전면에 등장했을 때 저항하게 된다.

친절하게 주의를 기울이면 불편한 감정을 위협이나 개인적 실패로 보지 않고, 지금 이 순간이 아니라 과거에서 온 일시적인 불편함으로 여기며 유연하게 대처할 수 있다. 그렇게 하면 불편한 감정도 조금 덜 버겁게 느껴진다. 들숨과 날숨에 집중해 마음을 차분히 가다듬으면 고통과 연민이 공존하도록 내버려둘 수 있다. 스트레스를 만날 때 우리는 기본적으로 오랫동안 반복되어 우리 안에 깊이 내재된 반응을 보이게 마련이다. 따라서 그런 산 경험을 전부 바꾸려면 매일은 아니더라도 규칙적으로 명상 수련을 해야 한다.

신경과학자들은 무언가를 연습하면 그것이 뇌에서 더 강해진다는 사실을 발견했다. 수치심을 연습하면 실수를 숨기게 되고 실수에서 배우지 못한다. 자기연민을 연습하면 자신에게 친절할 수 있고, 스스로 취약하고 불완전하다는 사실을 인정할 수 있다. 우리 모두가 더 많이 실천해야 하는 일, 곧 실수에 대해 사과하고 그로부터 성장하는 일이 가능하다. 그러면 새로운 대응 패턴을 구축하고, 더 깊이 관찰하고 덜 반응하며, 다른 사람의 불완전함에 대해 더 너그러워질 수 있다.

자기연민과 타인에 대한 연민을 연구하는 심리학자 샤우나 샤피로Shauna Shapiro는 테드엑스TEDx 강연과 저서에서 스스로 수치심 및 자기의심과 싸웠던 과정을 설명했다.[3] 그는 그저 연민을 키우려고 연습하는 것만으로는 충분하지 않다는 사실을 발견했다. 그러면 다른 사람들처럼 연민에 실패했을 때 자아비판을 하게 된다.

당시 샤피로의 명상 스승은 매일 아침 주어진 하루라는 인생의 선물을 깨달으며 다음과 같이 해보라고 권했다.[4] 거울을 보고 가슴에 손을 얹은 채 이렇게 말하는 것이다. "좋은 아침, 샤우나! 사랑해." 그는 그런 행동이 너무 민망해서 망설였다고 한다. 하지만 아무것도 안 하기보다는 "좋은 아침, 샤우나"라고 속삭이는 작은 일부터 시작하기로 했다. 놀랍게도 효과가 나타나기 시작했고, 더 유연해지고 배려하는 마음이 생겼다. 용기도 생겼다. 테드엑스 강연이 끝날 무렵 그는 청중을 향해 그 어렵던 말을 당당하게 큰 소리로 외쳤다. "좋은 아침, 샤우나! 사랑해."

고요한 내면의 힘

얼마 전 외과 의사인 동료와 통화하다 어떤 이야기를 듣고 문득 발걸음을 멈췄다. 동료의 멘토 중 한 명은 세계에서 가장 유명한 여성 이식외과 의사 가운데 한 명이다. 지금은 은퇴를 앞두고 있지만, 그는 의사생활 내내 수술실에서 강압적인 모습을 보여 악명이 높았다. 스트레스가 쌓이면 수술실 레지던트·간호사·의료기사에게 소리 지르고, 다른 사람의 의견은 조금도 참아내지 못했다.

동료는 조용히 웃으며 그 멘토는 대인관계 기술이 부족해서 그리 좋은 평을 받지 못했다고 말했다. 그는 존경받는 만큼 두려움의 대상이었다. 자기 분야에서 뛰어난 능력을 보이고 놀랍도록 해박한 지식을 지녔지만 팀을 하나로 모아 더 나은 성과를 내도록 이끄는 능력은 부족했다. 스스로도 동료나 환자들에게 할 수 있는 만큼 제대로 봉사하지 못한다는 사실을 알았다.

흥미롭게도 같은 이식외과 의사인 그의 남편도 그와 일할 때가 있었다. 두 사람은 생체 이식 수술을 함께 했다. 그가 살아 있는 환자의 간 일부를 떼어내 남편에게 건네면 남편은 간이 좋지 않은 사람에게 이식했다.

1년쯤 전 어느 날 남편은 그에게 이상한 질문을 던졌다. "당신, 요즘 뭔가 다른데?"

"무슨 뜻이야?" 그가 물었다.

"음, 당신도 알다시피 당신은 항상 최고였지." 그는 현명한 남편답게 말을 이었다. "하지만 특히 지난 1년 동안 당신이 내게 건네준 간은 모두 완벽했어. 말 그대로 믿을 수 없을 정도로 완벽했다고. 뭐가 달라진 거야?"

생각해보니 최근 몇 달 동안 달라진 것은 수술 전에 꾸준히 명상을 해온 것뿐이었다. 수술실에서 다른 사람들과의 관계, 어쩌면 자신과의 관계를 개선하기 위해서였다. 그 결과 그는 혼란스러운 상황에서도 감정을 가라앉히고 말을 고르는 방법을 배웠을 뿐만 아니라 마음의 속도를 늦추고 손을 진정시키고 어려움을 헤쳐나가는 방법을 익혔다. 메스를 잡는 사람이든 아니든 우리 모두 사용할 수 있는 기술이다.

그는 명상을 하면서 과거의 실수나 미래에 대한 염려가 끼어들지 않도록 순간의 내면에 집중하는 법을 배웠다. 순간순간 떠오르는 모든 소리, 감각, 생각, 감정에 친절하게 주의를 기울였다. 부정적 자기평가와 걱정하는 목소리에 온화하게 반응했고, 그 결과 점차 안정되었다. 당면한 업무에만 온전히 집중할 수 있게 되자 환자

의 건강과 안전이 눈에 띄게 나아졌고 전에는 이루지 못했던 수준
으로 성과가 좋아졌다.

다시 말해 무언가 정말 달라졌다.

마음을 유연하게 하는 마음챙김 연습

이식외과 의사나 샤우나처럼 나도 자기연민이나 수용을 위해 싸운
다. 당신도 알다시피 나는 내가 칭찬받거나 성공할 자격이 있다고
여기지 않으며, 여전히 다른 사람들이나 세상에 내가 그들의 세계
에 속해 있다는 사실을 증명해야 한다고 느낀다. 이 분야에서 오랫
동안 일했지만 지금도 나는 나 자신을 받아들이려 고군분투한다.

네덜란드에 있는 내 친구들과 동료 연구진은 정신건강을 개
선하기 위한 공중보건 접근법을 개발해 검증했다. 수용전념치료
acceptance and commitment therapy, ACT에 바탕을 둔 프로그램이다. ACT
의 핵심은 정신적 유연성을 높이는 것이다. 정신적 유연성은 첫째,
부정적 경험의 수용, 둘째, 가치나 원칙에 따른 대응법이라는 두 가
지 상호의존적인 과정에서 얻을 수 있다.

정신적으로 유연한 사람은 바람직하지 않은 부정적인 개인적
경험을 피하지 않고 기꺼이 마주한다. 비행기에서 내 옆자리에 앉
았던 사람이 같은 줄에 아기가 오자 어떻게 대처했는지 기억하는
가? 많은 사람이 원치 않는 경험을 통제하거나 피하려고 한다. 하

지만 ACT 프로그램에서는 부정적인 경험에 감정적으로 반응하기보다 그런 경험에 맞서 자신의 가치와 목표에 따라 의식적으로 삶을 더 나아지게 만드는 방법을 선택하도록 한다. 유연한 마음을 지니면 장거리 비행에서 옆자리에 앉은 아기를 즐겁게 받아들일 수 있다. 아니면 그런 일을 성장하고 관용을 베풀 기회로 삼거나, 배움을 얻고 마음챙김하고 현재에 집중하며 판단하지 않는 연습을 할 기회로 볼 수도 있다.

예를 들어보자. 직장에서 한 분기 내내 힘겹게 모은 자료를 토대로 중요한 보고서를 작성해 상사에게 제출해야 한다고 가정해보자. 동료들과 함께 프로젝트를 진행했고 이제 최종 보고서만 제출하면 된다. 그런데 마감이 며칠 남지 않은 상황에서 상사의 상사가 보고서의 틀을 바꾸자고 한다. 결과는 그대로지만 새로운 형식에 맞춰 보고서 전체를 새로 써야 한다. 앞으로 며칠은 끔찍해질 것이라는 의미다.

이런 상황이라면 많은 사람이 화내고 소리 지르거나 동정심 많은 친구나 동료에게 전화를 걸어 불평과 분노를 토로할 것이다. 말도 안 돼! 하지만 그다음에는 어떻게 할까?

유연하지 못한 반응 거절한다. 상사에게 가서 그런 요청은 불가능하고 상사가 제안한 새로운 변수를 받아들일 시간도 없다고 말한다.

유연한 반응 동료 회의를 소집한다. 회의실에 있는 모든 사람이 불만을 토로하도록 놔둔다. 그다음 분위기가 정리되면 함께 새로운 진격 계획을 세운다. 한 사람이 수정 과정의 이 부분을 담당하고, 다음 사람이 저 부분을 다시 쓰고, 그다음 사람은 계속 필요한 숫자를 채우는 식으로 진행한다. 당신은 여전히 화가 나고 지쳐 있지만 회피하기보다 수용하기를 선택한 셈이다. 바뀐 상황을 받아들이고 동료들과 함께 문제를 해결하기 위해 노력한다.

유연한 반응 대 그렇지 못한 반응은 심각한 상황부터 우스꽝스러운 상황까지 수많은 상황에 적용할 수 있다. 친구의 결혼식에 전남편이 새 여자친구를 데려오겠다고 고집하거나, 친구들과 주말에 스키 여행을 가기로 했는데 친구들이 당신 실력으로는 탈 수 없는 산을 선택했거나, 독서 모임에서 당신이 싫어하는 작가의 책이 선정되었거나, 당신에게 불친절했던 사람의 집에서 모여야 하는 때도 있다. 단골 커피숍에서 이제 신용카드를 받지 않고 현금만 받겠다고 하거나, 오랜 게임 파트너가 잠수를 타더니 다른 사람과 게임을 하고 있다는 사실을 알게 되기도 한다.

네덜란드 연구진이 시행한 ACT 프로그램에서는 참가자에게 다양한 영역에서 자신의 가치를 발견하도록 장려하고, 자신의 깊은 신념과 가치관을 바탕으로 부정적인 일과 역경에 대처하는 방법을 가르쳤다. 참가자는 이 과정을 통해 개인적인 경험을 다룰 때 열린 마음을 갖고 비판하지 않는 태도를 배운다. 이 프로그램의 목표는 참가자가 몹시 어려운 상황에서도 항상 유연하고 가치 중심적으로 행동하는 효과적인 대응방식을 선택하도록 가르치는 것이다.

프로그램의 전반적인 개념을 보면 더 나은 삶을 살기 위한 불교의 팔정도八正道가 떠오른다. 역경과 부정적인 일은 자연스러운 현상이며 고통은 존재한다! 하지만 우리는 부정적인 경험을 회피하거나 억압할 때 발생하는 문제를 완화하며 살아갈 수 있다. 그러자면 각자의 가치관에 따라 역경과 부정적인 감정에 대처하는 방법을 배워야 한다.

내 동료들은 마음챙김 훈련이 포함된 두 가지 실험을 통해 이 프로그램이 활력을 촉진하는 데 중간 규모에서 큰 규모에 이르는 효과가 있음을 발견했다.[5] 이 프로그램으로 정신적 유연성이 향상되었는지, 정신적 유연성의 향상이 활력을 증가시키는지도 확인했다. 두 연구 모두에서 이 프로그램을 통해 정신적 유연성이 향상되었고 그 결과 활력이 늘었다는 사실이 확인되었다. 게다가 3개월 뒤에도 이 프로그램의 효과가 유지되었다는 연구 결과를 보고 나는 매우 기뻤다.

실천 계획 유연해지자. 자신의 가치를 받아들이자. 수용하자. 활력을 찾으려면 마음을 훈련해 중요한 것에 집중하고, 삶의 도전과 시련에 가장 잘 대응하는 방법을 의식적으로 선택하고, 기분이 좋은 것과 잘 기능하는 것이라는 우선순위 사이에서 균형을 맞추고, 다른 사람뿐만 아니라 자신에게도 연민을 가져야 한다.

가끔 내가 한 일이나 다른 사람이 한 일에 관해 부정적인 생각이 머릿속에서 계속 맴도는 악순환에 빠졌다면 큰 소리로 "그만해!"

라고 말한다. 가끔은 몸짓을 써서 "더는 안 돼!" 하듯이 손을 밀어내기도 한다. 그런 다음 그 생각을 다른 것으로 바꿔버린다.

단것 금지 약속을 어겼거나 과제를 기한 내에 끝내지 못해 자신에게 화가 난다면 걱정과 분노를 그대로 느껴보자. 잠시 시간을 갖고 죄책감이나 수치심, 분노가 자신을 덮치도록 놓아두었다가 '그만' 버튼을 누른다. 더 이상 통제할 수 없는 과거는 잊고 내일 먹을 채소, 다음 달에 마감하는 그룹 프로젝트에서 지금 시작하면 좋은 일 등 통제할 수 있는 일에 집중하자. 실패를 받아들이고 자신을 용서하자. 무엇보다 먼저 자신에게 친절해지는 연민을 실천하자.

내 안의 신에게 한 발짝 가까이

명상 같은 영적 수련과 기도 같은 종교의식의 공통점은 무엇일까? 건강한 종교는 자아와 자기중심성을 누르고 반대로 친절, 관대함, 수용의 이야기를 만들고 연습하게 하여 세상에 관한 중요한 질문에 답을 준다. 우리는 영적 수련과 종교의식을 통해 고통과 아픔을 어떻게 다루어야 할지 배우고, 타인과 우주에 중요한 사람으로 살아갈 방법을 떠올린다. 여러 종교가 제시하는 답에 동의하지 않을 수도 있지만, 이런 답은 인류 역사 내내 의문을 품은 사람의 마음을 달래는 약이 되어줬다. 어떤 신이든 종교를 믿는 사람이라면 신앙이 삶에 큰 의미를 준다는 사실을 알 것이다.

우리가 사용하는 '의미meaning'라는 말은 흔히 자기 삶이 가치 있고 중요하다고 느끼는 것을 뜻한다. 삶의 의미를 느끼는 일과 신앙 사이에 분명한 연관이 있다는 것은 여러 연구로 뒷받침된다.[6]

최근 나는 부유한 나라와 가난한 나라의 독실함 수준을 비교한 연구 결과를 자주 떠올린다. 이 연구를 수행한 사람들이 랍비, 종교 지도자, 승려, 성직자가 아닌 과학자라는 점에서 그들이 도달한 결론은 더욱 놀랍다. 연구에 따르면 삶의 '만족도'는 가난한 나라에서 보다 부유한 나라에서 높았지만, 삶의 '의미'는 그 반대였다.[7]

왜 부유한 나라 국민은 삶의 만족도가 높은데도 삶의 의미는 적게 느낄까? 더 당혹스러운 점은, 왜 가난한 나라 국민은 일관되게 삶의 의미를 더 많이 발견할까? 나는 응답자들이 '삶의 만족도'를 정의할 때 '내가 생존하고 활력을 찾는 데 필요한 성공 지표에 접근할 수 있는가?'라는 의미로 받아들였으리라 생각한다. 하지만 가난한 나라 국민보다 삶의 '의미'를 덜 느낀다고 평가하는 사람이 진실로 삶에 더욱 만족할 수 있을까? 나는 그렇지 않다고 생각한다. 삶의 의미가 줄어들거나 사라지면 진정한 웰빙도 사라진다. 여기서 웰빙은 성취라는 성공의 지표가 아니라 제대로 산다는 감각을 말한다.

이 연구에서 연구진은 의미를 잃은 것이 부분적으로는 종교와 단절되었기 때문이라는 사실을 발견했다. 데이터에 따르면 국내총생산GDP이 높은 나라일수록 종교가 일상에서 중요하다고 답한 국민이 적었다. 가난한 나라에서 삶의 의미를 더 많이 느낀 이유는

이런 나라의 국민들이 일상에서 종교를 중요하게 여기기 때문이
다. 경제적으로 성공하면 독실함에서 멀어지고, 일상에서 종교를
잃으면 삶의 의미가 줄어든다. 이 책을 읽는 독자들은 삶을 의미
있게 살지 못하면 자살 위험이 커진다는 연구 결과를 보아도 놀라
지 않을 것이다.

다른 연구에서 내린 결론도 비슷하다. 그중 하나는 이렇다. "독
실함은 타인(사회적 대인존재감)과 우주라는 거대한 틀(우주적 대
인존재감)이라는 두 가지 면에서 존재감과 의미 있고 중요하다는
느낌을 함양해, 결과적으로 의미를 느끼게 한다."[8] 같은 연구에서
는 독실함과 지각된 의미 사이의 연관성 측면에서 내가 앞에서 길
게 설명한 사회적 대인존재감도 중요하지만 우주적 대인존재감이
야말로 진정 판도를 바꿀 요소라는 사실을 발견했다. 나는 이 점이
특히 흥미로웠다.

내가 오랫동안 참여한 연구 중 하나인 '중년 미국인 발달에 관한
전국 조사National Survey of Midlife Development in the United States'에서는 참
가자가 성장할 때 가정에서 종교가 얼마나 중요했는지 조사했다.
연구진은 어린 시절과 성인기의 종교적 중요성의 수준 및 일관성
이 서로 연관성이 있는지, 그리고 이런 종교적 지속성이 성인기의
활력 있는 삶에 결정적인 영향을 끼치는지 알아보고자 했다. 그 결
과 종교를 매우 중요시하는 경우, 곧 높은 수준의 독실함만이 활력
있는 삶을 예측하는 것으로 나타났다.[9] 종교가 어느 정도만 중요하
거나 덜 중요한 경우에는 종교와 성인기의 활력에 연관이 없었다.

일관성도 중요했다. 어릴 때 종교를 매우 중요시했고 성인기에도 계속 중요하게 여긴 참가자는 활력 있을 가능성이 훨씬 컸다. 하지만 어린 시절 종교를 중요시하지 않았더라도 점차 종교가 중요해졌다면 활력을 얻을 가능성이 더 컸다.

결론은 무엇일까? 종교로 활력을 얻으려면 종교에 '몰입'해야 한다. 다시 말해 당신이 신앙의 길을 선택했다면 그 신앙에 대한 믿음이 활력에 필수다.

언어는 곧 영혼과 영성이다

우리는 선하고, 관대하고, 타인을 수용하고 자각하며, 사회적으로 의식 있는 사람이 될 잠재력을 갖고 태어난다. 14대 달라이 라마는 지구상 모든 사람이 부처이고, 부처의 본성을 가졌으며, 부처님처럼 될 수 있다고 자주 말씀하셨다. 문제는 이를 위해서 우리가 수련 또 수련해야 한다는 것이다. 영적·종교적 수련과 활동은 운동과 마찬가지다. 우리는 도덕적·윤리적 근육을 타고나지 않았다. 그런 근육이 더 크고 강해지려면 훈련해야 한다.

영성 수련은 명상이나 예배 외에도 여러 형태로 이루어질 수 있다. 문화적 관습도 영성의 한 형태다. 언어는 보이는 것과 보이지 않는 것, 물질적 세계와 정신적 세계를 설명하는 문화의 가장 구체적인 상징 가운데 하나다. 영성 수행과 마찬가지로 언어는 과거를 지탱하고 현재와 미래를 연결한다.

우리는 종의 멸종을 이야기한다. 하지만 토착어나 원주민 언어의 멸종이 놀랄 만큼 빠르게 진행되는데도 그런 현상을 언어의 멸종으로까지 확장해서 보지는 않는다. 미국 원주민언어연구소 Indigenous Language Institute는 미국에서 사용되던 300여 개의 원주민 언어 중 오늘날 남은 것은 절반 정도뿐이며, 지금 같은 소실 속도라면 2050년에는 20개 언어밖에 남지 않을 것으로 추정한다.[10]

언어가 사라지면 문화도 사라진다. 언어는 문화를 살리는 숨결이자 심장박동이다. 원주민 사이에서 토착어가 사라지는 현상은 원주민, 특히 청소년의 건강과 웰빙에 위협이 된다. 캐나다 연구진은 캐나다 원주민 문화에 문화적 연속성이라는 개념을 도입하고 문화적 연속성의 상실이 특정 공동체의 자살률과 밀접한 관련이 있다고 주장했다. 연구 결과 문화적 연속성을 나타내는 지표가 나빠질수록 원주민 학교 중퇴율과 청소년 자살률이 늘어 캐나다 전국 평균을 훨씬 웃돌았다.[11]

연구진은 캐나다 원주민 집단을 조사한 결과 구성원의 절반 이상이 원주민 언어를 말할 수 있거나 잘 아는 집단에는 청소년 자살이 매우 적거나 전혀 없다는 사실도 발견했다.[12] 토착어로 말할 수 있는 구성원이 절반 미만인 집단의 청소년 자살률은 여섯 배나 높았다.

원주민 언어가 생명을 유지하는 데 그토록 강력하게 도움이 되는 이유는 무엇일까?

여러 캐나다 원주민과 아메리카 원주민 문화에서 영성은 정신적·정서적·신체적 건강과 웰빙의 핵심이다. 원주민들은 언어 덕분에 영적 전통, 의식, 의례를 계속 이어갈 수 있다. 원주민은 모국어와 영성을 통해 자연 요소, 계절, 그 속에 사는 주민, 생명의 순환을 존경하고 존중하며 축원한다.[13] 그리고 세상을 떠나 저승에 머무르는 조상과 계속 이어진다. 과거에서 현재, 미래와 그 너머로 이어지는 연속성은 현대생활의 스트레스와 불안을 치유하는 약이다. 역사를 통해 지금 사랑하는 사람이나 과거 사랑했던 사람들과 계속 이어진다는 사실을 알면, 우리가 받들고 살아갈 믿음을 쌓아 우리에게 중요하고 꼭 필요한 현재와 과거, 미래를 연결할 수 있다.

내가 보기에 이것은 우리가 추구해야 할 신비에 대한 경외심을 보여주는 아름다운 사례다. 가까운 사람을 잃으면 우리는 어떤 식으로든 영원히 애도한다. 이때 우리는 토착어가 만들어낸 문화적 연속성과 더 거대한 무언가에 대한 믿음으로 조상과 영원히 함께할 수 있다. 그들이 여전히 우리와 함께 있다는 사실을 알기 위해 조상이 어디에 있는지 알 필요는 없다.

믿음이 시들 때 벌어지는 일

8년 전쯤 삶을 영적으로 바라보는 접근법에서 멀어지자, 나는 다시 분노와 원망에 빠지고 사과에 굶주려 있었다. 아내와 나는 노후를 보내기 위해 작은 단층 주택으로 이사했다. 20년 동안 요가를 수련해온 정든 스튜디오를 떠나니 갑자기 영적 공동체를 잃은 느낌이 들었다. 나는 상실감을 대체할 무언가를 찾는 대신 그냥 요가를 그만두었다. 얼마 지나지 않아 일터에서도 점점 인정받지 못한다고 느꼈다. 전 세계에서 초청받아 강연했고, 지식인의 가치를 나타내는 화폐나 다름없는 논문 인용도 수없이 많았지만 대학에서는 내게 3년짜리 임시 교수직만 줬다. 나는 떨떠름한 억지 칭찬을 받은 기분이었다. 나는 내 안에 틀어박혔다.

자아가 비대해지며 영성은 쪼그라들었다. 변화는 서서히 일어났다. 영성에서 멀어지고 있다고 깨달았을 때는 이미 너무 늦었다. 나는 삶을 살아가고, 친절하고, 용서를 구하기보다 베푸는 능력을 잃어가고 있었다. 우리 마음은 우리를 이끌기도 하지만 무언가에 이끌리기도 한다. 우리 생각과 주의력은 더 강력한 힘에 장악될 수 있다.

인간에게는 부정 편향negativity bias이 있다는 연구를 떠올려보자. 흔히 나쁜 감정이 좋은 감정보다 강하다는 결론은 잘 알려져 있다. 일대일로 놓고 보면 부정적 감정이 긍정적 감정을 '이겨' 기억력과 동기부여에 더 큰 영향을 끼친다. 하지만 당신이 믿든 말든 우리는 이런 상황을 바꿀 수 있다. 부정적 감정이 긍정적 감정에 대해 갖는 불공평한 이점을 무력화할 수 있다. 영적·종교적으로 자주 수행하면 이끌리지 않고 이끄는 마음의 역량을 키울 수 있다. 자기 자신에게 속도를 늦추는 법을 가르치고, 자신의 가치와 원칙에 계속

주의를 기울일 수 있다.

선한 의도를 강화하면 내 안에 있는 신성하고 귀한 것을 존중하는 더 나은 방식으로 행동할 수 있다. 불교에서 말하는 '올바른 주의력'을 기르는 일의 중요성은 아무리 강조해도 지나치지 않다. 올바른 주의력이 올바른 의도로 이어지기 때문이다. 내면의 가장 좋은 것을 존중하면 내가 가장 약할 때 신이든 자연이든, 나보다 본질적으로 선하고 거대하며 강한 위대한 힘을 존중하게 된다.

내 안에 무엇이 머물지 선택할 수 있다

나는 평화가 나와 타인을 위해 스스로 만들 수 있는 특성이 아닌 나에게 주어지는 외적 조건이라는 믿음을 극복하기 위해 오랫동안 애썼다. 이중 연속체 모델이 어디에나 적용된다는 사실도 깨달았다. 폭력이나 혼란, 분노가 없다고 해서 평화롭고 평온하다는 뜻은 아니다.

성 프란치스코 기도문은 이 점을 아름답게 말해준다. 이 기도문의 시작은 당신이 세상에서 수동적인 청중처럼 듣기만 하는 존재가 아니라 '악기'라는 사실을 강조한다. 당신은 듣고 싶은 음악을 스스로 연주해야 한다. 마하트마 간디는 자신이 세상에서 추구하는 변화 그 자체가 되어야 한다고 촉구하며 이 기도의 핵심을 더욱 유명하게 만들었다.

이어 기도문은 올바른 주의력을 이용해 올바른 의도를 만들어야 한다고 설명한다. 부정적 감정을 피하는 대신 그 감정에 기대어 다른 면에서 긍정적인 무언가를 찾아야 한다. 미움을 느끼면 사랑을 심고, 상처를 받으면 타인을 용서하라. 의심이 들면 희망에 집중하라. 그러고는 우리가 흔히 자신만을 위해 갈구하는 것을 타인에게 행하는 데 주목하라고 말한다. 이해받으려 하기보다 이해하고, 사랑받으려 하기보다 사랑하라. 베풀면 받게 된다.

마음속에서 무언가를 반복해서 연습하면 그것이 점점 커지고 강해진다. 우리가 어디로 주의를 돌리는지에 따라 무엇이 우리에게 영향을 끼칠지 결정된다. 거절당한 일을 되풀이해 떠올리거나 관계가 끊어졌던 일로 괴로워하면 이런 사고방식이 신경학적으로 더욱 강해진다. 시들함을 조장하는 가장 좋은 방법이다.

최근에 나는 두 음악가 집단을 상대로 어떤 음악을 연습하게 하고 그 모습을 관찰한 연구를 읽었다.[14] 한 그룹은 실제로 피아노를 연습했지만, 다른 그룹은 같은 시간 동안 마음속으로만 연습했다. 연습한다고 상상만 한 그룹의 뇌 운동피질에서도 신경세포가 상당히 자랐다. 마음속으로 연습하면 그 행동을 할 수 있게 만드는 신경 경로가 형성된다. 행동은 뇌를 형성하지만, 생각도 행동을 형성한다.

우리는 날마다 무언가를 연습하고 어디에 주의를 쏟을지 결정한다. 학교에서 연극이나 연주회를 준비할 때는 공연 당일을 위해 여러 번 반복해서 리허설을 한다. 이렇게 반복해서 연습하면 할수록 특정 방식으로 행동하려는 의지가 강해진다. 대부분의 종교적·영적 수행은 바로 반복 연습이다. 수용전념치료를 반복 연습하고, 기도할 때 반복 연습하고, 명상할 때 반복 연습하고, 요가 자세를 취하며 반복 연습한다. 이런 반복 연습은 모두 나쁜 행동이 아니라 좋은 행동을 하려는 의도를 키우는 신경세포가 자라도록 자극한다. 이 모든 반복 연습은 다른 방해 요소가 있을 때에도 영적인 것에 주의를 기울이겠다고 선택하는 것이므로 의도적인 주의 집중이 일어난다. 주의력은 문지기이고, 의도는 관문이다.

실천 계획 더 나은 문지기가 되자. 나는 내 안에 무엇을 들일지 결정하는 정신적 문지기다. 주의력은 우리의 문지기이자 보안요원이다. 무엇에 주의를 기울일지 선택하는 일은 곧 내 안에 무엇이 들어오게 할지, 그리하여 무엇이 뇌와 행동에 영향을 끼치게 할지 결정하는 일이다.

집에 누가 들어올지 항상 선택할 수는 없지만 누구를 머물게 할지는 결정할 수 있다. 지평선 너머 비구름만 쳐다보면 머리 위로 쏟아지는 햇살을 보지 못한다. 식당에서 커피를 주문했는데 조금 식었다고 버럭 화를 내면 주인의 친절한 미소를 보지 못한다. 깜빡이를 켜지 않고 차선을 바꾸는 다른 운전자에게 고함을 질러대다 보면 라디오에서 좋아하는 노래가 흘러나와도 따라 부르지 못한다.

나에게 맞는 영성 찾기

불교 스님들이 명상을 베이스캠프를 만드는 일과 같다고 설명하는 것을 들은 적이 있다. 베이스캠프는 등산에서 가장 어려운 단계인 정상 등반에 필수적이다. 에베레스트산에 오르는데 베이스캠프에 눌러앉아 시간과 노력, 인생을 쏟을 만한 무언가를 성취했다고 말하는 사람은 아무도 없다. 우리는 정상에 오르고 싶어한다.

베이스캠프를 짓는 일은 중요하지만 베이스캠프에 머무는 것에 만족해서는 안 된다. 베이스캠프에 머무는 삶은 시들해진 삶이다. 하지만 우리는 시들해지기 위해서가 아니라 자신이 목표로 삼은 정상에 도달하기 위해 살아간다. 우리는 활력 있게 산다는 더 높은 목표를 지향해야 한다.

명상 중심의 영적 전통에서는 자신과 삶을 더욱 명확하고 정직하게 보려는 노력에서 시작해야 한다고 가르친다. 마음에서 시작하는 것이다. 베이스캠프는 압박받는 상황에서도 예민하게 집중하고 통제할 수 있는 고요한 마음이다. 등반이 너무 힘겨우면 언제든 이곳으로 돌아와 회복하고 다시 힘을 얻을 수 있다.

내 베이스캠프는 바로 요가다. 요가를 하면 마음이 고요해진다. 수천 년 전 파탄잘리Patanjali가 요가의 원리와 가르침을 체계화하기 위해 쓴 경전은 요가 수련자들에게 기독교인의 성경, 유대인의 토라, 이슬람교도의 코란, 불교도의 불경이나 다름없다. 파탄잘리는 요가 경전에서 요가를 인생의 수많은 장애물과 역경을 극복하는 데 필요한 영적 발전 수단이라고 정의했다.

실천 계획 나만의 베이스캠프를 찾자. 그것이 무엇이든 상관없다. 언제 어디서든 이완된 알아차림 상태를 유지하자. 나는 요가 수련을 마치면 마치 젖은 행주를 꽉 짜낸 듯한 산뜻한 느낌이 든다. 몸과 마음이 완전히 편안해진다. 퇴근 뒤 집에 돌아와 버번 한 모금을 들이킬 때의 편안함 같은 이완된 망각 상태와는 전혀 다르다. 요가를 하면 편안하면서도 정신이 아주 맑고 깨어 있는 느낌이 든다. 이처럼 완벽하게 고요해진 마음이 이완된 알아차림이다.

이완된 알아차림에는 배움이 깃든다. 이완된 알아차림은 무언가를 배울 수 있는 마음 상태다. 이때의 배움은 더 나은 사람이 되기 위해 다음 단계로 나아갈 영감을 주는 베이스캠프와도 같다. 우리는 이곳에서부터 정상으로 향할 기회를 얻는다.

혼란스러운 마음 가라앉히기

요가 경전에서는 요가로 혼란스러운 마음을 가라앉히는 한편 대인관계도 바꿀 수 있다고 약속한다. 요가를 수련하면 그저 이완된 알아차림을 넘어선 무언가를 끌어낼 수 있다. 더욱 고요해지고, 타인뿐만 아니라 나 자신을 덜 판단하게 된다. 요가 수련으로 개인적 변화를 일으킬 수 있다고 약속하는 경전도 있다.[15] "친근함·자비심

·기쁨을 함양하고 쾌락과 고통에 무관심해지면 (…) 의식은 좋은 방향으로 정렬되어 고요하고 자비로워진다." 자신에게 더 친절하고 차분해지면 평화가 찾아와 타인에게 친절해진다.

마음이 차분히 가라앉으면 타인을 더 나은 방식으로 대하고 힘든 상황에서도 다르게 행동할 수 있다. 상황과 사람이 버거우면 힘든 감정이 생긴다. 깊이 생각하지 않으면 스스로 통제할 수 있는 내적인 상황보다 문제라고 여기는 외적인 상황에 집중하게 된다. 차분해진 마음에는 부정적 감정이 섞여들지 않는다.

실천 계획 나는 가끔 다른 사람의 행동에 화가 나면 잠시 멈춰 내 반응을 곰곰이 따져본다. 왜 나는 자동으로 다른 사람의 행동을 비난하고 판단할까? 잠시 숨을 고르고 마음을 가라앉히려 애쓴다. 어쨌든 내 반응은 내 반응을 일으키는 타인의 행동보다 내 안에서 일어나는 일을 훨씬 잘 보여주기 때문이다. 잠시 멈춰 내 안에서 일어나는 일을 자세히 살펴보자. 비난하거나 판단하지 말자. 내면의 비판적인 마음을 차분히 가라앉히고 그 상태에서 스스로를 비판 없이 받아들이자. 그렇게 하면 타인도 훨씬 수월하게 받아들일 수 있다.

마음이 평온해지면 부정적 상황에 부정적으로 반응하지 않고, 본능적으로 자신을 보호하기보다 타인에게 옳은 일을 하기 위해 바깥으로 눈을 돌리게 된다. 타인에게 옳은 일을 하는 습관을 기르면 스스로도 평온해지는 자생적인 긍정의 순환을 얻을 수 있다.

꾸준한 수련: 마법의 알약은 없다

요가는 마법일까? 요가를 하면 문제가 해결되고 활력을 되찾을까? 안타깝지만 그렇게 단순하지는 않다. 정기적으로 요가 강습에 가는 사람을 조사한 전국적인 연구 결과, 요가 수련자라고 해서 일반 대학생보다 더 활력 있지는 않았다. 이런 결과로 보면 시들함에서 활력으로 나아가려는 사람에게 요가를 시작하라는 권고는 대학에 가라는 권고보다 딱히 더 유용하지는 않을 것 같다.

요가를 조사한 또 다른 대규모 연구 결과에 따르면 요가를 '전념해서 수련'하면 자세에만 집중할 때보다 더 많은 이점이 있었다. 요가 철학을 공부하고 요가를 더 자주 수련한 사람은 마음챙김 수준이 더 높고, (과일과 채소가 풍부한) 더 건강한 식단을 섭취하고, 더 잘 자고, 활력을 찾을 가능성이 컸다. 오랫동안 꾸준히 전념해서 요가를 수련하면 활력을 찾을 가능성이 더 높아진다.[16]

다시 말해 다른 일처럼 수련도 전념해서 해야 한다. 꾸준히 수련하면 영성을 향한 정진이 더욱 깊어진다.

요가와 명상을 비롯한 영적 수련의 철학은 불교의 팔정도와 비슷하다. 모두 일상에서 더 윤리적이고 더 나은 사람이 되는 방법을 연구하고 실천하는 행위다. 요가나 명상을 마쳤을 때 느끼는 평화는 더 나은 사람이 되기 위한 준비이자 출발점이다. 평온한 마음이란 자신에 대해 배울 준비가 된 마음이다. 마음이 평온해지면 자기 내면으로 편안하게 들어가 스스로에 대해 배울 수 있다. 이것이 바로 활력으로 향하는 내면의 길의 본질이다.

다른 형태의 마음챙김과 마찬가지로 요가를 제대로 수련하면 초월로 이어진다. 초월은 다양한 방식으로 설명할 수 있다. 더는 자아와 분리되거나 단절되었다고 느끼지 않는다는 뜻이기도 하고, 자연·세상·영적 수련·신처럼 나보다 더 큰 무언가와 나 사이의 경계가 사라진다는 뜻이기도 하다.

한 친구는 몇 년 전 친구들과 함께 뉴올리언스로 여행을 떠났던 이야기를 들려줬다. 그들은 저녁마다 문 바깥까지 음악이 흘러나오는 떠들썩한 장소를 찾아다니며 즐겁게 지냈다. 시끄럽고 붐비는 곳이 바로 우리가 찾는 곳 아니겠는가? 하지만 어느 날 그의 발길이 머문 곳은 아주 조용했다. 문을 열고 들어가자 사람들 모두 경건하리만치 조용히 앉아 있었다. 앞에서는 백발의 신사 두 명이 의자에 나란히 앉아 눈을 감은 채 악기를 연주했다. 마치 뉴올리언스에서 50년은 함께 연주해온 것 같았다.

두 사람은 느리고 애절하게 〈몇 번이라도Time After Time〉를 연주했다. 음과 음 사이에는 멋진 정적이 흘렀고, 누군가 공연장에 핀을 떨어뜨린다면 그 작은 소리마저 울릴 것 같았다. 친구는 사람들로 가득한 공연장 한가운데에 홀로 서 있으면서 음악을 듣는 것이 아니라 느낀 것 같다고 했다. 수십 년 동안 우정을 이어온 두 친구의 음악적 대화를 엿듣는 듯했다. 자신도 모르게 눈물이 뺨을 타고 흘러내렸다. 그는 그때가 초월에 가장 가까이 다가간 순간이었다고 말했다.

실천 계획 원하지 않는다면 당신에게 요가를 강요하지는 않겠다. 나는 요가에서 큰 성취감과 기쁨을 얻었지만 다른 사람도 꼭 그러리라는 보장은 없다. 무언가에 도전한다면 그것을 아주 중요하게 여기자. 새로운 취미나 몰두할 것에 일주일에 20시간을 투자해야 한다는 뜻은 아니다. 그저 그것에 마음을 쏟고 깊이 믿어야 한다는 의미다.

성인을 대상으로 한 초급 미술수업을 듣는다면 선생님이 교실을 돌 때 그림을 숨기지 말자. 첫 수업에서 부끄러웠다고 다음 수업을 빼먹지 말자. 어색함을 받아들이고 망설임을 극복하자.

어디서든 의미와 아름다움을 찾을 수 있도록 마음과 머리를 열어두자. 뉴올리언스 트레메 지역 재즈 공연장에서 그런 가능성을 볼 수도 있고, 지역 박물관이 무료 개방하는 날 현대 미술전에서 가능성을 찾을 수도 있다. 집 근처 숲에서 새를 관찰하거나 해변에서 저녁거리를 노리는 갈매기 떼를 볼 때도 마찬가지다. 지하철 벽에 붙은 시 한 편을 읽다가 가슴이 벅차오를 수도 있다. 발걸음을 멈추고 찾아보면 아름다움은 어디에나 있다.

새롭고 뭔가 다른 것, 특별하거나 귀한 것과 정서적으로 연결되는 일은 추구할 만한 가치가 있다고 믿자. 더 위대한 무언가와 연결되었다는 느낌, 나 자신보다 더 큰 무언가와 하나가 되었다는 느낌은 매우 강력하다.

더 큰 존재와 연결되기

주변 세상뿐만 아니라 다른 사람과 연결되는 일은 생각보다 훨씬 힘이 세다. 앞서 광범위한 연구 결과를 통해 나이 들수록 외로움 수준이 건강을 결정하는 중요한 요인이라는 사실을 살펴보았다. 연구에 따르면 종교활동에 많이 참여하면 외로움을 예방하는 데 도움이 된다.

내가 살펴본 한 연구에서는 다음과 같은 사실을 발견했다. "종교활동에 더 많이 참여할수록 사회에 더욱 통합되고 사회적 지원을 많이 받는다. 사회적으로 더욱 통합되고 사회적 지원을 많이 받을수록 외로움이 줄어든다."[17] 이 연구 결과에서 알 수 있듯 "종교활동에 참여하는 노년층은 더 많은 지원을 해주는 더 큰 사회관계망에 통합되어 노년의 외로움을 예방할 수 있다".

더 위대한 무언가와 연결되면 외로움을 덜 느낀다. 너무 외로우면 자신이 목적 없이 홀로 떠다니는 세포나 원자에 불과하다고 느껴 삶에 의문을 품게 된다. 혼자 있으면 세상이 몹시 위험하고 두렵게 느껴지며 세상을 덜 호의적으로 본다. 그래서 타인에게 더욱 예민하게 반응하고 부정적으로 행동할 가능성이 높다. 이는 자기패배적인 악순환으로 흐르고, 이런 악순환을 방치하면 파괴적인 행동으로 이어진다.

알코올의존자들은 그런 자기패배적인 두려움의 순환이 사람들과 연결을 끊고 더욱 두렵게 만들어 하향식 나선처럼 결국 자신을

'나락'으로 이끈다. 이 순환의 끝은 자기파괴로, 이는 결국 죽음 아니면 재생으로 이어진다. 어떤 사람은 죽느냐 사느냐라는 최종적인 선택에 당면할 때에야 이 순환에서 벗어난다.

이런 하향식 나선은 전 세계 많은 사람의 삶이라는 좁은 영역에서뿐만 아니라 사회나 국가라는 넓은 영역에서도 일어난다. 점점 더 외로워진 사람들은 우주의 영적 본질과 단절되었다고 느낀다. 기후변화, 세계적인 전염병, 전쟁, 다시 찾아온 핵 위협, 여기저기 퍼지는 산불, 일부 지역의 홍수, 다른 지역에서 벌어지는 끔찍한 가뭄, 전 세계적으로 치솟는 기온, 점점 더 격렬해지는 폭풍처럼 지구에서 일어나는 모든 일 때문에 우리는 생명을 축복하는 우주가 아닌 분노하고 복수심에 불타는 우주에 살고 있다고 느낀다.

우리를 파괴하려는 듯한 우주와 이어지기는 어렵다. 이런 상황에 관심을 기울이지 않으면 자신에게도 관심을 기울일 수 없다. 자선과 친절은 인류에게 알려진 가장 오래된 교훈일뿐더러 종교적이자 영적인, 곧 인간적인 교훈이다. 이 사실을 마음에 새기자.

나에게 모든 것은 신비로움에서 시작된다. 나는 우주가 근본적으로 생명과 사랑을 찬미하며, 인간이 우주의 신비에 연결되기를 원하도록 만든다고 믿는다. 영적인 마음 상태가 아니거나 영적인 장소에 있지 않아도 내 안에 삶의 신비감을 불러일으키는 일을 통해 영적인 상태에 도달할 수 있다. 그러므로 당신도 삶에 자신에 대한 신비, 타인에 대한 신비, 모든 생각과 질문에 대한 신비, 저편에 있는 삶에 대한 신비 등 모든 신비를 더 많이 끌어들였으면 한다.

우리가 사는 우주와 생명에 관한 신비를 자극하는 무언가를 만나면 호기심이 생긴다. 더 많은 것을 배우고 탐험하고 싶어진다. 우리 몸은 지구력 있는 놀라운 유산소 운동력과 어디로든 마음을 실어 나르는 팔다리가 결합된 학습기계다. 그런데 자신이 싫어하고 파괴하는 것을 배우고 탐구할 수는 없으므로 배움과 탐구는 돌봄과 관심에서 시작해야 한다.

이러한 돌봄은 양방향으로 이루어진다. 나는 우주와 연결되어 있다고 느낄 때면 더 고귀한 힘, 다시 말해 잘 가꾸어지고 건강한 우주, 내가 안정되고 안심할 수 있으며 따라서 내가 속한 곳인 우주와 함께 걷고 있다는 느낌이 들어 외롭지 않다.

나는 영적 탐구를 거쳐 우리 모두 이미 내면에 신성한 신의 불꽃을 갖고 태어났다는 가르침에 대한 믿음이 더욱 확고해졌다. 우리에게는 더 선하고 더 나은 사람이 될 잠재력이 있다. 자기연민과 수용을 연습하고 스스로 믿는 가치를 고수하면 자신을 존중할 수 있다. 자신을 존중하면 타인도 나와 같은 신성함을 지녔다고 믿게 되어 그들을 마땅히 존중해야 한다고 여긴다.

예전부터 나는 언제나 신을 내 안으로 들이고 더 고귀한 힘을 불러들여야 한다고 생각해왔다. 하지만 지금은 그 반대라고 느낀다. 더 나은 사람이 되기 위해 부단히 노력하는 것은 우리 안에 있는 신을 바깥으로 드러내는 일이다. 그것이 핵심이다. 그렇게 생각할 때 나는 신을 내 안으로 들이는 셈이다.

지금 당장 시작하자

요가 자세를 수련하든 앱을 이용해 명상을 잠깐 수련하든, 영성은 신체적 연습 그 이상이다. 종교가 그저 예배에 참석하는 것 이상인 것과 마찬가지다. 수많은 연구에서 이런 수련이 스트레스를 줄여 준다는 사실이 밝혀지기는 했지만 말이다.[18] 종교 예배의 핵심은 이야기와 비유를 통해 우리가 아직 행하지 않은 일을 떠올리고 그 것을 스스로 깨닫는 것이다. 종교적·영적 수련의 이면에서 윤리적 행동의 실천이라는 소명을 발견한다면 우리 삶은 훨씬 더 풍요로 워질 것이다.

실천 계획 자신을 내려놓을 수 있는 활동을 찾아보자. 열린 마음 과 자세로 그 활동에 참여하자. 스스로를 점검해보자. 당신이 참여 한 모임이나 시작한 일에서 무엇을 얻을 수 있는가? 그런 일에 당 신을 위한 것이 있는가? 특별한 목적 없이 그저 주변 세상, 내 안에 흐르는 감정에 더욱 주의를 기울이게 하는 활동에 적어도 몇 시간 을 투자하자.

얼마 전 내 친구는 대학 시절 운 좋게도 파리에서 한 학기를 보 냈다고 이야기했다. 당시 그는 학생이어서 대부분의 박물관에 공 짜로 들어갈 수 있었다. 루브르박물관에서 그리 멀지 않은 곳에 살 았던 그는 적어도 한 달에 한 번 헤드폰을 끼고 박물관의 한 전시 장에서 한두 시간을 보내곤 했다. 〈모나리자〉 앞에 줄을 서거나 하루 만에 박물관 전체를 서둘러 훑어보며 '가볼 곳, 해볼 것' 목록을 해치우고 싶지는 않았다.

뭔가 느끼고 싶었다. 경외심을 느끼고 잠시라도 침묵과 경탄과 기쁨 속에서 내면이 펄떡이는 순간을 찾고 싶었다. 그는 음악을 들으며 이집트 유물이나 프랑스 조각품이 전시된 전시장을 천천히 걸었고, 아름다운 예술작품을 바라보며 자신을 감싸는 감정을 느꼈다.

초월은 느리게 걷는다. 당신이 걸음을 늦추지 않으면 초월은 결코 당신을 따라잡지 못하고 완전히 놓쳐버린다. 뉴올리언스 재즈 클럽에서 가만히 서 있다가 눈물을 흘린 내 친구가 발견한 것처럼, 잠시 속도를 늦추거나 멈춰 서면 때로 초월이 당신을 따라잡을 것이다. 그 순간 당신은 더 큰 무언가에 압도되는 경험을 할 수도 있다.

우리 눈앞에 있는 길

종교적 가르침과 영적 철학은 인격이라는 자질 면에서 신을 닮아가는 성스럽지만 어려운 과업을 수행하도록 이끈다. 만약 더 나은 사람이 되기 위해 노력하는 일이 그렇게 쉬웠다면 거의 모든 사람이 친절하고 관대하고 정직하지 않겠는가?

경고하지만 나는 누군가 혼자서 종교적·영적인 길을 걸어간 것을 본 적이 없다. 가만히 서서 그 길을 거쳐온 사람도 없다. 영적 세계의 에베레스트산 정상에 안내자나 공동체의 도움 없이 홀로 오른 사람은 없다. 또한 깨달음을 얻으려는 그 누구도 베이스캠프에 머물러 있지 않았다.

모든 불교 수행처에는 승가僧伽라는 것이 있다. 같은 목적을 추구하고 같은 방식으로 수련해온 사람들의 공동체다. 이곳 사람들은 그 길을 계속 걷고 과업을 이으려면 도움이 필요하다는 사실을 안다. 그 길을 오랫동안 걸어와 가르침의 모범이 된 지도자에게서 도움을 받아야 한다는 사실도 안다. 당신이 계속 그 길을 갈 수 있도록, 다음 모퉁이에는 무엇이 있을지 계속 살피도록 도와주는 사람들을 찾자.

우리가 모두 알다시피 영성으로 가는 길을 걷는다는 것은 그저 목적지로 향하는 걸음이 아니다. 그 길에서 무엇을 경험하느냐가 중요하다. 나는 저속촬영 사진작가 루이 슈바르츠버그Louie Schwartzberg가 감사에 관해 이야기한 멋진 테드엑스 강연을 행복학 수업 학생들에게 자주 보여줬다. 그의 사진도 매우 놀랍지만, 내게는 강연의 한 순간이 더 오래 남았다. 그는 강연에서 한 어린 여자아이의 영상을 소개했다. 아이의 말은 기본적으로 TV 끄는 법을 배운다는 내용이었다. 하지만 본질적으로 말하는 것은 '경이로움'이었다. "TV를 보면 그냥 진짜인 척하는 프로그램이 많아요. 하지만 탐험을 하면 지금보다 더 상상력을 키울 수 있어요. 그러니까, 음, 상상의 나래를 펼치면 더 깊이 들어가서 더 많은 것을 얻고, 더 아름다운 것을 보고 싶어져요. 길처럼요. 바닷가나 어딘가 다른 곳으로 이어지는 길이요. 정말 아름다운 곳이겠죠."

　삶을 이보다 훌륭하게 비유할 수 있을까? 내게 어린 부처로 보이는 그 어린 여자아이는 비밀을 풀었다. 몹시 울퉁불퉁하고 갈라지고 뒤틀리고 때로 감춰진 길이라도 그 길을 따라가며 저 모퉁이를 돌면 더 아름다운 무언가가 있으리라 믿는다면, 시들함에서 벗어나 활력 있는 삶으로 들어설 수 있다.

　실천 계획 삶의 아름다움과 경이를 탐구하자.

8장

목적:
타인과 세상에
의미 있게 기여하는 삶

타인과 세상에 기여하면서 내 삶의 목적,
방향성, 의도가 더 명확해진다

작가이자 신학자인 프레드릭 비크너Frederick Buechner는 소명이나 목적에 대해 이렇게 말했다. "소명은 자신의 심오한 기쁨과 세상의 심오한 필요가 만나는 곳이다."[1] 때로 우리는 목적을 갖는 것과 목표를 설정하는 것을 혼동한다. 목표를 설정하면 삶의 방향을 찾을 수 있다는 점은 사실이다. 목표는 다양한 방법으로 우리가 성공을 향해 나아가도록 이끈다. 하지만 목적은 우리가 의미 있는 삶을 향해 나아가도록 돕는다. 목표는 달성할 수 있지만 인생의 목적은 완전히 달성하거나 충족하지 못할 수도 있다.

소명을 찾고 지켜간다는 것은 인생에서 쉬운 일도, 단번에 이루어지는 일도 아니다. 저널리스트 포 브론슨Po Bronson은 2002년《내 인생 어떻게 살 것인가What Should I Do With My Life?》에 인생의 목적을 찾았거나 찾고 있는 각계각층의 성인 900명을 인터뷰한 내용을 실었다.[2] 브론슨은 삶의 목적에 관해 몇 가지 놀라운 자기제한적 신념self-limiting belief을 발견했다. 인터뷰한 많은 사람이 삶의 목적을 찾는 일은 이기적이며, 그 과정에서 사랑하는 사람과 가까워지기보다 멀어질지도 모른다고 생각했다. 삶의 목적을 찾는다는 생각은 비현실적이며, 그런 노력을 통해 개인적으로나 경제적으로 풍요로워지기보다 파산할 것이라 믿는 사람도 많았다. 게다가 많은 사람은 인생의 목적이 신비롭고 희소해서 그것을 얻으려면 긴 시간이 걸린다고 믿었다.

하지만 목적은 그렇게 사치스러운 것이 아니다.[3] 당신의 삶이 자신과 사랑하는 사람을 안전하게 지키고, 가족을 먹여 살리고, 주택 대출금을 갚는 일로 이루어져 있다면, 그런 일이 중요하다는 사실을 자주 떠올려야 한다. 당신은 꼭 필요한 돌봄과 지원을 주고 있으며 그 의미를 인식할 필요가 있기 때문이다. 지금은 그것만으로도 충분하다. 그리고 대개의 경우 목적을 추구한다고 해서 직업을 완전히 바꾸거나 삶을 뿌리째 뒤흔들 자원을 가져야 하는 것도 아니다. 목적을 추구한다는 것은 내면의 임무를 기꺼이 해내려는 의지를 다지고, 자신의 기술과 능력으로는 충족되지 않는 요구를 어떻게 채울 수 있는지 또는 이미 채우는 중인지 알아보는 것이다.

그렇다면 어떻게 해야 삶의 의미를 만들 방법을 알아낼 수 있을까? 먼저 몇 가지 질문을 던져보자. 연구에 따르면 삶의 목적을 가지고 있으며 다음 질문들에 '예'라고 답하는 사람은 전체의 3분의 1도 되지 않는다고 한다.[4]

1. 다른 사람을 돕거나(더 행복하게 하거나 고통을 줄이거나) 세상의 상황을 개선하고 싶습니까?
2. 당신에게 그렇게 할 수 있는 재능, 기술, 개인적 자질이 있다고 믿습니까?

인생의 목적을 찾을 때 유일하지는 않지만 핵심이 되는 문제는 위 두 가지 질문에 언제, 어떻게 '예'라고 대답할 수 있을지 찾는 것이다. 대다수가 찾는 삶의 목적은 바로 눈앞에서 기다리고 있을 수도 있고 집 안에 숨어 있을 수도 있다. 이 목적을 찾는 비결은 그것을 찾아보자고 자신을 설득하는 것이다.

아주 기본적인 질문

가장 중요한 세 번째 질문은 대답하기 어려울 수 있다. 하지만 우리는 이 질문을 통해 목적으로 다가갈 수 있다.

3. 당신은 어떤 사람입니까?

우리는 (부모, 배우자, 직원 등) 자신이 맡은 역할, 성공 또는 실패, 다른 사람이 생각하는 내 모습에 따라 자신이 어떤 사람이라고 설명하는 경향이 있다. 이런 설명은 잠시 내려두자.

'나는 어떤 사람인가?'라고 질문하며 스스로 어떤 사람이 되어야 한다고 생각하는지, 내가 생각하는 최상의 모습은 어떤 것인지 떠올려보자. 이 모습은 당신이 세상에 얼마나 중요한 사람인지, 곧 당신의 성공이 아니라 당신의 진짜 의미와 관련 있다.

삶의 목적이 모호한 사람은 삶의 목적을 찾은 사람보다 웰빙 수준이 낮다. 목적을 찾아 나서면 불확실함을 직면하며 두려워질 수 있다. 목적을 찾기 시작할 때 느끼는 불안감을 나타내는 '목적 불안purpose anxiety'이라는 말이 있을 정도다.

안타깝지만 자리에 앉아 목적을 찾을 계획을 세운다고 해서 항상 목적을 찾을 수 있는 것은 아니다. 깨어 있는 시간 대부분을 보내는 직장에서 목적을 발견하는 경우가 아예 없지는 않지만 드물다. 당신이 그런 운 좋은 소수에 속한 사람이라면 축하한다. 대다수는 목적을 찾기 위해 바깥으로 눈을 돌려야 한다. 앞에서 계속 말했듯 의도를 염두에 두고 자신의 목적을 깊이 생각해보아야 한다.

외부의 길 목적을 찾기 위해 지역 자선단체에서 자원봉사하는 일부터 시작해볼 수 있다. 아주 고귀한 노력이다. 하지만 책임감 때문에, 또는 다른 사람에게 삶의 목적처럼 '보인다'는 이유로 그런 행동을 선택하면 진정한 목적을 찾지 못할 수 있다.

내면의 길 다른 누구도 아닌 나만의 더 큰 '이유'와 긴밀하게 연관된 길을 택하자. 당신이 어떤 일을 해야 한다는 타인의 기대가 아니라 자신의 본능을 따르다 보면 예상치 못한 순간에 목적을 발견하기도 한다. 하지만 그러려면 마음을 열어둬야 한다. 올바른 위치에 있으면 무언가가 자신을 부르는 때가 온다. 그것이 바로 당신이 지금 이 땅에 온 이유다. 그 부름이 올 때를 대비하자.

목적은 지극히 개인적이다

대학 진학 여부를 결정하는 18세 학생의 목적은 말년을 어디에서 보낼지 고민하는 75세 할머니의 목적과 다르고 그 느낌도 전혀 다르다. 학생의 목적은 세계관을 넓히고, 자신이 자란 좁은 마을 사람들과 전혀 다른 관점을 지닌 사람들을 만나고, 자신이 주변 세상에 관해 아직 무엇을 모르는지 알아내는 것이다.

그의 어머니라면 어떤 목적을 가질까? 아들이 자신의 목적을 발견하도록 대학 등록금을 마련해주기 위해 새 직업을 알아보는 것이 목적일 수 있다. 할머니의 목적은 무엇일까? 나이 들며 딸이나 손자와 신체적·정서적으로 더 가까워지는 것, 손자가 이 세상에서 자신의 길을 개척해나가도록 응원하는 것, 자녀가 세상으로 나아가는 모습을 지켜보는 딸의 불안감을 덜어주는 것일 수 있다.

나는 최근 조금 힘든 시간을 보내는 지인 메건과 이야기를 나눴다. 어린 자녀를 둔 메건은 일 때문에 아주 바빴는데, 얼마 전 시누이가 한 가지 부탁을 했다. 메건의 조카인 몰리가 대학 진학을 앞두고 갭이어gap year를 보내는데 지낼 곳이 마땅치 않다는 것이었다. 메건의 집은 몰리의 집과 멀리 떨어져 있었다. 자기 집에서 전과 다름없이 부모님과 함께 사는 상황은 몰리에게 그다지 좋지 않았다. 몰리에게는 아주 큰 변화가 필요했다.

18세 여자아이를 맡는 일은 쉽지 않았다. 대대적인 리모델링이 진행 중인 집에 침대를 마련해야 한다는 문제는 차치하고라도 말이다. 하지만 메건은 승낙해야 한다는 것을 알았다. 물론 요청을 받아들이면 그녀의 삶은 더 힘들고, 더 복잡하고, 정서적으로 더 힘겨워지겠지만 거절할 수 있는 상황이 아니었다. 그렇게 해서 최근 고등학교를 졸업하고 나름 많은 혼란을 겪고 있던 조카가 지내러 왔다.

메건이 이런 도전을 감행할 때 염두에 둔 목표는 딱 하나였다. 자신의 짐을 더는 것이 아니라 조카가 원하는 것을 찾도록 돕겠다는 것. 몰리에게 차가 있어서 다행이었다. 차로 시내를 돌아다닐 수 있던 몰리는 가끔 심부름을 하거나 근처에 사는 친한 사촌을 만나기도 했다. 저녁 식탁에 숟가락 하나 더 놓는 것은 그다지 큰 일이 아니었고, 몰리도 틈나는 대로 집안일을 도왔다. 하지만 어떻게 해야 몰리를 집 밖으로, 아니 최소한 소파 밖으로 나오게 할 수 있을까?

메건은 베이비시터나 강아지 산책 도우미를 찾는 친구들에게 몰리의 전화번호를 돌렸고, 몰리에게 지역 축구강습에서 자원봉사할 코치를 찾는 지인의 연락처를 알려줬다. 하지만 아무 일도 일어나지 않았다. 메건이 동네에서 가장 강인하고 친절한 코치가 애정 어린 눈으로 지켜보는 가운데 거의 매일 동네 주차장에서 함께 운동하는 30~50대 엄마들 모임에 몰리를 소개하기 전까지는 말이다.

처음에 몰리는 나이 많고 수다스러운 여성들과 아침마다 어울리는 것을 조금 창피해했다. 운동 강도가 세서 두려운 것은 말할 것도 없었다. 하지만 메건은 계속 몰리에게 가보자고 권유했다. 몰리는 외숙모 말을 따랐다. 결국 재미있는 일이 벌어졌는데, 메건이 같이 오지 못하는 날에도 몰리가 계속 운동에 나온 것이다. 몰리는 마치 위탁모 같은 엄마들의 운동모임에서 따스함을 느꼈고, 자기 몸을 단련하는 데 자신감을 얻었으며, 얼마 전까지만 해도 전혀 몰랐던 여성들 사이에서 편안함을 느꼈다. 모두가 인생의 어려운 시기를 보내는 몰리를 응원했다. 코치는 전혀 놀라지 않았다. 수년간 동네 주차장에서 그런 사람들을 수백 명은 만났기 때문이다. 그는 나름의 어려움을 겪고, 힘들게 운동하며 고통을 나누고, 함께 모인 사람들의 지원과 사랑에서 위안을 얻으며, 저마다 삶의 단계는 다르지만 함께 땀 흘리며 노력하는 사람들을 봐왔다.

이 이야기에서 내가 가장 흥미를 느낀 부분은 무엇일까? 운동으로 자기감을 키울 수 있다는 점은 아니었다. 물론 그것도 사실이다. 강력한 지원망이 우리를 얼마나 강하게 단련시키는지도 아니었다. 사실이기는 하지만 말이다. 나는 몰리가 아닌 메건의 변화가 가장 흥미진진했다. 지금까지 이 이야기의 핵심은 아니었지만.

나는 힘든 시기를 겪는 조카를 돌보며 메건 또한 활력을 찾았다는 점에 흥미를 느꼈다. 메건은 그때나 지금이나 할 일이 많았지만, 멋진 모습으로 새로워지는 조카의 모습을 기쁘게 바라보며 목적의식과 경이로움을 얻었다. 전혀 예상하지도 않았고, 자신에게서 사라져간다고 깨닫지도 못했던 경험이었다.

메건의 아이들은 10대가 되어 계속 보살피지 않아도 될 나이가 되었고, 메건은 아이들을 보며 안도하면서도 슬픔을 느꼈다. 메건은 예상치 못하게 18세 여자아이의 위탁모가 되었고, 어른 여성 친구들이 자기를 대신해 조카를 살뜰히 돌보는 모습을 지켜보았다. 그러면서 그는 아이들이 스스로 도시락을 싸서 자전거를 타고 등교할 수 있게 되었다고 해서 엄마로서 임무가 끝난 것은 아니라는 사실을 깨달았다. 다른 버전의 새로운 엄마 노릇이 바로 코앞에, 아니 모퉁이마다 기다렸다. 이제 메건은 앞으로 헤쳐나가야 할 모퉁이가 수없이 많다는 사실을 깨달았다. 어쩌면 그것들을 헤쳐나갈 방법도 알고 있을지 모른다.

목적을 갖는 것과 목적에 따라 사는 것

자기반성적으로 사고할 수 있는 능력, 다시 말해 자신을 사고 대상으로 삼아 과거뿐만 아니라 미래의 행동과 삶을 성찰하는 능력을 기르면 인생에서 인지적 목적의식을 찾을 수 있다.

연구 결과에 따르면 삶에 목적의식이 없으면 시들함에 빠지지만 목적의식을 키우면 여러 이점을 얻을 수 있다. 강한 목적의식을 지닌 사람은 스트레스가 적고 긍정적 감정을 더 많이 느끼며, 일상에서 신체적 질병과 제약이 적고 전반적인 건강도 좋다.

최근 나는 퇴역군인의 회복탄력성을 다룬 흥미로운 연구를 읽었다.[5] 연구자들은 정서적 안정감, 외향성, 감사, 이타주의, '삶의 목적'을 갖는 일 등의 여러 특성으로 회복탄력성을 예측할 수 있다는 사실을 발견했다.

게다가 정신건강 및 신체건강 개선, 실행 기능 향상, 기억력 및 전반적인 인지능력 향상, 심지어 예방적 의료 서비스 이용 증가, 병원 입원 일수 감소 등 혜택은 끝이 없었다.

과거에는 물론 앞으로도 해야 할 중요한 일이 있다는 사실을 인식하면 의미를 찾으려는 욕구가 커진다. 삶의 목적을 찾은 사람은 자신이 세상에 '중요'하며 살아 있다고 느낀다. 그리고 이런 느낌은 삶의 일부를 개인적·사회적으로 중요한 활동에 바치는 데서 비롯한다. 목적의식이 생기면 미래가 모호하다는 느낌이 줄어든다. 목적이 생기면 미래가 중요해지는데, 그 이유는 바로 아직 끝맺지 못한 과업이 있기 때문이다.

나를 포함해 많은 과학자가 삶의 목적의 심리적·사회적 차원을 포괄하는 적극적 건강positive health의 이론적 모델을 제안하고 검증해왔다. 적극적 건강 개념에서는 개인이 자신의 삶에 계획이 있고 그에 따라 삶의 의미가 있다고 믿는 것으로 본다.[6]

내 친구 심리학자 캐럴 리프Carol Ryff는 심리학에서 성숙의 정의는 "삶의 목적, 방향성, 의도를 명확히 이해한다는 사실을 강조"한다고 언급했다.

정신과 의사로 홀로코스트에서 생존한 경험을 감동적으로 서술한 빅토르 프랑클Viktor Frankl은 목적의식이란 궁극적으로 의미를 찾으려는 의지, 삶을 의미 있게 만들려는 동기에서 나온다고 주장했다.[7] 문제는 내게 타인이나 사회에 기여할 만한 가치 있고 의미 있는 무언가가 있다고 믿는지, 얼마나 그렇게 믿는지다.

리프는 목적이 주로 개인적이라고 보며, 긍정적인 목적의 바탕이 되는 목표와 방향감각을 가져야 한다고 강조한다. 사회학자인 나는 성인이라면 타인 및 공동체와 함께 살며 때로 그들을 위해 살아간다는 사실을 반영해 인간의 기능이라는 개념을 주장해왔다. 따라서 목적이란 삶에 방향이 있는지뿐만 아니라 개인의 삶이 타인과 공동체에 유용하고 건설적인 영향을 끼치는지도 나타낸다. 사회적으로 이바지한다는 감각, 타인이나 공동체에 의미 있게 기여하는 삶을 산다는 느낌이 '제대로 기능'한다는 활력 요소의 핵심인 이유다.

삶의 목적을 갖는 것과 목적 있는 삶을 사는 것은 다르다. 나는 목적 있는 삶을 사는 것을 가리켜 '진정한 목적'을 갖는 것이라고 부르며, 이는 삶의 심리적 목적의식과 사회적 기여 의식이 결합된 것이다. 심리적 목적은 방향성 있는 삶을 살며 후대에 어떤 유산을 남기려는 바람을 의미하며, 사회적 기여는 자신의 행동으로 세상을 바꾸기 위해 무언가를 하고 있는지를 나타낸다.[8]

카리 이야기: 불확실성을 넘어 확신으로

20세기 후반은 사회생활이 점차 해체되는 시기라고 할 수 있다. 결혼과 출산 적령기, 이혼이나 동거 등에 대한 규범이 더욱 모호하고 다양해지면서 개인의 선택에 더 큰 책임이 부과되었다. 앞서 설명했듯 지난 세기 기대수명이 많이 늘어난 것은 좋은 일이다. 하지만 앞으로 살아갈 날이 많아지자 아이러니하게도 그에 비례해 예측해야 할 미래도 늘어났다. 본질적으로 미래는 불확실하기 때문에 늘어난 수명은 걱정과 불안의 근원이 되었다.

내가 가르친 한 학생은 미래를 둘러싼 불안을 어느 정도 해결했다고 생각했지만 인생에서 다른 일들이 일어나자 다시 의문에 빠졌다. 나는 교직에 있으면서 비슷한 일을 여러 번 보았다. 학생들은 한 가지 목적을 위해 훈련을 받지만 마음이 다른 방향으로 끌리면서 의구심을 갖기 시작한다.

몇 년 전 내가 아끼는 한 학생도 자신의 마음을 따르기로 결심했다. 1학년 때 '행복의 사회학' 수업을 들은 카리는 수업을 시작하고 몇 주 만에 확실히 밝아졌다. 그는 내 수업을 빠짐없이 들었고 심지어 사회학을 전공하기로 결심했다.

3학년이 되자 카리는 내게 조언을 구했다. 중요한 결정을 내려야 한다고 했다. 아일랜드의 한 대학교 심리학과로부터 아동행동 연구원 자리를 제안받은 것이다. 실용적이고 전공과도 잘 맞을 뿐만 아니라 부모님도 적극적으로 권유한 일이었다.

카리는 교외에 거주하는 중산층 특유의 실용주의적 사고방식 속에서 자랐다. 명문 대학에 진학하고, 안정적이고 전도유망한 직장에 들어가고, 결혼해 아이를 낳고 여유로운 삶을 사는 것을 당연하게 여긴다는 뜻이다. 카리의 오빠는 막 치과대학을 졸업했는데,

카리가 보기에 오빠는 치과의사가 되어 결혼하고 아이를 갖고 부모님이 자신들을 키운 뉴저지 교외에서 멀지 않은 곳에 정착해 잘 살아갈 것 같았다.

하지만 이처럼 안전한 길은 카리에게 잘 맞지 않았고 스스로도 그 사실을 잘 알았다. 카리는 내가 수업에서 학생들을 엄격하게 대하며 세상을 다른 관점으로 보도록 한 것에서 도움을 받았다고 했다. 거기에는 그럴 만한 과학적 이유가 충분하다고 생각한다고도 덧붙였다. 사실이다. 사회과학 또는 행복과 웰빙에 관한 연구를 그저 뜬구름 잡는 얘기라고 생각하는 사람이 많다. 하지만 나는 언제나 내 수업을 엄격하게 진행하려고 했다. 사람들이 나처럼 활력이라는 가능성을 진지하게 받아들였으면 했기 때문이다. 카리는 내가 자신의 웰빙을 위해 노력하는 일이 중요하다고 강조하며, 우리가 자신의 운명을 어느 정도 통제할 수 있다는 과학적 증거와 수많은 데이터를 제공한 내 수업이 매우 좋았다고 말했다.

카리가 물었다. "인생이란 결국 무엇을 위한 것일까요? 그저 기분 좋고, 안정되고, 행복하다고 느끼는 것만은 아니겠죠. 물론 그것도 삶의 일부이지만요. 하지만 그게 다 무엇을 위한 것일까요? 성공은 무엇을 위한 것일까요? 돈은요? 성장이나 경험, 웰빙을 늘리는 것이 아니라면 삶의 선택이란 모두 무엇을 위한 것일까요?"

몇 차례 토론해보니 카리는 웰빙의 중요성을 체득하고 있다는 생각이 들었다. 자랑스러웠지만 내색하지 않으려 애썼다. 나는 그에게 다른 선택지는 무엇인지, 매우 끌렸지만 책임질 수 있을지 의심스러웠던 다른 선택지가 있는지 질문했다.

1년 전쯤 나는 학생들에게 달라이 라마가 캠퍼스를 방문할 것이라고 말한 적이 있었다. 이를 계기로 카리는 달라이 라마에 관한 수업을 들었고, 달라이 라마의 캠퍼스 방문을 돕는 기획을 맡았다. 그가 염두에 두었던 다른 선택지는 무엇이었을까? 인도로 건너가 티베트 불교를 공부하고 달라이 라마의 가르침에 몰입하는 것이었다. 이 길에 관해 이야기하는 동안 카리는 몸을 곧게 펴고 흥분한 듯 눈을 반짝였다. 내 눈에는 분명히 보였다. 그리고 카리 스스로 그 반짝임을 느낀다는 것도 알 수 있었다. 그 반짝임은 그에게 진정으로 중요한 감정을 불러일으키는 무언가를 의미했다.

그날 오후 나는 그가 불편해하는 일을 강요하고 싶지는 않아 아주 신중하게 말을 골랐다. 하지만 내 눈에는 그가 정말 인도에 가고 싶어하는 것이 분명해 보였다. 하지만 왜 그는 그 길을 선택하기를 주저했을까? 우리는 카리의 선택을 두고 신중하게 대화를 나눴고, 그는 내 말에 동의했다. 그는 정말 인도에 가고 싶어했다. 그는 자기 삶 전부가 자신을 그곳으로 이끌고, 자신의 열정이 자신을 올바른 방향인 목적으로 이끌고 있다는 사실을 확신했다. 결국 그는 인도행을 택했고, 자신의 말대로 인생이 바뀌었다.

지금까지도 카리는 열정을 추구하고 목적을 발견하는 일이 진정한 활력으로 나아가는 길이라는 생각에 변함이 없다. 내가 이 글을 쓰는 지금 그는 마인드셋, 웰빙, 회복탄력성에 관한 첫 책을 쓴다. 나는 그가 매우 자랑스럽다. 이제 카리는 자신의 복음을 널리

전하며 수많은 사람에게 자신의 웰빙을 위해 더 나은 선택을 하라고 독려한다. 제자가 스승이 된 것이다.

목적을 찾기엔 너무 늦었을까?

연구에 따르면 성인이 되면서 심리적 목적과 사회적 기여가 모두 줄어든다. 어느 정도 방향감각과 의미를 찾은 사람도 그 목적을 타인을 위한 사회적 기여로 연결하지는 못한다.

노후에 목적을 갖고 살기가 왜 그리 어려울까? 나는 노년층이 사회에 의미 있게 기여할 여건과 기회를 우리가 제공하지 못하기 때문이라는 설명에 동의한다. '구조적 지연'이 있다는 말이다. 노인학자 마틸다 라일리Matilda Riley는 성인의 건강수명은 늘었지만, 노년층의 열정·재능·흥미를 이끌어내고 활용할 사회적 규범과 제도 변화는 이를 뒷받침하지 못한다고 지적했다.[9] 은퇴, 삶의 즐거움, 자유, 편안함 등 사회가 노년층에 부여하는 목적이 더는 노년층의 목적 찾기를 반영하지 못한다는 뜻이다. 우리 사회는 노인들의 지혜를 활용하고 그들이 활력을 찾을 중요한 길을 마련해줄 엄청난 기회를 놓치고 있다.

하지만 문제는 60대나 70대에 시작되지 않는다. 실제로 그래프를 보면 진정한 목적은 평균 은퇴연령 이전부터 줄어들기 시작해 54~64세에 급격하게 떨어진다. 성인이 정규교육을 마치고 노동시장에 들어서면 공식 종교기관 외에는 삶의 목적을 찾도록 도와주기는커녕 장려하는 기관도 없다. 결혼·승진·자원봉사 기회 같은 삶의 여러 단계도 목적의식을 높이는 데 도움이 되지만, 많은 사람이 이런 개인적 삶의 단계에서 자신이 사회적으로 이바지할 수 있다는 사실은 깨닫지 못한다.

얼마 전 내 지인은 오랫동안 성공적인 커리어를 쌓은 다음 중대한 결정을 내린 친한 친구 이야기를 들려줬다. TV 스포츠 프로그램 제작사에서 일하던 타냐는 전국 하키 플레이오프, '먼데이 나이트 풋볼Monday Night Football' 경기, 심지어 올림픽까지 다니느라 미국 전역은 물론 해외로도 종횡무진했다. 한때 여행을 정말 많이 다니던 그는 모든 하키 경기장에 갈 때마다 계단에서 달려보기로 결심하기도 했다. 타냐의 직업은 여전히 흥미롭고 힘들고 주변 사람들이 보기에도 분명 대단한 일이었지만 그의 핵심 욕구를 충족시키지는 못했다. 그런 목표는 이제 그에게 중요하지 않았다. 예전의 그가 아니었기 때문이다.

타냐의 자녀들은 모두 성장해서 막내가 대학 졸업을 앞두고 있었다. 타냐와 남편은 성인기 대부분을 보낸 번잡한 도시에서 벗어나 조용한 주말 별장으로 이사할 계획을 세웠다. 주변이 전부 달라지고 있었다. 일은 매우 보람 있었지만 그는 생활에 변화를 줄 때가 되었다고 여겼다. 그래서 그는 53세에 꽃 사업을 시작했다.

타냐는 어릴 적부터 꽃을 사랑했다. 사랑하는 어머니에게서 기본적인 꽃꽂이를 배운 터였다. 완벽하게 꽃을 꽂아 일상에 색채와 기쁨, 아름다움을 더하는 일이 좋았다. 가족과 친구들을 위해서는 오랫동안 꽃꽂이를 해왔지만 이제는 그 대상을 좀 더 넓히고 싶었다. 처음에는 친구 몇 명에게만 알리고 작게 시작했는데 사업이 점차 불어났다. 몇 달 지나지 않아 그는 결혼식, 졸업식, 생일 파티, 레스토랑 로비 장식 등을 맡게 되었다.

타냐는 남들에게 베풀 때 가장 큰 기쁨을 느꼈다. 그가 아끼는 사람들은 언제나 그 사실을 알았지만 정작 타냐 자신은 그것을 몰랐다. 주변 사람에게 사랑과 햇살을 전하고, 자신이 아는 최고의 방법으로 잊지 못할 아름다운 순간을 만드는 것이 그의 목적이었다. 첫 번째 직업을 그만두고 빈 둥지가 되었지만 그는 방황하지 않았다. 그는 무엇이 자신을 움직이게 했는지, 무엇이 진정한 목적인지 돌아보았다. 내 친구는 그가 언제나 놀랍고 멋진 여성이었지만, 이제는 멀리서도 그가 내뿜는 빛이 보인다고 말했다. 타냐는 열정으로 불타올랐다. 깨달음의 순간이 항상 이처럼 분명하게 찾아오는 것은 아니다. 하지만 속도를 늦추고 마음의 소리에 귀를 기울이며 자신이 가진 것으로 다른 사람을 도울 방법을 알아낸다면 누구나 목적을 찾을 수 있다.

실천 계획 예상치 못한 기회를 활용해 자신의 빛을 찾아보자. 스스로 성장하고 사회에 이바지할 의미 있는 도전을 할 기회가 없다고 느끼는 일은 어른이 되어서도 언제든지 일어날 수 있다. 은퇴를 앞두고 경력이 끝나갈 때는 그 시기를 기점으로 인생이 '단순해지는' 것처럼 보인다. 사회는 의도했든 아니든 노년층과 은퇴를 앞둔 이들에게 그들이 사회와 더는 관련이 없다는 메시지를 보낸다. 하지만 타냐처럼 인생의 자연스러운 변화와 전환을 내면의 욕구를 재평가할 기회로 받아들이고, 변화에 맞서 싸우는 대신 변화와 함께 흘러갈 수도 있다. 다만 자신의 빛을 찾는 방법에만 생각을 집중하지 말고, 바깥으로 시선을 돌려보자. 다른 사람이 행복해지도록 돕고 기여하는 것이 자신으로부터 최고의 빛을 끌어낼 수 있다는 것을 알게 될 것이다.

목적 찾기에 너무 이른 때란 없다

젊은이들은 어떨까? 정규교육 기회를 활용해 소명을 찾을 준비를 하고 있을까? 어릴 때부터 자신의 진정한 목적을 찾기 위해 대비하고 준비할까? 우리는 청년들이 인생에서 분명한 목적을 갖고 어른으로 성장하도록 제대로 돕고 있을까?

그렇기도 하고 아니기도 하다. 11~21세 청소년을 살핀 연구에 따르면 이들 가운데 4분의 1이 목적을 찾기 위해 애쓰고 있었다.[10] 아직 목적을 정하지 못했지만 적극적으로 목적을 찾고 있다는 뜻이다. 청소년 10명 중 1명은 타인을 돕겠다는 뚜렷한 목표를 갖고 있지만 아직 행동으로 옮기지 않고 있었다. 목적은 있지만 사회적 기여에 대한 체감도는 매우 낮다는 뜻이다. 중고등학생 청소년은 전반적으로 삶의 목적이 없었으며, 그들 중 16퍼센트만이 뚜렷한 목적의식을 가지고 행동한다고 답했다.

대학생에게서는 한 가지 좋은 소식이 들린다. 19~21세 대학생 10명 중 4명은 진정한 목적을 발견했다. 이런 학생은 예술, 공동체 봉사, 영적 헌신, 가족을 통해 진정한 목적을 발견하고 실천한다. 하지만 40퍼센트가 넘는 학생은 아직 목적이 없었다. 내가 두려워하는 점은 이 학생들이 목적을 찾으려 하지 않는다는 것이다.

연구에 따르면 젊은이들이 친사회적 성향을 기르려면 어른들이 친사회적 성향에 부합하는 직업적 열망을 불러일으키는 롤모델이 되어주어야 한다.[11] 당신은 세상을 더 나은 곳으로 만들거나 적어도 덜 고통스럽게 만들기 위해 제대로 일해서 성공하려는 열망의 관점에서 자신의 일을 설명할 수 있는가? 자신의 일을 소비의 관점에서 설명하겠는가, 아니면 기여의 관점에서 설명하겠는가?

부모가 자신의 직업을 설명할 때 타인과 사회에 무엇을 주는지보다 자신이 무엇을 얻는지로, 곧 도움을 주기보다 받는 면에서 설명한다면 기여에 바탕을 둔 친사회적 삶의 지향점이 아니라 소비에 바탕을 둔 이기적 삶의 지향점을 본보기로 보여주는 셈이다. 자녀의 직업적 꿈과 열망에 반응하고 자녀와 대화할 때도 마찬가지다.

실천 계획 자녀가 미래의 직업에 열정을 보일 때 그 직업으로 돈을 얼마나 벌 수 있는지, 얼마나 중요한 사람이 될지, 어떤 생활방식을 갖게 될지만 이야기하면 자녀는 친사회적인 일이 아니라 이기적인 일을 더욱 지향하게 된다. 타인과 사회를 돕고, 중요한 문제를 해결하고, 세상의 고통을 덜어줄 방법을 설명하며 직업적 열망을 자극하면, 자녀는 일을 통해 무언가를 얻고 소비하기만 하는 것이 아니라 사회에 기여한다는 친사회적인 미래 지향에 더욱 주목하게 된다.

부적응적 완벽주의: 활력을 희생하여 얻은 성공

내가 추구하는 것이 목적인지 아니면 어떤 대가를 치르더라도 그저 성공하는 것인지 어떻게 알까? 내가 '아시아계 미국인의 역설 Asian American paradox'이라고 부르는 현상은 이 난제를 잘 설명한다. 내 연구에 따르면 아시아계 미국인은 비교적 정신질환을 적게 겪는데도 활력은 아주 낮다. 왜 그럴까?

2021년 아시아계 미국인 가정의 중위소득은 10만 572달러로 백인(7만 5,412달러), 라틴계(6만 566달러), 아프리카계(4만 6,774달러) 가정에 비해 높았다.[12] 고소득 가구를 부양하는 가장은 보통 교육 수준과 직업적 지위가 높고 사회경제적으로도 높은 위치에 있는 경우가 많다. 가족의 사회경제적 지위가 높아지면 자녀의 삶의 질이나 건강도 좋아지고 성공할 가능성도 높아진다. 그러므로 사회학자라면 정신건강 순위를 아시아계 학생의 정신건강이 가장 좋고, 백인 학생과 라틴계 학생이 그다음이고, 아프리카계 학생이 가장 나빠서 정신질환과 시들함 비율이 가장 높을 것이라고 예측할 것이다.

하지만 그렇지 않았다.[13] 아시아계 미국인 학생은 우리가 지표를 보고 생각하는 것보다 훨씬 높은 비율로 시들함에 빠져 있었다. 왜일까?

그 이유 중 하나는 아시아계 미국인 학생에게 도움이 되기도 하고 방해가 되기도 하는 '모범적인 소수자'라는 고정관념이다. 아시아계 미국인은 근면하고 자수성가하며 정신적으로 건강하고 학업과 직업 면에서 성공한다는 고정관념이 있다.[14] 실제로 아시아계 미국인 학생은 다른 인종이나 민족의 학생보다 학점과 학업 성취도가 높고, 영재 교육 프로그램에 더 많이 참여하며, 명문 대학에 더 많이 입학한다.[15]

아시아계 미국인의 역설에는 문화적 가치와 관행이 뒤섞여 있다. 예를 들어 아시아 문화권과 미국 내 아시아계 가정에서는 성취를 몹시 강조한다. 부모와 가족은 학업 성적이 뛰어나고 사회적 지위와 보수가 높은 직업을 선택해야 한다고 자녀를 압박하는 경우가 많다.

아시아계 미국인 청소년은 학업적으로 성공해야 한다는 압박을 더 많이 느낀다고 알려져 있다. 학업 성취는 자녀가 성공하고 더 많은 기회를 얻도록 돕느라 희생한 가족에 대한 예우이기 때문이다.[16] 하지만 성공한 학생조차 부모의 기대치가 도저히 닿을 수 없을 정도로 높을 때가 있다고 토로한다. 부모들은 자녀가 의사·변호사·은행가·엔지니어·자연과학 분야의 전문가 같은 고학력자가 성취할 수 있는 이른바 '좋은' 직업을 갖도록 지원해주지만, 학생의 능력과 학문적 관심이 언제나 부모의 직업적 기대와 일치하는 것은 아니다.[17] 아시아계 학생들의 끈질긴 집념은 성공의 열쇠가 되기도 하지만 학생이 자신의 성취를 음미하고 스스로를 긍정적으로 느끼지 못하게 하거나, 미래에 대한 목표를 세울 때 스스로 좋은 선택을 내렸다고 느끼지 못하게 막는 양날의 검이 되기도 한다.

부모의 기대치가 높으면 학생은 자신에 대해 충족되지 못한 기대치가 늘어난다. 1990년부터 2020년까지 미국·캐나다·영국 청소년을 대상으로, 부모가 학업 행동에 끼치는 영향을 자녀가 얼마나 인식하는지와 완벽주의를 나타내는 여러 지표 사이에 어떤 관계가 있는지 조사한 수많은 연구가 발표되었다. 1990년 이후 세 나라에서 자기지향적 완벽주의, 사회적으로 부여된 완벽주의, 타인지향적 완벽주의라는 세 가지 영역에서 부모의 영향력이 모두 점차 늘었다.[18] 왜일까?

유력한 원인이 몇 가지 있다. 요즘 부모는 그 어느 때보다 자녀의 학업에 직접 관여한다. 고학력에 사회경제적 지위가 높은 부모들은 흔히 더욱 적극적으로 관여한다. 부모는 자녀와 함께 놀거나 여가를 보내는 시간은 줄이고, 자녀와 함께하는 학교 활동에 더 많은 시간을 보낸다. 부모가 고등교육을 받고 권위 있는 고소득 직업을 가진 성공한 가정에서 이런 변화가 더 극명하게 나타난다.[19] 부모가 얻은 고등교육과 고소득 직업은 성공하려고 노력하는 자녀에게 부모의 성공에 보탬이 된 것과 같은 도구를 사용하도록 권하는 유인책이 된다. 솔직히 말해 터무니없이 비싼 대학 등록금도 자녀가 대학을 졸업할 때 경제적 성공이 보장된 길을 택하도록 권하는 부모의 기대와 관여, 압박이 더욱 늘어나는 데 힘을 보탠다.[20]

이 모든 요인이 모이면 기대치가 비합리적이고 비현실적이며 징벌적인 수준으로 높아서 결국 충족시키지 못하게 되는 부적응적 완벽주의를 낳는다. 이런 식의 완벽주의는 학생이 뛰어난 학업 성취로 얻을 수 있는 웰빙을 좀먹는다.

건강하고 적응적인 완벽주의도 있다. 한 사람에 대해 그 사람 본인과 그를 아끼는 다른 사람들이 높은 기준과 기대치를 가지는 경우다. 이 경우에는 열망과 꿈을 이루기 위해 열심히 공부하고 노력한다. 건강한 완벽주의자는 자기판단을 하지 않는다. 결점이나 실패를 두고 자신을 몰아세우지도 않는다. 건강한 완벽주의자는 자기연민에 능숙하다.

자기연민을 더 잘 느끼는 사람은 스스로 더 개선하려 한다.[21] 이런 사람은 자신의 약점을 고칠 수 있다고 믿으며 지적·도덕적 약점과 문제를 개선하기 위해 열심히 노력한다. 자기연민하는 사람은 실수로 타인에게 상처를 주면 사과하고 보상한다. 이런 사람은 인간이라면 모두 불완전하고 어려움을 겪는다는 사실을 깨닫고 겸손을 바탕으로 자아를 형성한다. 나르시시즘이 훨씬 적고 자존감이 높으며 안정적인 자아 가치감을 느낀다.

엄청난 노력과 끈기, 곧 '그릿grit'은 분명 좋은 것이다. 하지만 그

릿이 자기연민이나 삶의 목적과 이어지지 않으면 수많은 대학생처럼 청년들은 아무 의미를 찾지 못하고 고통받을 수 있다. 우리가 부적응적 완벽주의를 자기연민을 키우는 적응적 완벽주의로 대체한다면 청년들을 도울 수 있을 것이다.[22]

빅토르 프랑클은 가장 해로운 것은 고통 자체가 아니라 의미 없는 고통이라고 주장했다.[23] 부적응적 완벽주의에 빠지면 너무 높은 기준과 기대치를 설정하고 실패했을 때 자신을 가혹하게 비판한다. 적응적 완벽주의자가 된다는 것은 의미 없는 학업 과제와 고통으로 이루어진 삶에 직면하는 것이다.

실천 계획 목적을 찾고 그 목적을 이루기 위해 열심히 노력하자. 하지만 자신에게 좀 더 관대해지자. 연민과 호기심을 갖고, 무엇보다 목적을 찾는 과정에서 실수하더라도 자신을 이해하려고 노력하자. 자기연민을 연습하면 기준을 높게 잡고 칭찬받을 만한 성취를 위해 노력하면서도 더욱 균형 잡힌 삶을 살 수 있다.

목적으로 향하는 여정

목적의 마지막 요소는 목적을 행동으로 옮기는 것이다. 이때 어른들은 어떻게 젊은이를 도울 수 있을까? 어른은 롤모델이 되거나 젊은이를 지지하며 그들이 목적을 찾도록 도울 수 있다. 우리의 자녀들은 매주 여러 활동에 참여할 것이다. 그중 얼마나 많은 활동이 타인이나 지역사회에 봉사하거나, 대의에 헌신하거나, 도움이 필요한 사람을 돕는 활동인가? 부모와 자녀 모두 어릴 때부터 타인을 돕는 일과는 거리가 먼 일상 활동에 너무 매몰되는 경우가 많다. 이런 활동을 친사회적인 활동으로 바꾸거나, 활동 목록에 친사회적인 활동을 더하면 어떨까?

청소년은 친사회적 활동에 참여함으로써 기후위기, 총기 안전, 청소년 정신건강 등 자신이 걱정하는 문제에 관심을 두고 행동할 기회를 얻는다. 그레타 툰베리Greta Thunberg는 가족의 지원을 받아 지구 환경 악화를 막으려는 자신의 관심을 행동으로 옮긴 젊은이의 잘 알려진 사례다. 젊은이들은 자신이 선택한 문제를 해결하려고 노력하면서 자질구레한 일상에서 한 걸음 물러나 더 큰 문제에 대해 생각해볼 기회를 얻는다. 이렇게 한 걸음 물러나 성찰하면 미래의 직업적 열망과 친사회적 지향을 명확히 하는 데 도움이 된다.

실천 계획 자신이 세운 목적에 필요한 지식, 기술, 사회적 지위를 아직 손에 넣지 못해서 인생의 목적에 따라 행동할 수 없다고 느끼는 사람이 많다. 그래도 괜찮다. '목적을 위한 계획'을 세우자. 인생의 목적을 위한 계획을 세우는 것은 인생의 목적을 찾는 것과 다르다. 목적을 찾는다는 것은 타인이나 세상을 돕기 위해 무엇을 하고 싶은지 아직 모른다는 의미다. 반면 인생의 목적을 위한 계획을 세운다는 것은 자신이 원하는 곳에 도달하려면 어떤 일에 몰입하고 어떤 교육이나 학습 프로그램을 이수해야 하는지 안다는 의미다.

그 여정에 이르는 데 시간이 걸려도 일단 시작하자. 예를 들어 인생의 목적을 찾고 이를 실천하는 계획 단계 중 하나로 교육을 받거나 이미 받은 교육을 한 단계 심화시킬 수 있다.

일에서 당신의 의미와 목적을 찾지 못할 수도 있다

내 지인 중 한 명은 대형 뮤추얼펀드에서 일하며 끔찍한 시간을 보냈다. 보수는 꽤 좋았지만 그는 금속산업이나 광산업을 분석하는 일에서 아무런 기쁨을 찾지 못했다. 마침내 용기를 내어 퇴사한 그는 풍력, 태양광, 배터리, 탄소 포집 등 청정 에너지에 투자하는 소규모 스타트업 자산운용사에 들어갔다. 전과 마찬가지로 그다지 끌리지 않는 금융업이었고 보수도 적었지만, 그 일에는 그의 관심을 끄는 특별함이 있었다. 이전 회사에서는 부자들을 더 부자로 만들기 위해 시장을 조작하느라 영혼이 털린 기분이었지만, 지금은 자신이 지구를 위해 아주 작은 변화라도 만들지 모른다는 생각이 들었다. 밤늦게까지 일하고 스트레스가 쌓여도 일을 계속할 만한 무언가가 있었다. 그의 스프레드시트에는 예전보다 더 중요하게 느껴지는 무언가가 있었다.

성인이라면 대부분의 삶을 직장에서 보내는 것이 현실이다. 따라서 일에서 목적을 찾고 지켜나가는 능력이 반드시 필요하다. 고용 기관은 성인의 삶에서 시간과 투입된 노력, 그로 인한 개인의 영향력 측면에서 가족의 뒤를 이어 두 번째로 중요한 조직이다.

연구 결과 사람들은 일을 직업job, 경력career, 소명calling 세 가지로 보았다. 일을 직업으로 보는 사람은 일의 '물질적' 혜택(급여 및 부가적 이점)에서 만족을 얻었다. 이들은 급여를 더 많이 받을 수 있다면 일하는 장소나 일의 종류를 바꿀 수 있다고 생각했다. 이들에게 일은 경제적 안정을 주는 수단이며, 직장 바깥에서 의미와 성취감을 얻을 방안을 (만약 그것이 중요하다면) 추구할 수 있게 해준다.

일을 경력으로 여기는 사람은 직업적 명성과 발전에서 만족을 얻었다. 직업적 발전에 따라오는 급여·명성·지위의 상승은 물질적 필요의 충족 외에도 자존감·권력·사회적 입지를 높여주기 때문에 중요하게 여긴다. 따라서 일을 경력으로 여기는 사람은 일의 종류보다 '일하는 장소'를 바꿀 가능성이 크다.

전통적으로 소명은 도덕적으로나 사회적으로 중요한 일을 하도록 이끄는 신이나 더 위대한 힘의 부름을 의미했지만, 오늘날에는 단순하게 '인생이 내게 기대하는 것은 무엇인가'라는 질문을 성찰하고 영적인 삶을 살도록 부름받았다고 느낀다는 뜻이다. 자기 일이 소명이라고 믿는 사람은 자신의 직업을 이렇게 설명한다. "내일은 시간을 얼마나 쏟든 수입이 얼마나 적든 상관없이 지금 이 일을 하도록 부름받았기 때문에 특별하다. 나는 이 일을 하기 위해 세상에 태어났다." 연구에 따르면 성인의 15~30퍼센트가 자기 일을 소명으로 여긴다.

대부분의 응답자(56퍼센트)가 자기 일을 경력으로, 29퍼센트는 직업으로 여기는데 소명으로 여기는 응답자는 고작 15퍼센트라는 얘기일까?[24] 내가 하고 싶은 말은 직장에서 자신의 대의를 찾고, 자신의 목적을 위해 진정성 있게 일할 수 있다면 운이 좋다는 뜻이다. 과학적 데이터에 따르면 안타깝게도 일과 인생의 목적이 하나가 되는 경우는 드물다.

직장에서는 왜 목적을 찾기 어려울까?

노동경제학자들은 미국 고용시장이 제조업에서 서비스업 중심으로 바뀌고 있다고 지적한다. 서비스업은 비교적 안정성이 부족하고 임금과 복리후생의 수준도 낮으며 시간제인 경우가 많다. 사회학자 제임스 데이비슨James Davidson과 데이비드 캐들David Caddell은 연구 결과에서 인과관계를 말하지는 않았지만, 고용 안정성이 높으며 급여를 많이 받는 전일제 직장에 다니는 사람일수록 자기 일을 소명으로 여길 가능성이 크다는 사실을 발견했다.[25] 덜 안정적인 저임금 시간제 노동을 하는 사람은 일을 직업으로 볼 가능성이 컸다.

전 세계적으로 대부분의 직업 기반이 달라지면서 직원들은 흔히 자기 일을 소명이라기보다 직업이나 경력으로 보게 되었다. 정규교육을 충분히 받지 못한 사람이 일할 유일한 기회인 저급 서비스직이 늘어난 것이 작지 않은 원인이다. 이런 변화가 미국 내 소득 불평등의 증가를 주도한다. 더 많은 사람이 대학 학위를 받을 방법을 찾기 전까지는 이런 현상이 줄어들지 않을 것이다.

하지만 어떤 분야에서 일하든 가장 중요한 문제는 시스템이다. 민주적 자본주의는 경쟁·선택·기업가 정신·투자를 장려하는데, 이는 조직의 주요 목적이기는 하지만 유일한 목적은 아니다. 민주적 자본주의는 물질적 손실 위험이 큰 조건에서 상당한 이윤을 창출한다. 따라서 영리조직의 위상은 수탁자의 충실성에 달려 있다.

하지만 정치철학자 C. B. 맥퍼슨C. B. Macpherson이 언급했듯 민주적 자본주의는 '소유적 개인주의possessive individualism', 다시 말해 가능한 모든 수단을 활용해 자본을 빠르게 축적한다는 한 가지 목적의 지배를 받는다.[26] 이런 자본주의 회사는 그들의 행위가 수탁 체계나 민주조직의 위상에 끼치는 영향에 관심을 갖거나 양심의 가책을 느끼지 않는다.

사회가 소유적 개인주의에 빠지는 이유는 무엇 때문일까? 금융기관과 프로세스에 대한 신뢰가 무너질 때 이런 일이 발생할 가능성이 높다. 2007년 약탈적 주택담보대출 위기가 발생했을 때 은행이나 월스트리트 기업이 아니라 구매자가 대가를 치르게 된다는 인식이 확산한 것이 대표적인 예다. 2008년 대형 은행이 구제금융을 받으며 가해자가 아니라 피해자가 고통받는다는 사실이 분명해졌고, 당연히 금융기관은 사람들의 신뢰를 잃었다.

우리 사회에 균열이 일어난 것은 경제 기관에 대한 신뢰 상실 때문만은 아니다. 미래에 대한 확신과 정치적 절차의 실행 가능성이 흔들릴 때도 소유적 개인주의가 고개를 든다. 소유적 개인주의는 개인과 공공의 위상을 유지하고 보호한다는 지도자와 규제 당국의 약속이 무너지는 것처럼 보일 때 등장한다. 종교에 대한 믿음이든 사법·사회·정치 체제에 대한 신뢰든, 윤리·도덕 지침의 원천에서 벗어난다면 어떤 성공을 이루어도 그 성공은 아무런 의미가 없다.

목적은 찾기도 하지만 잃을 수도 있다

성인이 되어 한창 경력을 쌓아갈 무렵 나는 이른바 '집중 외래 프로그램'이라고 불리는 장기 치료를 받게 되었다. 경력의 정점에 올랐을 때였다. 막 정교수로 승진한 뒤 종신교수직을 받고 에모리대학교의 석좌 연구교수가 된 참이었다. 정교수로 승진하자 관례대로 한 학기 안식휴가를 받았다. 그동안 조용히 앉아 '활력'에 관한 책을 쓸 예정이었다. 하지만 일은 계획대로 풀리지 않았다.

마침 친구가 어떤 책 한 장章의 초고를 검토하자마자 내게 '미리 알려주고 싶다며' 전해줬다. 나를 공격하거나 내가 상처받기를 바란 건 아니었다. 이 책의 제목은 알고 보니 '활력flourishing'이었고, 부제에서는 혁신적이고 새로운 접근법을 소개한다고 했다. 하지만 곧 출간될 이 책은 2002년 내가 과학 저널에 첫 논문을 발표한 지 10년도 더 지나 출간되는 책이었다. 첫 논문을 발표한 뒤에도 나는 분명 계속 이 주제를 다룬 글을 많이 써서 발표했다.

친구가 검토하던 그 책은 정서적·심리적·사회적 웰빙 등 다양한 종류의 웰빙과 활력을 결합한다는 점에서 내 활력 모델과 아주 비슷한 모델을 소개했다. 갑자기 뾰족한 핀에 찔려 터진 풍선이 된 기분이었다. 나는 쪼그라들었다. 연구는 내 인생에서 가장 큰 목적이었다. 내 연구와 비슷한 연구를 바탕으로 '활력에 관한 새롭고 혁명적인 접근법'이라는 책이 나온다면 나는 세상에 더는 필요하지 않을지도 모른다.

나는 목적을 잃었고, 세상에는 내가 필요하지 않다고 결론 내렸다. 나는 다른 계획을 세웠다.

어느 늦은 오후 나는 필름이 끊길 정도로 술을 마셨다. 목을 맬 계획이었다. 그날 저녁 아내가 퇴근해 집에 돌아왔다. 아내는 어두운 거실에서 술에 취해 울고 있는 나를 발견하고는 당황해서 무슨 일이냐고 물었다. 나는 '이런 일은' 더는 못 하겠다고 말했다. 내 감정적·심리적·육체적·영적 존재의 모든 요소가 소진되어 사라져버렸다. 내 존재를 다시 채우는 일에도 흥미가 없었다. 게다가 세상에는 더 이상 내가 필요하지 않았다.

그러자 아내는 이렇게 말했다. "하지만 나는 당신이 필요해." 그 네 마디는 내 생명을 구했다. 그 말이 내게 힘이 된 것처럼 나도 다른 사람에게 힘이 되는 책을 쓰고 싶었다.

나는 아내에게 이 일이 제대로 되려면 만만찮은 도움이 필요하다고 고백했다. 일주일에 한 번 치료사를 만나는 것으로는 부족하다고도 말했다. 친어머니에게 버림받고, 계모에게 학대받고, 알코올의존증인 아버지에게 방임되는 등 이미 극복했다고 생각했던 어린 시절의 트라우마를 확실히 해결해야 했다. 다 이겨냈다고 생각했지만, 결국 과거는 내가 그것을 직면하기 전까지 나를 규정지었다. 나이를 얼마나 먹었든, 얼마나 많은 성취를 거두었든, 학위를 얼마나 땄든, 어깨 너머로 돌아보면 과거가 거기에 있었다.

나는 병가를 내고 곧바로 치료를 시작했다. 치료사들은 처음부터 몹시 까다로운 가르침을 강조했다. 바로 목표를 작게 세우라는 것이었다. 나는 성인기 내내 좀 더 큰 목표를 달성하려 노력했다. 작은 목표를 세우는 법은 잊은 지 오래였다. 게다가 치료팀의 '작은 것부터 시작하라'라는 말은 정말 작은 것을 의미했다.

우리는 명상부터 시작했다. 나는 일주일에 여러 번 한 시간 반씩 요가를 하는 요가 애호가였다. 나는 치료사에게 20분 명상도 식은 죽 먹기라고 장담했다. "그게 아니에요." 치료사는 1분부터 시작하라고 말했다. "일주일에 다섯 번 1분 명상이라고? 한심하군, 제정신이 아니네. 그게 도움이 되겠어?" 나는 교만하게 혼잣말을 했다.

치료사는 인지행동치료를 할 때도 부정적 감정을 메모하고, 그 원인이 무엇인지 살피고, 어떤 생각이 떠올랐는지 추적하라고 했다. 치료사는 내게 단순하게 하라고 했다. 나는 속으로 말했다. '아니, 난 교수라고요. 나는 학생들에게 인지행동치료를 가르친다고

요. 다 아는 내용이라고.'

아, 이 자아를 어쩐다? 내 자아는 변화에 무릎 꿇기를 거부했다. 하지만 나는 겨우겨우 시키는 대로 했고, 치료는 계획대로 진행되었다. 치료사가 작은 것부터 시작하고 단순하게 이어가라고 할 때마다 나는 맞서다가도 이내 포기했다. 저항하고 포기하기를 반복하면서 조금씩 나아갔다. 금세 몇 주가 지났다. 스스로 깨닫기도 전에 나는 그 작은 발걸음을 내디딘 것만으로도 엄청난 발전을 이루었다.

내가 알아차리기도 전에 다른 사람들이 내 긍정적인 변화를 발견했다. 믿을 수 없을 만큼 힘든 일이었지만 나는 다른 이들의 도움을 받아 더 나은 나를 찾을 수 있었다. 목적을 잃었지만 다시 찾았다. 이 책은 내가 다시 한번 목적에 따라 살고 있다는 증거다. '목적에 따라 살고 있다'라는 말을 타이핑하다 보니, 목적을 잃은 나머지 사는 것 같지 않은 지경에 이르렀던 기억에 나도 모르게 눈물이 났다.

내 주변에서, 작게 시작하기

목적을 찾아야 한다고 느끼지만 어디서부터 시작해야 할지 모르겠거나 영혼을 깊이 탐색할 만한 정신 상태가 아니라면 작은 것부터 시작하자. 시들함에서 활력으로 나아가고 싶다면 단순하게 하자.

변화에 저항하고 싶어하는 자신을 받아들이자. "밀어내고, 받아들이고, 밀어내고, 받아들이자." 이 주문을 계속 연습하자. 날마다 영적 비타민을 섭취하면 변화에 맞서 싸우고 싶을 때 수용과 자기연민을 실천하며 항복하고 놓아줄 수 있다. 그래야 진정으로 배우고 성장할 수 있다. 영적 비타민은 배움과 성장 비타민을 도와 삶의 목적이라는 비타민을 섭취하게 한다. 이들이 어떻게 결합되는지 이제 보이는가? 이것이 바로 일터에서의 선순환이다.

세 가지 작은 친절 행동부터 시작해보자. 보통 친절은 다른 사람을 돕는 확실한 방법이다. 그리고 다들 알다시피 타인을 돕는 일은 자신의 목적을 찾는 일의 본질이다.

친절에 관한 최근 연구에서는 참가자들을 네 그룹으로 나누고, 일주일에 한 번 연락해서 주간 과제를 상기시켰다.[27] 한 그룹에게는 다른 사람에게 세 가지 친절한 행동을 하라는 과제를 줬다. 두 번째 그룹에게는 세상을 위해 세 가지 친절한 행동을 하라는 과제를 줬다. 사람뿐만 아니라 동물이나 자연 같은 대상에게 친절을 베풀어도 된다. 세 번째 그룹에게는 자신을 위해 세 가지 친절한 행동을 하라는 과제를 줬다. 마지막 그룹은 대조군으로, 이들에게는 무언가를 하라고 요청하지 않았다.

연구는 4주 동안 진행되었다. 4주 뒤 그리고 연구 종료 2주 뒤 진행한 후속 조사 결과, 친절한 행동을 많이 한 그룹에서는 모두 긍정적 감정이 늘었다. 심지어 자신에게 친절을 베푼 사람도 긍정적 감정을 더 느꼈다. 이들은 다른 사람이나 세상을 향해 친절을 베푼 사람만큼 긍정적 감정을 느꼈다.

하지만 연구진은 자신에게 친절을 베풀었을 때는 타인이나 세상을 위해 친절을 베풀었을 때만큼 활력이 늘지는 않았다는 사실을 발견했다. 이는 이타적인 친절 행위가 기분을 좋게 만드는 것을 넘어 더 큰 역할을 한다는 것을 시사한다. 다시 말해 사회에 이바지하거나 삶의 목적의식을 높이는 등 제 기능을 한다는 면에서 활력에 다가가게 해준다.

실천 계획 작은 것부터 시작하자. 이번 주에 다른 사람이나 세상에 친절해질 수 있는 세 가지 일의 목록을 작성해보자. 주 후반에는 다음 주 목록을 작성하는 식으로 계속 이어가자.

하루에 한 번 이상 휴대전화 알람을 설정해 '오늘 친절한 행동을 하겠다고 약속했다'라는 사실을 떠올리자. 메모지에 오늘, 내일, 다음 날 할 구체적인 친절 행동을 적어보자. 이 메모를 커피메이커 근처나 욕실 거울에 붙여두자. 아침에 커피를 내리는 동안 잠시 짬을 내어 그날 오후에 할 구체적인 친절 행동을 알리는 휴대전화 알람을 업데이트할 수도 있다.

규칙적으로 실천해오지 않았거나 책임감을 느끼는 대상이 없는 행동을 지속하는 일이 얼마나 어려운지는 우리 모두 잘 안다. 실제로 친절 실험 참가자들도 항상 세 가지 친절을 실천하지는 못하고 일주일에 평균 2.5가지 친절을 실천했다. 어떤 주에는 친절을 한 가지밖에 실천하지 못했지만, 두세 가지 친절을 베푸는 주가 더 많았다는 뜻이다.

　그러므로 특히 초기 몇 주 동안은 나를 도와줄 일종의 보조장치를 활용해야 한다. 메모지나 휴대전화 알람을 이용해 성실하게 실천해보자. 꾸준히 하는 것이 핵심이다. 몇 주만 지나면 이런 실천은 아주 쉬우면서도 목적의식으로 충만한 새로운 습관이 되어 있을 것이다.

　작은 친절의 실천은 분명 사회적으로 영향을 끼치고 내 주변에 작은 파급 효과를 불러일으킨다. 이 장 전체에서 살펴본 더 위대한 목적의식, 곧 대의·역량·사회적 영향력과 개인을 잇는 교차점에 있는 목적의식은 일상에서 더 많은 배려의 몸짓을 엮어낼 때 비로소 눈에 들어오기 시작할 것이다.

주면 얻는다

친절을 베풀 기회에 더욱 주의를 기울이고, (시간과 자원이 있을 때) 타인에게 친절을 베풀고 이들을 지원하자는 초대를 받아들이면 주변 세상에 새로운 관심을 보일 수 있다. 인간의 경험과 감정의 다양성, 안전과 존엄, 연민을 바라는 공통의 욕구를 더 풍성하게 인식하게 된다. 이때 무작위적인 친절 행위는 목적의식적 행동에 더 지속적으로 전념할 토대가 된다.

　적어도 나 같은 사회학자가 정의하는 진정한 사회적 역할이란

기관이나 프로그램, 집단과 암묵적이거나 명시적으로 합의를 맺는다는 의미다. 자원봉사를 하기로 약속하면 정체성이나 자아상이 바뀐다.

재미있게도 이 주제를 바라보는 내 생각은 몇 년 전부터 달라져왔다. 연구 초기에는 자원봉사를 개인의 이득 추구 개념으로 보았다. 누군가 자원봉사를 하느냐고 물을 때 그렇다고 대답할 수 있고 과시할 수 있는 현대적인 자원봉사를 '소비적 웰빙 모델'이라고 불렀다. 이 웰빙 모델에서는 자원봉사와 같이 사회적으로 유익한 일의 경우에도 행복이 당신의 자원, 재산, 업적에 달려 있다. 소비적 웰빙 모델에서는 소득, 교육, 사회적 지위 수준이 높아질 때뿐 아니라 자선을 많이 베풀어도 삶의 질이 높아진다고 본다.

모든 생명이 살아가려면 자신에게 가치 있고 필요한 자원을 얻고 소비해야 한다. 잘못된 일은 아니다. 우리는 재화를 소비하면서 어느 정도 긍정적인 영향을 받는다. 하지만 어느 정도까지만 그렇다. (어떤 연구에 따르면 행복으로 얻는 이점은 소득이 7만 5,000달러가 넘으면 더 이상 늘지 않고 일정하다고 하고, 다른 연구에서는 기준점을 이보다 조금 더 높게 잡아 10만 달러대로 본다.)

생활비가 충분하지 않으면 성인기 내내 일해야 하고 때로는 동시에 여러 가지 일을 해야 할 수도 있다. 이미 돈이 충분해도 평생 일할 수도 있다. 우리는 보통 새로운 성공, 새로운 성취, 더 많은 부라는 무지개 저편에 더 많은 행복이 있으리라 믿는다.

우리 모두는 제각각 써야 할 돈이 있다. 어떤 사람은 그리 많이 쓰지 않아도 되고, 어떤 사람은 쓸 수 있는 것보다 훨씬 많이 써야 한다. 그리고 모두 돈을 어떻게 쓰는 것이 가장 좋은지 결정해야 한다. 우리에게는 각자 쓸 '인생'도 있다. 스스로 지닌 삶을 세상에 내놓을 수 있는 것으로 여기고, 삶을 나누며 자신이 원하는 행복과 활력을 모두 누릴 수 있다고 생각해보자. 그렇다면 죽기 전에 '다 쓰고 가는' 데 동의하겠는가?

수천 년 동안 종교적·영적 문헌은 다른 사람에게 친절이나 용서 같은 좋은 일을 베풀면 그 대가로 우리가 원하는 행복, 활력, 좋은 삶을 얻을 수 있다는 사실을 알려주려고 애썼다. 나는 이런 모델을 소비적 웰빙 모델이 아닌 웰빙의 '기여 모델'이라고 부르며 좀 더 자세히 살펴보려 한다. 얻는 것보다 주는 것에 주목하면 행복과 활력으로 이어지는 지속 가능한 접근법을 찾을 수 있다.

내가 수행한 한 연구에서는 스스로 자원봉사자라고 생각하는 성인일수록 활력 있을 가능성이 더 크다는 사실을 발견했다.[28] 여기에는 간단하지만 중요한 조건이 하나 있었다. 바로 최근까지 가까운 이웃이나 공동체에서 자원봉사한 경험이 있어야 한다는 점이다. 지난 12개월 동안 자원봉사를 해온 성인은 그보다 전에 자원봉사한 적이 있거나 자원봉사한 적이 전혀 없는 성인에 비해 활력 있을 가능성이 훨씬 컸다. 자원봉사는 최근에 한 일이어야 하고 지속되어야 하며 내가 사는 지역뿐만 아니라 내가 살아가는 방식의 일부가 되어야 한다. 또한 자원봉사는 우리가 하는 일로서만이 아니라 '우리가 어떤 사람인가'로 우리 자신을 정의하는 방식 가운데 하나가 되어야 한다.

실천 계획 크든 작든 자신이 믿는 대의를 찾아보자. 어떤 방식으로든 그 대의에 이바지하기로 약속하자. 자신이 옹호하는 자선단체에 돈을 기부하는 것도 좋지만, 시간을 기부하면 자신은 물론 당신이 도우려는 사람들에게 훨씬 큰 도움이 된다. 그리고 더 크게 생각하자! 정확히는 더 현명하게 생각하자. 무료 급식소나 음식 기부 단체에서 자원봉사하는 것도 좋지만, 그런 선택지가 여의치 않다면 다른 기회로 눈을 돌려보자. 지역 교회나 학교의 학부모·교사 단체에서도 당신의 힘이 필요할 수 있다.

꼭 공식 자선단체나 비영리기관에서 봉사할 필요는 없다. 연로한 이웃이나 힘든 시간을 보내는 친구가 있는가? 매주 그 이웃이나 친구를 방문해 식료품을 가져다주거나 간단한 청소를 해주고, 병원에 같이 가주거나 말벗이 되어줄 수도 있다. 매월 첫째 주 토요일에 친구들과 함께 가까운 숲에 가서 쓰레기를 주워도 좋다.

꼭 공식적으로 인증받고 국세청 승인을 받거나 시간으로 환산되는 활동일 필요는 없다. 지역사회를 둘러보고 크든 작든 당신이 도울 수 있는 사람이나 단체를 찾아 그 일에 직접 뛰어드는 것이 진정한 봉사활동이다. 당신이 이바지할 대의를 빨리 정해서 열정을 잃지 않도록 하자. 스스로 활력을 찾기 시작했다고 느끼면 나나 가까운 사람 이외의 세상을 위해 대의에 이바지하기가 더 쉬워질 뿐만 아니라 꼭 필요한 일로 느껴질 것이다.

자연에 자신만을 위해 사는 존재는 없다

목적에는 기본적으로 어떤 목표를 성취하기 위해 결심한다는 특징이 있다. 이런 관점에서 목적은 모든 곳, 우주의 모든 입자, 세포, 화합물, 물질, 에너지 형태에 존재한다. 지구와 놀라운 자연법칙은 이 지구에서 태어나고 죽는 모든 생명체를 돕는 방식으로 결합되어 있다.

프란치스코 교황Pope Francis은 아름다운 명언을 남겼다. 그의 말은 자연에서 혼자 살아가는 것은 없다는 사실을 일깨워준다. 강은 자기 물을 마시는 것이 아니라 우리가 생존하고 잘 살아가도록 우리에게 물을 준다. 나무는 자신의 그늘에서 몸을 누이지 않고, 자기가 맺은 열매를 먹지 않는다. 우리는 나무가 준 식량을 먹고 삶을 이어간다. 교황은 우리가 행복해지고 싶어하는 것은 당연하고, 행복해져도 괜찮다고 말하며 글을 맺는다. 하지만 그러면서도 나를 통해 다른 사람이 행복해지는 것이 더 낫다고 결론 내린다. 우리는 자연의 일부다. 자신만 위해 산다면 활력을 찾을 수 없다.

스스로 활력을 찾으면 좋다. 하지만 당신을 통해 다른 사람이 활력을 얻으면 더 좋다. 그렇기에 인생의 목적을 갖는 것을 넘어 그 목적에 따라 사는 것이 훨씬 더 좋다는 것이다.

9장

놀이: 일상을 벗어난 시간

웰빙을 증진하고 자아과잉과 스트레스를
해소하는 '비체계적인' 즐거움

내 젊은 친구 중 몇몇은 어린 자녀나 청소년을 둔 워킹맘들과 한 달에 한 번 일요일 저녁에 '선데이 펀데이' 모임을 한다. 먹을 것과 마실 것은 각자 가져오고, 무엇보다 어떤 기대나 계획이 없다. 그저 함께 모여 다음 날 학교나 직장에 가야 하는 일요일 저녁의 일상적 스트레스를 푼다.

하지만 어느 날 저녁식사가 끝나자 가장 어린 다섯 살과 여섯 살 아이 둘이 댄스파티를 하자고 졸랐다. 아이들은 좋아하는 음악을 틀고 신나게 춤추기 시작했다. 이 모임에서는 주로 엄마들이 와인 잔을 기울이는 동안 아이들은 놀이방에서 자기들끼리 놀곤 했다. 하지만 그날 밤은 달랐다. 아이들은 엄마와 함께 놀고 싶었고 그렇게 했다. 거실에서 음악을 크게 틀어놓고 팔을 흔들며 오랫동안 춤을 췄다. 엄마와 아이 모두 땀에 흠뻑 젖고 얼굴이 상기된 채 큰 소리로 웃었다. 아이들은 완전히 지쳤어도 행복에 겨워 곤히 잠이 들었다.

놀이가 아동기 발달에 필수적이라는 사실은 모두가 잘 안다. 하지만 우리는 '어른'이 된다는 것은 곧 게임을 그만둔다는 뜻이라 생각하며, 체계적이지 않은 즐거움이 과한 자아를 줄이고 스트레스를 낮추며 웰빙을 증진시키는 등 어른에게도 꼭 필요하다는 사실은 깨닫지 못한다.

놀이란 무엇인가?

놀이는 결과보다 과정에서 즐거움을 얻는 자기주도 활동이다. 규칙이 있는 놀이라도 창의력을 발휘할 여지는 남아 있어야 한다. 일상적인 놀이에 장비, 경기장이나 놀이터, 경계선이나 규칙 모음은 필요 없다. 상상력만 있으면 된다. 유일한 '규칙'은 무심코 지나치는 특별할 것 없는 순간에서 기쁨을 끌어내는 것이다. 나는 잔디를 깎을 때마다 내가 그리고 싶은 새로운 패턴을 머릿속으로 그려본다. 그러면 잔디를 깎는 일이 일종의 놀이가 된다. 나는 이 일을 '잔디 무늬 그리기'라고 부르며 매우 즐긴다. 사실 이 재미가 가장 중요하다.

놀이를 하려면 단 몇 분이라도 시간을 들여야 한다. 캘리그래피 실력을 다지거나, 라테아트를 배우거나, 샤퀴테리 보드에 온 정신을 쏟거나, 실험적인 점토 장신구를 만들어보거나, 다른 도시까지 차를 몰고 가 새로운 골동품 가게를 탐색하거나, 우표를 수집하거나, 유명인의 화장을 따라 해보거나, 타로카드를 읽어보거나, 롤러스케이트를 타거나, 정원을 가꾸거나, 어린이 그림책을 쓰는 일 모두 마찬가지다. 스포츠 리그에 참여하거나 매주 경기를 열어 묘한 경쟁심을 불태울 수도 있지만, 꼭 그럴 필요는 없다. (나도 보드게임을 아주 좋아하지만 규칙서가 톰 클랜시Tom Clancy의 소설보다 길면 그런 게임은 놀이라기보다 일처럼 느껴진다.) 집을 가꾸거나 사소한 집안일을 할 때도 즐겁게 하면 시간이 더 빨리 간다. 잔디 예술가가 되어 잔디를 깎을 때는 시간이 얼마나 걸리든 상관없다.

최근《뉴욕타임스》에서 딸이 어린 시절 내내 함께했던 동물 인형 친구들의 죽음을 애도하는 한 어머니의 감동적인 기사를 읽은 적이 있다.[1] 딸은 열한 살에 갑자기 상상력을 잃고 평생 함께한 친구들이 더는 실제가 아니라고 느꼈다. 노는 법을 잊어버린 것이다.

아이는 엄마에게 이렇게 화를 냈다고 한다. "상상력이 사라져버렸어요. 이런 일이 일어날 거라고 왜 말해주지 않았어요!" 딸은 상실감에 빠졌다. 동물 인형들과 놀며 느꼈던 우정이나 사랑 같은 모든 교감과 감정을 더는 느끼지 못하게 된 것이다. 남은 것은 추억뿐이었다. 딸은 엄마에게 "이제 얘들이랑 어떻게 놀아야 할지 모르겠어요"라며 인형을 모두 갖다 버리겠다고 했다.

우리는 흔히 놀이나 운동이 같다고 여긴다. 하지만 그러면서 운동 계획을 짜느라 스트레스를 받거나, 놀이가 될 수 있는 것을 오히려 해야 할 일로 만들어버리기도 한다. 달력과 점수판은 잊자. 완주하거나 승리하려고 논다면 외부의 길을 택하는 셈이다. 아무 걱정 없이 목표를 지향하지 않는 놀이를 하면서도 내면의 길을 충실히 따를 수 있다. 즐거움을 추구하고, 상상력을 마음껏 발휘하고, 이리저리 돌아다니는 자유를 즐기는 것이 바로 진정한 놀이다. 어쩌면 놀이는 모든 활력 비타민 중에서 가장 이기적인 것일지도 모르며, 그래서 그토록 실천하기 어려운지도 모른다.

꼭 놀이를 해야 하나?

놀이 연구자들은(맞다, 이런 연구자가 있다) 아주 오랫동안 힘겨운 싸움을 벌여왔다. 놀이의 정의에는 흔히 일상에서 필수가 아니라 선택이어야 한다는 사실이 들어 있다. 놀이가 선택이라면 꼭 해야 하느냐고 반문할 사람도 있을지 모른다. 해야 할 일이 되면 놀이의 이점이 사라지지 않을까?

정신과 의사이자 국립 놀이연구소National Institute for Play 소장인 스튜어트 브라운Stuart Brown은 성인이 활력을 찾으려면 체계적이지 않은 재미가 반드시 필요하다고 주장한다.[2] 브라운은 인생의 첫 10년 동안 놀이가 부족하면 우울증, 공격성, 충동성, 경직된 사고, 정서조절 장애, 의미 있는 관계 부족 등 여러 좋지 않은 결과를 야기한다는 증거를 내놓았다.

놀이의 이점을 열거하자면 끝이 없지만 여기서는 시들함에서 벗어나는 데 도움을 줄 수 있는 것들만 소개하겠다.

- 놀이는 우리를 성인의 책임에 매몰된 중요한 영역과 다시 이어준다. 아직도 킥킥대며 웃을 수 있다면 당신 안에 아이다움

이 여전히 살아 있는 셈이다.

- 놀이는 쓰지 않으면 사라지는 근육인 상상력과 우리를 다시 연결해준다.
- 놀이는 흥분, 에너지, 유머가 있는 삶을 사는 데 도움이 된다.
- 놀이는 아름다움의 진가를 다시 발견하도록 도와준다.
- 놀이는 전반적인 삶의 만족도를 높여준다.

인간은 물론 많은 동물도 놀이라는 깊은 생물학적 욕구를 발전시켰다. 놀이가 생존에 기여하기 때문이다. (놀이는 짝짓기 파트너를 구하는 데도 도움이 된다. 장난기 많은 성인은 공격적인 성인보다 더 매력적인 구혼자가 될 수 있다.)

즐거움을 앗아가는 세상에 놀이로 저항하기

나의 상쾌한 하루는 아주 이른 아침 시작된다. 나는 새벽 4시 반쯤 일어나 아내와 사랑하는 반려견이 잠든 새에 1층으로 내려가 사색하고 글쓰는 일을 좋아한다. 아침에는 모든 것이 순수하고 어떤 것이든 할 수 있다. 생각도 명료하고 글도 술술 써진다. 커피를 내린 다음 컴퓨터 앞에 앉아 이런저런 생각을 하고 글을 쓴다. 이메일은 나중에 확인한다. 아침은 신성한 놀이시간이다. 나는 여러 생각, 개념, 이론, 통계를 엮어 어떻게 하면 좋은 이야기를 풀어낼지 고민한다. 교수인 나는 개인적으로 이렇게 '일'에 접근한다. 나는 이런 방식이 좋다.

일과 생활은 놀이가 될 수 있다. 반대로 놀이와 생활이 일이 될 수도 있다. 즐거움을 누리는 것은 강요가 아니라 선택이다.

청소를 싫어하는 한 친구가 있다. 하지만 그의 반려견이 진공청소기를 자신의 천적이자 가장 좋아하는 놀이 상대로 여긴다는 사실을 알고 나자 그토록 싫던 집안일 하는 시간이 반려견과 함께 뛰어다니며 노는 시간이 되었다.

다른 친구는 아침 산책을 할 때 주변에서 본 것들로 노래를 만들어 흥얼거린다고 말했다. 혼자 노래를 흥얼거리는 모습을 누군가에게 들킬 뻔할 때마다 그는 킥킥 웃는다.

내가 아는 한 여성은 장거리 자동차 여행을 할 때마다 대용량 풍선껌(항상 포도 맛을 산다고 한다)을 사서 아직 할 수 있다는 걸 확인하려는 듯 풍선을 최대한 크게 부는 연습을 한다.

조현병 환자인 한 엔지니어는 매일 아침 출근 전 빈 방에 들어간다고 한다. 그도 나와 마찬가지로 아이디어를 떠올리는 시간을 갖고, 자기 아이디어를 알베르트 아인슈타인과 상세히 논의하는 일을 즐긴다. 우리는 그에게 그런 일을 그만두라고 충고하기는커녕 오히려 아인슈타인과의 '회동'을 계속하라고 격려했다. 왜일까? 그가 그 일을 즐기기 때문이다. 그는 그 일을 놀이라고 말한다. 그에게는 천재와의 이런 '회동'이 목적만큼이나 즐겁게 일에 다가갈 영감을 준다.

내가 생각하며 노는 일을 즐기는 이유 중 하나는 놀이가 교수라는 일에서 즐거움을 앗아가는 직장문화에 저항하는 방식이기 때문이다. 놀이는 일종의 저항 행위다. 실용적인 목적을 지닌 활동을 중요하게 여겨야 한다고 끊임없이 권장하는 세상에서 놀이는 정신건강을 지키는 방법이다. 흔히 사람들은 시간이 돈이라고 한다. 우리의 가치는 청구할 수 있는 시간으로 정의되며, 시간을 낭비한다면 우리가 지닌 기술을 현금화할 기회를 버리는 셈이다.

8장에서 불안한 감정과 즐거운 감정이 공존할 수 있다는 가능성을 살펴본 것을 기억하는가? 일과 놀이도 공존할 수 있다. 잠시 짬을 내어 작업 내용을 저장하고 화면을 끈 다음 동료의 사무실에 종이비행기를 날려보자. 아래층에서 강의실 두 개를 오가며 가르치는 친한 동료를 위해 그가 좋아하는 초콜릿 바를 비밀 장소에 숨겨두고 보물찾기 게임을 하라고 해보자.

오전에 길 건너 커피숍에 가서 휘핑크림을 올린 아이스 모카 한 잔을 마시는 시간에도 자신을 돌아볼 수 있다. 그런 시간을 오후의 생산성 향상을 위해 카페인을 들이붓는 시간이 아니라 마음의 긴장을 풀고 잠시 내려놓는 시간으로 생각하자. 순간을 바라보는 기대를 바꾸면 모든 것이 달라진다.

실천 계획 무언가에서든 재미를 빼앗고 싶다면 그것을 일이라 부르고 꼭 해야 할 임무라고 생각하면 된다. 나는 가족 휴가를 일처럼 만드는 사람들을 많이 봤다. 일정대로 움직이고, 빡빡한 시간표를 짜고, 함께 상호작용해야 한다고 강요하고, 최고의 시간을 보내야 한다며 즐거움을 빼앗는다. 일상에서 당신이 해야 하는 일에 놀이 정신을 더할 작은 방법은 무엇일까?

내 친구처럼 진공청소기 돌리기부터 나처럼 잔디 깎기까지 모든 일을 놀이처럼 생각해보자. 꼭 해야 하는 일상 업무나 너무 힘들게 느껴지는 일을 뒤집어 생각해보자. 가족의 저녁식사를 준비하며 새롭고 정교한 요리를 만들어보면 어떨까? 요리 프로그램 〈톱셰프Top Chef〉 참가자처럼 예쁘게 플레이팅하면 보너스 점수도 얻는다. 자녀의 보이스카우트 장터에 보낼 쿠키를 구워야 한다면 우스꽝스러운 장식을 더해보자. 설거지하는 동안 라디오에서 좋아하는 노래가 흘러나오면 나무 숟가락으로 조리대를 두드리며 상상의 드럼 연주를 해보면 어떨까? 일상의 마인드셋을 놀이 마인드셋으로 바꿔보자.

어린 시절의 놀이와 회복탄력성

놀이는 어린 시절의 축소판이자 나비의 번데기 같은 보호막이다. 놀이는 인생의 고난과 시련에서 아이들을 보호하고 이들이 성장하도록 돕는다. 하지만 아이가 자기 잘못도 아닌데 가난이나 인종차별 등 자신에게 불리한 결과를 초래하는 역경으로 가득한 환경에서 태어났다면 어쩌겠는가? 이렇게 불리한 환경에서 자라도 놀이로 회복탄력성을 기를 수 있을까? 놀 기회가 많아지면 인생에서 기대한 것보다 나은 결과를 얻도록 자극받고 빈곤의 악순환을 막을 완충재를 얻을 수 있을까?

어린 시절 나는 폭력과 학대가 시작될 무렵부터 집에서 겨우 탈출할 때까지 놀이를 완전히 끊었다. 다른 많은 아이와 마찬가지로 내게 학교는 놀 만한 곳이 아니었다. 집에서 안전하게 놀 수 있다는 느낌을 잃고 나니 다른 출구가 없었다.

내가 정규교육을 받은 교실은 대부분의 독자 여러분이 초중고 교육을 받았을 교실과 비슷하다. 교실 정면을 바라보고 늘어선 책걸상에 아이들이 앉아 있다. 활동적인 일은 거의 없고 대체로 교사의 말을 들으며 시간을 보낸다. 그다음에는 혼자 책상에 앉아 조용히 숙제나 자습을 해야 했다.

이런 식의 직접교육 환경은 내게도 악몽 같았지만, 나더러 책상을 두드리거나 다리를 위아래로 흔들며 책상을 발로 차 선생님을 미치게 만드는 행동을 그만하라고 간청하던 교사들에게도 마찬가지였을 것이다. 나는 정학 처분을 받고 칠판이나 종이에 괴발개발로 "저는 ○○하지 않겠습니다" 같은 반성문을 수백 번 썼다.

그러다 여덟 살이 되었을 무렵 우리 가족은 새로운 마을로 이사했다. 그곳에서 나는 '열린 교실'이라는 곳에 배정되었고 처음으로 내 인생을 꽃피웠다. 정학을 받지도 않았고 성적은 거의 완벽했다. 읽기와 다른 과목들에서 두 학년을 월반하기도 했다. 그러다 1년 뒤 벽체 마감공이었던 아버지를 따라 공사일이 더 많은 플로리다로 또다시 이사해야 했다. 나는 다시 직접교육 교실로 돌아왔고 또다시 문제아가 되었다.

이른바 개방형 교실에서 보낸 그 축복받은 1년은 어린 내게 완전한 해방이었다. 알고 보니 그 교육은 1960년대 중반 잘 알려진 '하이스코프 페리 유치원 연구HighScope Perry Preschool Study'에서 실험한 교육 모델과 상당히 비슷했다.3 이 연구에서는 가난한 흑인 '위험가정' 아동에 초점을 맞춘 유치원 교육 중재 프로그램을 실시했다. 아이들은 '직접교육direct instruction'이나 두 가지 '자기주도self-initiated 교육' 중 하나에 무작위로 배치되었다.

직접교육은 학업 기술을 가르치는 데 초점을 맞추었다. 교사는 자습서 등의 자료를 준비해 아동에게 언어, 산수, 읽기 등 계획된 수업을 짧게 지도했다. 두 가지 자기주도 교육 중 하나에서는 읽기, 쓰기, 산수 등 뚜렷한 관심 주제 영역에 따라 교실을 구성했다. 여기서 주된 경험은 주도성을 기르고 사회적 관계를 형성하고 유지하며, 창의성·음악·움직임·언어·문해력을 통해 자기표현력을 기르고, 사물을 분류하고 세는 등의 기본적인 수학 연산을 배우는 것이었다.

나머지 자기주도 교육은 전통적인 유치원식 커리큘럼이었다. 이 교육의 주요 목표는 아이들에게 학업 기술보다 사회적 기술을 가르치는 것이었다. 여기서는 때로 교사가 수업 활동, 토론, 현장 학습을 조직했다. 하지만 아이들은 자유롭게 활동을 선택하고, 한 활동에서 다른 활동으로 옮겨가거나 또래나 어른들을 만날 수 있었다. 하지만 다른 두 학습 모델과 달리 유치원식 접근법은 놀이를 장려했다. 여기서 놀이는 중점적이고 환영받는 활동이었고, 아이들은 다양한 놀이를 주도했다.

결과는 어땠을까? 직접교육 교실에서 배웠거나 적어도 배우려고 한 아이들은 미국의 수많은 빈곤층 아이들과 마찬가지로 몹시 나쁜 결과를 맞이했다. 하지만 자기주도 교실에서 배운 아이들은 미국 빈곤층 성장 통계의 또다른 예시가 되지 않았다. 사실 그 반대였다.

대부분의 경우 어떤 자기주도 교실에 배정되었는지는 중요하지 않았다. 그저 직접교육 교실이 아닌 환경에 배정되었다는 것이 중요했다. 그 차이는 놀라웠다. 직접교육 교실에서 교육받은 아이들은 몇몇 불행한 결과를 보였다. 이들 중 상당수가 학교를 중퇴했고, 마약 거래로 체포되거나 심지어 5회 이상 체포된 기록도 있었다. 혼외 자녀를 낳거나 공공지원금에 의존하는 생활을 하고, 집도 없이 실직 상태인 경우도 있었다. 이런 아이들은 나중에 취업하더라도 연봉 2천 달러 이상을 벌지 못했다[물가 상승을 고려하면 오늘날 1만 7,500달러(약 2,300만 원)에 해당한다].

이런 불행한 결과가 미리 정해져 있는 것은 아니다. 다행히 놀이 중심 사고방식에 바탕을 둔 교육을 받은 아이들은 대체로 성인이 되어 성공했다. 27세에는 집을 사고 괜찮은 수입으로 살아갈 가능성이 컸다. 고등학교를 중퇴하지 않았고, 공공지원을 받으며 홀로 자녀를 키우거나 전과자가 되거나 감방에 있지도 않았다.

예방은 효과가 있었다. 아이들에게 자기주도권을 주고 풍족한 환경에서 아이답게 놀게 하자 빈곤의 악순환을 끊는 큰 변화가 일어났다.

대표적인 놀이연구자 조 프로스트Joe Frost도 비슷한 결과를 발견했다.4 어릴 때 놀지 못한 아이는 부정적인 상황에 처했을 때 회복 탄력성이 떨어지고 자제력이 낮으며 다른 사람과 사회적·정서적 관계를 맺기 어려워한다. 놀이는 그저 장난이 아니다. 특히 놀이가 아이들의 밝은 미래를 건설하는 데 도움이 된다는 사실이 밝혀진 지금은 더욱 그렇다.

우리는 왜 놀이를 그만두는가?

아이들은 자라면서 놀이를 하는 것이 자기 나이에 걸맞고 반드시 필요하며 매우 중요하다는 느낌을 잃는다. 그러면서 순수한 놀이는 덜 하고 게임을 더 많이 한다. 놀이와 게임 모두 협력하고 활동을 조정하는 방법을 알려주어 사회화에 도움이 된다. 아이들이 계속 그런 활동을 하기를 원한다면 말이다. 놀이와 게임은 공감능력을 키우고 특히 타인의 관점을 받아들이는 데 도움이 되며, 의도적이든 아니든 다른 참가자에게 상처를 준 순간에 공감적으로 반응할 수 있게 한다. 하지만 게임은 학교 성적처럼 외적 동기를 따르게 하고, 좋은 결과를 얻을 목적으로 어떤 행동을 하게 하며, 그저 즐거움을 위해 무언가를 하려는 내적 동기를 억제한다.

게임은 성인기의 축소판이다. 아이들은 게임을 하며 신체적·정서적으로 상처받기도 한다. 때로 심리적·사회적 고통이나 상처도 받는다. 특히 다른 사람들이 보고 있으면 자신의 성과에 수치심을 느낀다. 부끄러워 머리를 숙이고 울며 땅만 보고 운동장에서 슬그머니 빠져나가는 아이를 볼 때마다 나는 가슴이 아프다. 아이들은 게임을 하며 자신의 가치가 우연에 달려 있다는 사실을 깨닫는다. 때로는 자기가 들인 노력이 아니라 성과에 따라 가치가 정해진다는 사실을 깨닫기도 한다. 아이들의 자기감은 전적으로 노력보다 결과의 영향을 받는다.

이런 점에서 게임은 놀이와 명확히 구별된다. 게임에는 결과가 분명하고 승자와 패자도 있다. 점수를 많이 얻거나 목적지에 일찍 도착하면 이긴다. 게임의 시작과 끝 사이에는 정해진 규칙이 있다.

하지만 '올바른' 방식으로 한다면 게임도 놀이가 될 수 있다. 어떤 게임은 과정의 즐거움과 상상력을 기르는 실험성을 강조하며 경쟁보다 즐거움을 주도록 고안되어 있다. 예를 들어 임무 수행보다 세계 건설에 중점을 두어 게임의 결말이나 점수에 신경 쓰지 않고 작은 순간의 아름다움이나 놀라움에 귀 기울이게 하는 비디오 게임도 있다.

게임 전문가이자 철학 교수 C. 타이 응우옌C. Thi Nguyen은 '반反인성 게임Cards Against Humanity' 같은 팀 게임이 "자의성, 미숙함, 의도적인 혼란"을 위해 고안되었다고 썼다.[5] 이런 게임을 사교적으로 실행할 때는 총점에 주목하고 승패에 따라 줄 세우는 대신 "가벼운 마음으로 놀이에 임해야 한다".

이렇게 놀이와 게임은 겹친다. 최근에 나는 〈핀볼: 게임을 구한 남자Pinball: The Man Who Save the Game〉라는 근사한 영화를 보았다. 나는 핀볼이 기술보다 우연에 의존하는 게임이라며 아이들을 노리는 도박으로 간주되어 한때 많은 도시에서 불법으로 취급되었다는 사실을 알게 되었다. 하지만 알고 보니 핀볼 기계는 사실 대공황이라는 몹시 힘든 시기에 미국인이 성취감과 행복감을 느끼도록 돕기 위해 만들어진 게임이었다.

핀볼 기계 설계자는 행복 연구자들보다 수십 년 앞서 있었다. 당시 그는 단순히 점수를 얻고 승리를 추구한다는 목표가 아니라 기술을 연마한다는 목표를 중심으로 게임을 설계했기 때문이다.

영화에서 핀볼 기계 설계자는 "좋은 게임의 요소는 무엇인가?"라는 질문을 던졌다. 그의 대답은 무엇이었을까?

- 사람들에게 성취감을 준다.
- 원인과 결과가 있어, 게임을 하는 사람이 목표를 달성하려면 기술을 익혀 사용해야 한다.
- 자신의 행위가 중요하다고 느끼게 만든다.

핀볼 기계부터 수백만 명이 하는 최신 비디오게임까지 모든 성공적인 게임을 고안한 사람들의 말에 따르면, 이런 요소가 사람들을 행복하게 만들고 게임을 계속하고 싶게 이끄는 이유였다. 우리는 성취감을 느끼고, 자신이 원하는 결과를 만드는 주역이 되어보고, 내 존재가 중요하다고 느낄 수 있어야 한다. 이럴 때 게임은 놀이의 이점을 모두 줄 수 있다. 우리는 자신이 중요한 일을 하고 있다고 느끼고 싶어한다. 인생을 표현하는 참으로 놀라운 비유가 아닐 수 없다.

우리는 노는 법을 너무 빨리 잊어간다

교수인 나는 학생들과 내가 잠깐이라도 재미를 느끼지 못한다면 내가 일을 제대로 하지 못하는 것이라는 철학을 항상 실천하려고 노력한다. 물론 젊은이들과 함께하면 여러모로 힘이 들지만 궁극적으로는 재미가 있다. 학생들은 대개 18~23세의 청년으로, 사회적으로나 개인적으로 아직 완전한 성인은 아니다. 말하자면 학생들에게는 여전히 어린이가 되어 재미있게 놀 권리가 있다.

하지만 요즘 학생들은 그다지 재미를 느끼지 못하는 것 같다. 일정이 빡빡해서만은 아니다. 학생들은 수업 도중이나 전후 어김없이 휴대전화를 만지작거리며 친구나 가족의 소식을 확인하곤 한다. 재미있나? 딱히 그렇지는 않아 보인다. 학생들은 무슨 일이 일어나고 있으며 앞으로 무슨 일이 일어날지 내내 확인하지만, 그들이 보는 것은 대부분 이미 놓친 일이다. 물론 계획을 세우고 결정을 내리는 데 도움을 받고, 저녁 시간이나 주말 여가를 준비하기도 하지만 말이다.

하지만 요즘에는 주말의 즐거움이라는 개념에도 어두운 그림자가 드리워졌다. 최근 학생들은 나에게 깊이 우려되는 여러 가지 문제에 대해 더 많이 이야기한다. 술은 말할 것도 없고 헤로인, 코카인, 옥시콘틴, 케타민, 펜타닐, 메스암페타민, 환각제를 비롯한 위험한 불법 약물의 과다 복용 얘기다. 미지근해진 맥주나 들이켜던 옛 시절은 요즘 학생들이 '심각한 파티'(보통의 편안한 파티보다 '과격한' 파티를 뜻하며, 알코올이나 약물 사용을 의미하기도 한다 - 옮긴이)라 부르는 것에 밀려 사라진 지 오래다.

나는 우리 젊은 대학생들이 자신에게 지워진 '너무 많은 짐'에서 잠깐이라도 벗어나기 위해서라면 무슨 일이라도 한다는 진단을 내렸다. 성적이 B+ 이하로 떨어지면 의사, 변호사, 사업가가 되려는 미래 계획이 일찌감치 날아가버리고 실패자로 전락하는 이들에게 지워진 짐 말이다. 학생들은 겁먹고 두려워하며 어른이 되려고 노력하지만 그 과정에서 즐거움을 누릴 방법을 잊은 어린아이일 뿐이다.

1990년대 후반 교수직을 시작했을 때는 학생들과 면담 일정을 잡기가 그리 어렵지 않았다. 하지만 지난 10년 새에 면담 일정을 잡는 것은 끔찍하게 힘든 일이 되어버렸다. 내 탓은 아니다. 학생들과 면담 일정을 잡으려면 5~10통의 이메일을 주고받아야 한다. 학생들은 오전 9시에도, 11시에도 바쁘고 점심은 생각도 못 하며 오후 내내 수업이 꽉 차 있다. 오후 5시에서 7시 사이에는 짬이 날지도 모른다. 오후에 스포츠나 동아리 활동에 참여하지 않는 학생이라면 말이다. 바쁘고 일정이 꽉 차 있고 스트레스받는 것은 대학에서 명예의 상징이다. 학생들은 아직 어른이 아니지만 더 이상 아이처럼 행동하지는 않는다.

배우지 않은 것을 기억해내는 법

대학을 졸업하고 공식적으로 어른이 되면서 노는 법을 완전히 잊는 것은 어쩌면 당연한 일일지도 모른다. 아이들은 한여름 수영장에서 서로 머리에 공을 던지고, 이쪽 끝에서 저쪽 끝까지 경주하고, 팀을 이루어 도전과제를 발명해낸다. 하지만 어른들은 더위를 식히러 물에 몸을 살짝 담그거나 몇 바퀴 헤엄칠 뿐이다. 그다음 수건을 던져두고 그릴을 켜서 저녁식사를 준비한다. 그런 일이 어디가 재미있을까?

책이나 희곡, 각본을 쓰고 영화를 감독하는 등 고도로 창의적인 분야에서 일하는 어른이라면 일을 통해 놀이에 상당히 가까워질 수 있다.[6] 프로 야구선수나 레고 엔지니어도 일에 열중할 때 삶에 놀이가 가득하다고 느낄 수 있다. 일을 하면서 놀고, 돈 벌고, 자신이 고안한 제품을 소비하는 사람들을 즐겁게 만드는 것이 어른이 할 수 있는 놀이에 가장 가까운 형태일지도 모른다.

나머지 대다수에게 어릴 적 즐겼던 놀이는 커서 여가활동이 된다. 어른은 오락, 곧 레크리에이션을 한다. '레크리에이션recreation'은 재미있는 단어다. 라틴어 '레크레아레recreare'는 '무언가를 다시 또는 새롭게 만든다'라는 뜻이다. 고대 프랑스어 '레크레아시옹récréation'은 '정신적·영적 위로'를 시도한다는 의미다. 위로란 무언가를 상실한 사람을 위안하는 일이다.

중세 영어에서도 발견되는 '레저leisure'는 '허용되다'라는 뜻의 라틴어 '리케레licere'에서 왔다. 여가를 즐긴다는 것은 일을 벗어나서 하고 싶은 것을 선택할 수 있는 자유가 허용된다는 뜻이다.

건강한 생활방식, 일과 삶의 균형을 중시한다고 알려진 덴마크 사람들은 여가시간을 '프리티드fritid'라고 부른다. 말 그대로 '자유시간'이라는 뜻이다. 가게에는 프리티드에 사용하는 물건만 모아 놓은 '프리티드 코너'도 있다. 여기에는 낚싯대, 하이킹 부츠, 캠핑 용품이 즐비하다. 덴마크에서 여가라는 말을 고안하고 이를 추구하기 시작한 지는 오래되었다. 학교 방과 후 수업도 프리티드다. 이 시간에 아이들은 스스로 선택한 활동을 한다. 주로 교사의 감독을 받는 야외 활동이지만 어린이가 주도하고 어린이가 중심이며, 공감·사회적 기술·자립심을 기르는 발달 과정에 아주 중요하다고 여겨진다. 스칸디나비아 아이들은 7세가 될 때까지 공교육을 받지 않는다. 바깥에서 눈과 비를 맞고, 학습지 따위는 보지도 않으며 놀면서 어린 시절 몇 년을 보낸다.

독일 철학자 요제프 피퍼Josef Pieper는 저서 《여가Leisure》에서 여가를 되찾는 일은 인간성을 되찾는 일이며, "여가는 일의 진행 과정과 수직적인 관계에 있다. (…) 여가를 통해 일을 시작할 새로운 힘을 많이 얻는다 해도 여가는 일을 위한 것이 아니다. 우리가 말하는 여가는 몸을 회복하고 정신을 재충전해 더 일할 새로운 활력을 얻는 것만으로 정당화되지 않는다. (…) 그저 '원기회복'만을 위해 여가를 바라는 사람은 그것의 진정한 열매, 곧 깊은 잠에서 오는 깊은 원기회복을 경험할 수 없다"라고 썼다.[7]

원기회복은 진정한 여가에서만 얻을 수 있다. 진정한 여가의 첫 번째 특징은 직장, 가정, 가족, 개인적인 의무에서 자유로운 시간을 갖는 것이다. 이 자유시간에는 덴마크 아이들처럼 '해야 하기 때문'이 아니라 '하고 싶어서' 무언가를 할 수 있다. 무엇을 할지 스스로 결정한다는 것은 놀이와 마찬가지로 모든 여가활동의 공통점이다.[8]

독서, 송어 낚시, 양초 만들기, 퀼트, 정원 가꾸기, 자전거 타기, 하이킹, TV나 영화 보기, 합창단에서 노래하기, 연극이나 박물관 관람, 여행, 외식 등 좋아하는 취미활동이라면 무엇이든 여가활동이다. 여가활동 목록은 끝이 없다.

당신이 여가라고 생각하는 것이 내게는 여가가 아닐 수 있다. 개인적으로 나는 플라이 낚시를 좋아하지만 송어 플라이 낚시를 레크리에이션이라기보다 일이라고 느끼는 사람도 있을 것이다. 놀이와 마찬가지로 여가에서는 그저 자유롭게 선택하는 것이 아니라 나를 위해, 나만의 즐거움으로 이어지는 것을 선택한다는 점이 중요하다.

그저 즐겁다고 해서 여가활동은 아니다. 5장에서 살펴본 것처럼 성인은 개인적인 성장 욕구 같은 다른 동기를 충족하기 위해 여가활동을 선택하기도 한다. 이제 우리는 사람들이 무언가를 더 잘하게 될 때 만족감을 느낀다는 사실을 안다. 악기를 연습하든 그림을 배우든, 결과가 아니라 무언가를 연습하는 과정이 본질적으로 가치 있기 때문이다.[9]

곧 80세가 되는 내 친구는 몇 달 전 유화를 시작했다. 그는 비교적 나이가 많은 편이지만 그의 그림은 점점 더 아름다워진다. 그림을 그리려면 집중력, 가만히 앉아 있을 시간, 놀라운 손재주, 유연성, 팔 힘, 계속 그리는 끈기가 필요하다. 항상 재미있거나 쉬운 일은 아니라는 것이 핵심이다. 하지만 그는 그림이 여러모로 계속 나아지고 있기 때문에 그림을 그린다. 또한 뉘앙스와 깊이, 색채, 빛, 에너지가 더 필요한 부분을 계속 덧칠할 수 있는 유화라는 매체를 좋아한다. 그림은 그에게 만족감과 즐거움, 때로 기쁨을 준다.

나는 최근에 다시 자전거를 타기 시작했다. 자전거를 잘 타는 것은 중요치 않다. 자전거 타기에는 운동 효과와 신체적 이점이 있기는 하지만 그것이 자전거를 다시 타기 시작한 이유는 아니다. 신체적 건강은 자전거가 주는 부수적인 이점일 뿐이다. 자전거를 타면 자율성과 짜릿함을 바라는 내 욕구가 충족된다. 나는 자유롭다는 감각을 좋아한다. 언제 어디서든 자유롭게 자전거를 타고 오갈 수 있고, 내가 원하는 만큼 빨리, 멀리 갈 수 있다. 내가 선택하고 내가 주도하는 활동이다. 게다가 자전거를 탄다는 활동 자체가 어떤 결과보다 중요하다. 따라서 자전거 타기는 놀이의 모든 요건을 만족한다. 아내와 함께 타는 것도 좋지만, 혼자 탈 때는 완전한 자유와 독립감을 느낄 수 있어 더욱 좋다. 첨단기술이 필요치 않고, 연료를 소비하지 않고, 책상과 방을 둘러싼 벽을 벗어나 모든 것에서 자유로울 수 있다.

아내와 나는 4년 전쯤 처음 보트를 구입했지만 지금은 팔려고 내놓았다. 왜 그랬을까? 한동안은 재미있었다. 보트를 소유해서 좋았는데 갑자기 보트가 우리를 소유한 것처럼 느껴졌다. 보트가 있으면 보트 정박지도 빌려야 하고, 정비하고 수리도 해야 하며, 날씨가 사나워질까 봐 걱정해야 한다. 너무 복잡했다. 여가생활을 꾸준히 유지·관리하는 것이 일이 되면 여가는 더 이상 즐겁지 않다.

하지만 자전거는 아주 기본적이다. 점점 더 컴퓨터 기술이 들어가 공인된 정비사만 다룰 수 있게 된 보트나 자동차와 달리, 자전거에 관해 알아야 할 모든 것은 동네나 온라인 커뮤니티에서 배울 수 있다. 자전거를 수리하는 장비도 저렴한 편이다. 나는 직접 자전거를 수리하고 정비하는 일도 좋아하게 되었다.

우리는 어린 시절 놀 때처럼 성인이 되어서도 어떤 형태로든 긍정적이거나 유익한 감정, 경험, 결과를 주는 활동을 자유롭게 선택한다. 미리 정해진 규칙이 없는 놀이와 달리 많은 여가활동에는 규칙이나 체계가 있다. 여가활동을 하는 데는 때로 옳거나 그른 방법, 쉽거나 어려운 방법, 더 간단하거나 복잡한 방법이 있다. 많은 여가활동에는 참가자의 안전을 보장하기 위해 따라야 하는 규칙이나 법이 있다. 보트(맞다, 흔히 음주운전 때문이다), 오토바이, 심지어 내가 좋아하는 자전거 타기 등의 여가활동을 할 때는 안타깝지만 부상이나 사망의 위험이 있다. 그러므로 여가에는 체계가 있다. 하지만 그 체계는 우리의 즐거움을 위해 우리가 적극적으로 참여할 수 있도록 설계된 것이라는 점이 중요하다.

수동적 여가의 부상

최근 여가에서 일어난 변화 중 하나는 수동적 여가가 등장한 일이다. 최근 몇 년 동안 HBO 쇼 〈화이트 로터스White Lotus〉를 시청한 사람이라면 아주 부유한 사람들이 자유시간을 보내는 모습을 보며 숨 막히는 절망감을 느꼈을 것이다. 사치스럽지 않은 휴가조차 일처럼 느껴지는 경우가 너무 많다. 여행을 계획하고, 에어비앤비를 찾고, 영혼이 탈탈 털리는 비행기 이동을 견디고, 폭포 하이킹을 예약해야 한다. 알람 소리에 일어나 정시에 투어 출발지에 도착하는 것은 말할 것도 없다. 이런 추세의 중심에는 진짜 욕구가 있다. 많은 사람이 과로하고 영감이 부족하고 지친 나머지 자신을 만족시켜줄 무언가를 찾는다는 얘기다. 하지만 이런 수동적 여가는 우리가 추구하는 기쁨을 가져다줄 것 같지 않다.

한 세기 전까지만 해도 '카우치 포테이토'(소파에 파묻혀 감자

칩이나 먹는) 식의 수동적 여가는 존재하지도 않았다. 여가란 부득이하게 능동적이어야 했다. 능동적이라는 의미는 여가활동을 하는 사람이 스스로를 위해서든, 그 활동을 보거나 듣는 다른 사람을 위해서든 어떤 활동을 해야 한다는 뜻이었다. 노래를 부르고, 악기를 연주하고, 이야기하고, 낚시하고, (오늘날 우리가 하이킹이라고 부르는) 자연 속에서 산책하는 일이 옛사람들의 주요 여가활동이었다. 이런 여가는 지역에서 공동체나 가족과 함께 즐겼다. 전통적인 여가활동이 대부분 서서 하는 활동이었다는 사실을 생각해보라.

지난 세기 들어 이런 여가활동은 모두 바뀌기 시작했다. 라디오, 축음기(레코드플레이어), 영화, 자동차라는 네 가지 신기술은 여가활동에 참여하는 사람이 여가활동을 창조하기보다 소비하는 더욱 수동적인 여가활동을 만드는 데 일조했다.

새로운 기술이 개발되고 그에 따라 사회가 변화하면서 가족들은 함께 연주하고 이야기를 나누던 공동체에서 물러나 집으로 들어와 라디오와 레코드플레이어 주위로 모여들었다. 지역사회는 오랫동안 여가활동의 주된 단위였던 가족이 대중문화와 가족 바깥에서 온 영향으로 대체되고 약화되었다며 한탄했다. 새로운 기술은 무엇보다 자동차를 타고, 라디오나 축음기를 듣고 영화를 보는 등 앉아서 즐기는 여가활동을 만들었다. 진짜 여가활동은 스스로 창조하고 만드는 것이 아니라 가만히 앉아서 듣는 것으로 대체되었다.[10]

지금도 매년 여름 국립공원에 가면 이렇게 능동적이지 못한 여가활동 형태를 볼 수 있다. 옐로스톤 국립공원 같은 장엄한 장소에는 자동차 행렬이 끝없이 이어진다. 전에는 공원을 산책하며 야생동물을 보았지만 지금은 차 안에서 공원의 아름다움을 느끼고 공원에 사는 동물을 관찰한다(간혹 들소에게 다가가 적극적으로 여가를 즐기고 싶어하는 사람들도 있지만 말이다). 하지만 놀이는 수동적이어서는 안 된다.

여가활동만 바뀐 것이 아니다. '여가활동'에 할애하는 시간의 양도 바뀌었다. 앞에서 언급했듯 우리는 실제로 전보다 덜 일한다. 한 세기 전은 말할 것도 없고 50년 전만 해도 연간 노동시간은 지금보다 많았다. 많은 사람이 놀랄 만한 사실이다. 물론 이 책을 읽는 독자 가운데 일부는 사실 평균 미국인보다 더 많은 시간 일할 수도 있다. 게다가 맞벌이가 50년 전보다 흔해진 지금은 가사와 육아에 쓸 여유 시간이 훨씬 줄었다.

어쨌든 더 많은 시간 일했던 선조들에게는 여가활동을 즐길 자유시간이 분명 우리보다 부족했다. 하지만 선조들은 수동적 여가활동이 아니라 능동적 여가활동을 즐겼다. 매년 총 노동시간은 느리지만 꾸준히 줄어들고 여가시간은 늘어난다. 확실히 우리는 그 어느 때보다 적은 시간 일하고 더 많은 시간을 여가활동에 쏟는다. 하지만 과로하며 스트레스받는다고 느끼는 사람은 더 많아졌다.[11] 왜일까?

너무 많이 일한다는 느낌은 현실이지만, 상대적이기도 하다. 따라서 맥락을 파악해야 한다. 첫 번째 현실은 앞서 살펴보았듯 서비스 경제에는 두 가지 형태가 존재한다는 점이다. 저급 서비스 부문 종사자는 생계를 꾸리기에 충분한 돈을 벌려면 두 가지 이상의 일을 해야 해서 시간이 부족하고 스트레스를 받는다. 반대로 고급 서비스 부문 종사자는 하나의 일자리에 주당 평균 50시간 이상을 투자해야 한다.

고급 서비스 부문에서 일하는 사람, 곧 고등교육을 받은 고임금 노동자는 교육 수준이 낮은 저임금 노동자보다 여가활동에 시간을 덜 쏟는다.[12] 하지만 진짜 문제는 여가활동의 양이 아니라 질이다. 연구에 따르면 고등교육을 받은 고소득 노동자는 능동적 여가활동에 더 많은 시간을 쏟지만, 교육 수준이 낮은 저소득 노동자는 수동적 여가활동을 더 많이 한다.[13] 수동적 여가활동은 놀이가 아니다. 더 능동적인 여가활동에 참여할 때 삶의 만족도가 높아진다는 사실은 잘 알려져 있다.

수동적 여가활동은 만족을 덜 준다. 기숙사 방에서 몇 시간이나 꼼짝 않고 혼자 유튜브를 보던 타랄을 생각해보자. 수동적 여가활동은 정크푸드나 마찬가지다. 부유하든 가난하든 수동적 여가활동을 하는 시간이 많으면 삶의 만족도가 떨어진다.

따라서 삶의 질을 향상하는 데는 여가시간을 얼마나 많이 보내느냐가 아니라 '어떤 종류의' 여가활동에 어떻게 참여하느냐가 중요하다. 여가활동을 진정으로 즐기고 이런 활동에 만족하는가? 그렇다면 그것이 바로 놀이다.

여가 소비

요즘 당신은 여가활동이 얼마나 즐거운가? 전에는 개와 산책하는 것을 아주 좋아했지만 이제는 미처 따라잡지 못한 팟캐스트 목록을 정신없이 스크롤해 1.5배속으로 재생하며 바쁘게 산책하지는 않는가? 전에는 금요일 밤에 여자친구를 만나 가볍게 테니스를 즐겼지만 지금은 주 3회 테니스 경기를 하며 마치 상대편이 당신 목에 공을 꾸역꾸역 밀어넣는다고 느끼지는 않는가? 우리 모두 뭔가 잘못하고 있는 걸까?

능동적인 여가활동을 즐기려면 돈이 더 있어야 한다고 생각할지도 모른다. 그렇다면 그 생각을 당장 바로잡아주겠다. 하와이의 4성급 호텔은 사우스캐롤라이나 해변의 모텔보다 멋져 보이지만 10대 자녀가 당신을 미치게 만든다면 거기나 여기나 마찬가지로 끔찍할 것이다. 장담한다.

100년 전만 해도 가난한 우리 선조들은 생계를 위해 농장에서 오랜 시간 일하느라 여가시간을 거의 누리지 못했기 때문에 능동적 여가활동밖에 선택할 수 없었다. 이 사실을 기억하자. 선조들이 참여한 능동적 여가활동에는 대부분 돈이 하나도 들지 않았다.

여러 행복 연구는 돈을 얼마나, 어떻게 사용할지 선택하는 일에 주목한다. 이런 연구가 주는 교훈은 분명하다. 행복에 중요한 것은 돈이 얼마나 많은지가 아니라 그 돈을 어디에 쓰느냐다. 옷, 보석, 자동차, 별장 등 무언가를 사들이는 데 돈을 쓰는 사람은 덜 행복

하고, 경험에 돈을 쓰는 사람이 훨씬 행복하다.[14]

사실 경험에는 그리 많은 돈이 필요하지 않다.[15] 하지만 경험을 쌓는 가장 확실한 방법인 여행이나 휴가를 떠날 때 돈은 분명 도움이 된다. 그렇다면 여행이나 휴가를 떠날 수 없다면 어떻게 해야 할까?

경험을 쌓는다는 것은 무슨 뜻일까? 경험이란 자신에게 의미 있는 것이다. 배울 만한 가치가 있는 것이 있고, 가져와서 기억하고 싶은 것이 있다는 뜻이다. 수동적 여가활동에서도 경험을 얻을 수 있다. 예를 들어 영화를 본다면 혼자 소파에 드러누워 보지 말고 친구들과 함께 보자. 하지만 나는 좀 더 활동적인 경험을 권하고 싶다.

사람들은 늘 경험을 추구한다. 하지만 요즘에는 경험이 될 만한 것을 가져와 소비해버릴 상품으로 만드는 행태가 보여 안타깝다. 우리는 개인 장비를 이용해 뉴스의 정보원과 뉴스 리포터가 하나로 합쳐진 자신만의 보도 주체가 될 수 있다. 하지만 멋진 경험을 찍어 소셜미디어에 올리는 순간 그것은 더 이상 경험이 아니라 물건이 되고, 대상이 되고, 소유물이 된다는 것이 나의 지론이다. 진정 의미 있는 경험에서 얻을 수 있는 행복에 사형선고를 내리는 것과 다름없다.

카메라가 등장하기 전에는 전적으로 기억에 의존해 이야기를 전하며 경험을 되새겨야 했다. 그다음 필름으로 사진을 찍던 시절이 있다. 그때는 기억하고 싶은 경험을 항상 사진으로 찍었지만, 필름이 비쌌기 때문에 사진을 얼마나 찍을지 신중해야 했고, 필름을 인화할 시간과 돈도 필요했다. 다른 사람이 부러워하며 소비할 만한 상세하고 인상적인 사건이 얼마나 많은지 셈하기 위해서가 아니라 그 경험에 온전히 집중해 기억하기 위해 필요한 일이었다.

그러다 폴라로이드 카메라가 등장해 사진을 찍고 바로 인화할 수 있게 되었다. 지금은 '스마트'폰으로 사진을 수천 장쯤 찍을 수 있다. 하지만 이 사진들은 '클라우드'를 뒤덮을 뿐 우리가 그 사진을 검토하거나 다시 들여다보는 일은 거의 없다.

진짜 의미 있는 경험은 나누고 싶어진다. 과거에는 친구나 가족 모임, 동창회, 생일 파티 같은 자리에서 경험을 나누고 전달했다. 공들여 찍은 사진을 올리고 얼마나 많은 사람이 내 경험에 '좋아요'를 누르는지 기다리는 것이 아니라, 이야기를 통해 경험을 진정으로 존중하며 공유할 때 그 경험은 우리 삶을 의미 있게 만든다.

내 친구 한 명이 최근 지인의 생일 파티에 참석해 겪은 일은 이런 변화를 잘 보여준다. 그는 친구의 서른 번째 생일을 축하하기 위해 다른 친구들과 함께 멋진 곳으로 여행을 떠났다. 하지만 모든 사람에게 즐거움을 주려고 계획된 멋진 경험으로 가득해야 할 주말은 몇몇 참석자가 가장 아름답고 '공유할 만한' 순간을 낱낱이 찍어 올리는 바람에 72시간의 긴 인플루언서 이벤트가 되어버렸다.

인플루언서가 되고 싶었던 이들은 자기도 모르는 새에 모든 사람이 그 주말에 느끼려던 즐거움을 망쳐버렸다. 우리는 의미 있는 방식으로 서로 교류하고 직접 만나려 했던 것이지, 부러움을 자아내는 이벤트에서 이리저리 공들여 찍은 사진을 수백 장 갖고 돌아가 이미지를 관리하려던 것은 아니다. 친구는 행복한 재회가 의미와 기쁨, 연결, 그리고 감히 내가 덧붙이자면 놀이를 제공하지 못하고 그저 소셜미디어에서 소비될 상품으로 전락한 것은 비극적인 손실이라고 아쉬워했다.

의미를 잃지 않고도 경험을 기록할 수 있다. 하지만 지금 우리가 여가를 소비하는 방식을 보면 애초에 우리가 왜 그런 활동을 하는지 잊었다는 생각이 든다. 당신이 뭘 하는지에 그다지 관심 없는 세상에 그때 무엇을 하고 있었는지 알리려는 것일까? 그게 아니라면 소중한 선물 같은 그 경험이 혼자 간직하기에는 너무 의미 있어서일까? 그런 경험의 기억을 간직할 사람은 당신뿐이고, 그 경험에서 의미를 얻고 도움을 받을 만한 누군가에게 이야기를 전할 사람도 당신뿐이다.

여가시간에 경험을 누린다면 말할 수 없는 기쁨과 행복을 느낄 수 있다. 그 순간에 몰입하고 진정 함께하려는 마음으로 참여한다면 말이다. 얼마 전 나는 맑은 호수에서 낚시하는 한 남자아이를 보았다. 아이는 그날 일찍 엄마를 깨워 자신이 가장 좋아하는 낚시터에 데려가달라고 졸랐다. 몇 시간 동안 그 아이의 노력을 지켜보았는데, 아이는 한 마리도 낚지 못했다. 그래도 아이는 계속 낚싯줄을 던졌다. (그의 아버지는 가족끼리 그것을 낚시라고 부르지 않고 '던지기'라고 부른다고 농담했다.) 아이는 얼굴에 기쁨이 가득했으며 물고기 수(0마리)에도 낙심하지 않고 그 순간에 완전히 몰입했다. 카메라도 계산도 필요 없었다.

이 아이에게서 한 가지 교훈을 얻을 수 있다. 스마트폰과 소셜미디어의 '좋아요'에 집착하며 그것이 당신에게서 즐거움을 앗아가도록 놔두지 말자. 알겠는가?

놀이와 일, 즐거움과 책임은 공존해야 한다

조부모가 나를 입양해주신 다음부터 나는 아이답게 잘 놀았다. 그저 재미있어서였다. 나는 재미를 느끼고 싶었다. 하지만 놀이를 통해 나 자신과 타인, 자연에 대해 얼마나 많은 것을 배웠는지 그때는 알지 못했다. 놀이는 내가 더 나은 사람으로 성장하는 데 도움이 되었다. 어른이 된 나는 재미를 느끼고 싶지만 인생도 즐기고 싶다. 어렸을 때는 나중에 알게 된 몇 가지 중요한 교훈을 이해하지 못했다. 흐린 날이 없으면 맑은 날에 고마워할 수 없다는 사실 말이다. 놀이와 재미도 마찬가지다. 일과 책임이 없다면 재미와 순수한 놀이에서 얻는 자유를 제대로 음미할 수 없다. 나쁜 것 없이는 좋은 것을 가질 수 없다.

어른이 되면 아무리 여가를 즐긴다 해도, 아무리 기분 좋게 느낀다 해도 그 자체가 덧없다는 사실을 안다. 우리는 삶을 지배하는 힘인 일과 책임에서 벗어날 탈출구를 찾는다. 하지만 잠시 짬을 내어 자신을 돌아보면 일에서 많은 것을 얻지 못한다는 사실을 깨달는다. 일에서는 재미, 자율성, 개인적으로 성장한다는 느낌, 호기심, 탐구심, 발견, 나 자신보다 더 큰 무언가에 기여한다는 느낌을 얻지 못한다.

우리는 여가를 통해 한없는 기쁨, 발견하는 감각, 어릴 때 놀면서 느꼈던 부러울 정도의 자율성 같은 감각을 재현하려 한다. 하지만 사실 어른이 된 우리는 남들 눈에 이상하게 보이지 않으면서 거칠고 자유롭고 상상력 넘치는 진정한 놀이를 할 수 없다. 이런 경계나 제한 때문에 우리는 일생에 한 번뿐인 어린 시절로는 결코 돌아갈 수 없다는 사실을 안다.

이런 점에서 여가는 그저 일에서 벗어나는 것만이 아니라 모든 성인의 마음에 숨어 있는 필멸성이라는 감각에서 벗어나는 것이기도 하다. 이런 도피는 우리에게 활력을 찾을 기회가 있다고 알려주는 알람, 사이렌 같은 경고다. 자유도, 재미도, 성장도, 자율성도 없는 듯 어렵고 어두워 보이는 순간이 알려주려 애쓰는 것이 무엇인지에 귀 기울일 때 우리는 이런 경고를 들을 수 있다.

어른인 우리는 필멸할 것임을 안다. 하지만 놀이 자체는 죽지 않았다는 사실을 떠올리자. 어렸을 때처럼 놀지 못할 수도, 사실 그리고 싶지 않을 수도 있다. 결과도 없고 승자나 패자도 없는 가상의 환상적인 놀이를 되찾기는 힘들다. 하지만 어른이 된 지금도 놀이의 여러 중요한 부분을 재현하고 되찾을 수 있다.

실천 계획 여가를 최대한 활용하기 위해 해야 할 몇 가지를 살펴보자.

1. 능동적 여가활동을 늘리고 수동적 여가활동을 줄이자

TV로 골프를 보지 말고 가까운 공영 골프 코스를 찾아가 직접 골프를 치자. 보고 싶은 영화가 있다면 혼자 보지 말자. 친구들을 초대해 영화에 나오는 간식을 먹고 코스튬을 입고 영화를 보고, 영화가 끝나면 함께 이야기 나누는 시간을 갖는 등 이벤트로 만들자. 운동해야 해서가 아니라 탁 트인 자연이 주는 즐거움을 만끽하기 위해 숲으로 하이킹하러 가자. 모든 경기에서 이기기 위해서가 아니라 서로를 보고 웃기 위해 피클볼 경기에 참가하자. 지역 밴드를 팔로우하고 친구에게 야외 공연에 같이 가자고 초대하자. 저무는 햇살 아래서 음악이 이끄는 대로 춤을 추자.

2. 물건보다 경험을 수집하자. 자신에게 의미 있는 물건이 아니라면 말이다

인생의 여정을 떠올리게 하거나 매우 중요해서 집 안 한가운데를 차지하는 물건은 간직할 가치가 있다. 그런 물건은 나 자신을 위한 것이고 그 자체로 경험인 경우가 많기 때문이다. 더 큰 TV나 멋진 가방, 고급 자동차를 사기 위해 저축한다면 그 돈을 더 잘 쓸 방법이 없을지 생각해보자. TV를 사는 대신 한 달에 한 번 친구나 사랑하는 사람과 팝콘을 먹으며 영화를 보기 위해 데이트 비용을 모으면 어떨까? 가방을 사지 말고, 휴대전화는 손이 아니라 배낭에 넣고 친구들과 얼굴을 맞대고 주말을 보내보자. 고급 자동차를 사는 대신 경외심과 놀라움, 기쁨으로 가득 찬 장소로 휴가를 떠나면 어떨까?

3. 쾌락과 재미는 다를 뿐 아니라 비슷하지도 않다

더 많은 재미를 찾자. 더 많이 웃자. 당신을 웃게 만드는 사람을 더 찾아보자. 억지 미소를 진짜 환한 웃음으로 바꾸자. 바보스러워지자. 댄스파티를 하자. 밧줄 그네에서 뛰어내려 차가운 호수에 들어가며 비명을 질러보자. 원반던지기를 해보자. 동네 맥줏집에서 퀴즈에 참가해보자. 샤워하며 큰 소리로 노래를 불러보자. 음식 던지기 싸움을 해보자. 무지개를 찾아보자. 재미있는 시를 써서 친구에게 보내자. 다음번 중요한 업무회의 때는 천연덕스럽게 화려한 양말을 신어보자. 암벽등반을 하자. 나비를 따라가보자. 노래방에 가자고 초대받으면 기꺼이 받아들이고 무대에 올라가 노래를 부르자. 롤러코스터를 타자. 재주넘기를 해보자.

행복의 사회학 수업에서 나는 학생들에게 '미국인의 삶This American Life'이라는 팟캐스트 중 '기쁨 드러내기The Show of Delights'라는 멋진 에피소드를 들어보라고 권한다. 그 에피소드 소개글에는 이렇게 적혀 있다. "이 어둡고 전투적인 시대에 우리는 상상할 수 있는 가장 급진적인 반反프로그램을 시도합니다. 기쁨에 관한 이야기만 가득하죠."

여기에는 시인이자 교수 로스 게이Ross Gay를 인용한 멋진 문구도 나온다. "인간다워지려면 기쁨을 나눠야 한다." 그 말을 들었을 때 나는 거울신경세포를 떠올렸다. 거울신경세포는 다른 사람의 감정을 그대로 느끼게 하는 놀라운 신경세포다. 다른 사람이 뭔가 하는 모습을 보면 본질적으로 그 사람이 느끼는 감정을 똑같이 느낄 수 있다.

게이는《기쁨의 책The Book of Delights》에서 때로 평범하지만 드물고 보석 같은 기쁨을 느끼는 순간을 공유했다.[16] 내가 학생들에게 고심해보라고 했던 기쁨이다. 냄비에서 오트밀 끓는 소리 듣기, 클로버 들판에서 사슴 발자국 찾기, 아이가 바닥에 떨어뜨린 버터 스카치 아이스크림 주위로 몰려드는 벌 떼 관찰하기 등이 그런 기쁨이다.

그가 말한 기쁨의 순간을 보고 나는 내 기쁨의 순간을 떠올렸다. 비 오는 날 길모퉁이에서 새빨간 우산이 펼쳐지는 순간, 예쁘게 잘 익은 분홍빛 복숭아를 한 입 베어 무는 순간, 해안가를 따라 운전할 때 공기에 바다의 짭짤한 맛이 천천히 스며드는 순간이다.

활력 넘치는 사람들의 공동체

활력을 찾는 법을 배우고 계속 활력을 누리는 가장 좋은 방법은 주변에 활력 있는 사람들을 두는 것이다. 2장에서 만났던 교도관 스콧을 기억하는가? 그와 이야기 나누며 내가 정말 답을 듣고 싶었던 질문은 자신이 변했다는 사실을 어떻게 알았느냐는 것이었다. 그는 웃으며 주변 사람들은 자기가 얼마나 변했는지 다 안다고 대답했다.

어느 날 그는 10대 아들의 가방에 무언가를 넣어주다 마리화나가 숨겨져 있는 것을 발견했다. 예전의 스콧이라면 어땠을까? 완전히 이성을 잃었을 것이다. 당장 아들에게 달려가 소리를 지르며 화를 냈을지도 모른다. 생각할 수 있는 온갖 체벌을 내리고 친구들과 즐겁게 놀지 못하게 될 거라고 화를 내고, 네게 신뢰를 잃었다고 소리 지르며 아래층으로 내려가 분노를 애써 억누르려 했을 것이다.

하지만 스콧은 달라졌다. 그는 그렇게 행동하지 않았다. 아들의 가방에서 마리화나를 꺼낸 그는 곰곰이 생각했다. 조금씩 마음이 가라앉고 준비가 되었다고 느끼자 그는 아들에게 다가갔다. 아들은 마리화나가 없어진 것을 보고 아빠가 그것을 발견했다는 사실을 알았다. 아들은 아빠가 당연히 분노를 터트리리라 생각하고 숨죽여 기다렸다. 하지만 스콧은 폭발하지 않았다. 그는 아들 곁에 앉아 어떻게 된 일인지 물었다. 괜찮니? 왜 너한테 도움이 되지 않는 결정을 내렸니? 친구 문제가 있니?

아들은 무너진 상태로 허둥대고 있었다. 아들은 나쁜 패거리와 어울리고, 운동도 빼먹고, 학교 공부도 게을리했다. 상황이 난장판이 되어 통제 불능으로 빠져든다고 느꼈지만 어떻게 해야 할지 몰랐다. 아들은 아버지와 앉아 모든 것을 털어놓았다. 대화가 끝나자 두 사람은 꼭 껴안았다. 크게 혼나리라 예상했던 아들은 아버지가 새사람이 되어 정말 안심했다.

얼마 뒤 스콧의 아들은 다시 정기적으로 운동하러 가고, 열심히 공부하고, 자신과 마찬가지로 좋은 결정을 내리는 친구들을 사귀었다. 활력을 찾기 시작한 것이다.

가장 좋은 점은 무엇일까? 부자가 깊은 대화를 나누고, 서로 이해하고 신뢰하며 동맹을 맺고, 함께 세상에 맞서는 순간은 처음이었지만 마지막은 아닐 것이라는 사실이다. 스콧과 아들은 새로 맺은 유대관계를 소중히 여겼고 그들의 대화는 지금까지 이어지고 있다.

이렇게 스콧은 해냈다. 관점을 바꾼 덕분에 그는 활력으로 나아가는 길을 찾으면 어떻게 삶이 완전히 달라지는지 이해했다. 활력에 새롭게 몰두하자 다른 사람들이 활력을 찾도록 돕는 일을 소명으로 여기게 되었다. 자녀 양육법이나 가정생활 접근법이 달라진 것이 활력을 찾는 데 도움이 되었다. 일을 바라보는 접근법도 달라졌다. 그는 자신의 일이 수감자의 자유를 제한하는 것이라는 생각에서 벗어나 그들이 활력으로 나아갈 자유를 찾도록 돕는 것이라는 사고방식을 갖게 되었다. 스스로 활력을 얻을 수 있게 된 스콧은 주변 사람도 활력을 찾도록 도울 방법을 모색했다.

*

내 제자였던 니콜이 노스캐롤라이나에서 법학 객원교수로 새로운 경력을 시작한 일을 기억하는가? 니콜은 나와 이야기를 나누던 중 이 일을 수락하기 전 여러 유명 대학에서 종신교수직을 제안받았다고 했다. 하지만 그는 팬데믹 직전에 정착한 마을을 떠나고 싶지 않았다. 왜 그랬을까?

그는 코로나19 팬데믹이 시작되던 공포스러운 몇 달 사이 임신했다. 봉쇄 조치가 시작되자 그는 동네를 많이 걸어다녔다. 임산부에게 안전한 유일한 장소라고 생각해서였다. 그러다 보니 자연스럽게 같은 동네 사람들을 만났다. 출산 당시 니콜은 양가 가족은 물론 남편과도 멀리 떨어져 있었지만 고립되었다고 느끼기보다 오히려 큰 응원을 받는 기분이 들었다. 이웃들은 몇 달 동안 먹을 것을 가져다주며 젊은 부부에게 필요한 조언과 지원, 도움을 아낌없이 줬다. 부부는 따스함과 신뢰를 받고 좋은 관계에 소속되고 공동체에 통합되었다고 느꼈다.

니콜은 나와 대화 도중 몇 년 전 내 수업에서 배운 내용이 결정을 내리는 데 도움이 되었다고 말했다. 예전 같으면 손에 들어온 제안 중 가장 권위 있는 것을 받아들였을지도 모른다. 가족과 친구들이 성공의 척도라고 여기는 영광스러운 자리를 얻기 위해 자신이 뿌리내린 공동체를 떠났을 것이다. 실제로 그의 오빠는 그런 제안을 거절하는 것은 미친 짓이라고 말했다.

하지만 그의 내면 어딘가에서 이런 외적인 성공을 따라서는 결코 행복해질 수 없다는 소리가 들려왔다. 새 고용주는 니콜이 직장에서 제대로 평가나 인정을 받지 못한다고 느낀다는 사실을 알고 그가 다른 직장을 찾아 나설지도 모른다고 생각했다. 그래서 급여를 50퍼센트 올려줬고 아기가 어릴 때 아기와 최대한 많은 시간을 보낼 수 있도록 완전 유연근무제를 제안했다. 그는 노스캐롤라이나주 더럼 근처 작은 마을에서 행복한 결혼생활을 꾸리는 새내기 엄마라는 삶을 즐기고, 자신을 가치 있게 여기는 고용주에게 고마워하고, 지지와 사랑을 보내는 사람들에 둘러싸여 살았다. 니콜은 활력 있는 사람들의 공동체를 발견했다. 자신의 활력을 추구하기로 결정한 것이 결코 작지 않은 이유였을 것이다. 그리고 그런 공동체는 쉽게 버릴 수 없다.

초심을 마음에 새기고

괴로움, 고통, 피, 굶주림, 역병, 모든 것이 사라진다. 칼도 사라진다. 하지만 우리 존재와 행위가 남긴 그림자가 지구상에서 사라져도 별은 여전히 남아 있다. 그것을 모르는 사람은 없다. 그런데 왜 우리는 별로 눈을 돌리지 않는가? 어째서?

– 미하일 불가코프Mikhail Bulgakov, 《백위군The White Guard》[1]

때때로 우리는 명확한 목적지를 염두에 두고 계획을 세우기 시작한다. 이 책을 마무리하며 나는 당신의 초심을 다시 떠올리라고 말하고 싶다.

한 친구는 내게 부모가 할 일은 자녀가 계속 중심을 잡도록 도와주는 일이라고 말했다. 자녀가 길을 벗어나거나 너무 멀리 가면 다시 가운데로 돌아오도록 부드럽게 끌어주는 것이다. 자녀가 나쁜 선택을 하면 제대로 된 길이 어디인지 떠올리게 해준다. 항상 함께 걸을 수는 없더라도 말이다.

나는 이 비유를 좋아한다. 나는 언제나 내 소명이 다른 사람을 활력의 길로 인도하는 것이라고 생각했기 때문이다. 왜 별을 보지 않는가? 활력은 개인적으로나 지적으로 내 평생의 연구 과업, 나를 돌아갈 곳으로 인도하는 북극성이었다. 가끔 구름이 끼어 북극성이 잘 보이지 않거나 어디에 있는지 가리키기 어려울 때도 있다. 하지만 나는 그 별이 하늘 저편 어딘가에 있다는 사실을, 그 별을 목표 삼아 계속 나아가야 한다는 사실을 안다.

때로는 앞길이 그 어느 때보다 모호해 보일 때도 있다. 방향을 잃고, 행동이나 감정 패턴이 제한되어 벗어날 수 없고, 다른 사람이 나를 중요하게 여기지 않는다고 오랫동안 느껴온 사람도 많다. 하지만 내가 그랬듯이 당신도 다른 사람에게 중요한 사람으로 보일 수 있다. 약속한다. 당신은 유령이 아니다. 나는 당신이 잘 보인다.

나는 다른 사람에게 보이지 않는 느낌이 어떤 것인지 잘 안다. 궁극적으로 이 책에 담긴 내 연구는 일종의 '자기탐색'이었다. 나는 공허하고 눈에 띄지 않는 내 모습을 나와 비슷한 다른 사람들에게 도움이 될 의미 있고 실질적인 무언가로 바꾸고 싶었다. 이 책과 책에 포함된 수년간의 연구는 내가 어렸을 때 내린 결정의 정점이다. 나는 아주 어릴 때부터 다른 사람에게 잘 보이는 중요한 사람이 되겠다고 결심했다.

아주 어릴 때 나는 말 그대로 처음 투명인간이 되었다. 나를 입양한 할머니는 어린 나를 발견했을 때 내가 아기 침대에서 거의 죽어 있었다고 말했다. 어머니는 나를 낳고 일주일도 되지 않아 사라졌고 다시는 돌아오지 않았다. 할머니는 우리 집에 계속 전화를 걸었지만 며칠이 지나도 아무도 전화를 받지 않자 결국 직접 운전해서 오셨다. 거기서 할머니는 나와 두 살배기 누나를 발견했다. 며칠이나 둘만 남겨진 상태였다.

할머니는 나를 병원에 데려갔고 나는 폐렴 진단을 받았다. 영양실조에 걸린 신생아에게 좋은 소식은 아니었다. 나중에 할머니에게 생존하려 애쓰던 내 어린 시절 이야기를 들었다. 내가 투사이자 생존자라는 사실을 알려주고 싶으셨던 것이다. 당시 할아버지를 잃은 슬픔에 휩싸여 있던 나는 슬픔을 이겨낼 방도를 찾지 못하고 있었다. 할머니는 세상에서 나를 막을 사람은 나 자신 외에는 아무도 없다고 말씀하셨다.

두 번째로 투명인간이 되어 시들해진 것은 열여섯 살쯤 처음으로 친어머니를 만났을 때였다. 누나는 어머니를 만나고 싶어했지만 나는 그렇지 않았다. 그런데도 할머니는 방문을 주선하셨다. 친어머니와 새 남편, 그들의 세 자녀를 태운 차가 우리 집으로 다가오던 장면이 기억난다. 나는 충격을 받았다. 누나와 나를 버린 어머니가 새 가정을 꾸렸으리라고는 상상도 하지 못했다.

그날 나는 아버지가 다른 남동생 두 명과 여동생을 만났고 어머니와 이야기를 나눴다. 그날 무슨 말을 했는지, 무엇을 했는지는 전혀 기억나지 않는다. 내가 실제로 기억하는 것은 그때는 물론 지금까지도 때때로 나를 사로잡는 강한 그리움, 갈망, 쓰디쓴 굶주림 같은 느낌이다. 내가 결코 가질 수 없는 것, 내 어머니, 어머니의 사랑, 어머니의 칭찬, 어머니의 관심을 바라는 갈망이었다. 중요한 무언가를 갈망하면 어떤 대체물로도 채워지지 않는 공허라는 깊은 우물이 생긴다. 상대방이 알아주지 않는 갈망이 바로 공허함과 시들함의 본질이다.

세 번째로 투명인간이 된 것은 치료사들이 좋게 말해 '복합 PTSD'라고 부르는 증상이 찾아왔을 때였다. 당시 우리와 함께 살던 아버지는 재혼했다. 새어머니와 잠깐은 잘 지냈다. 하지만 새어머니와 아버지 사이에 아이가 태어나자 새어머니의 마음이 돌변했다. 아마 건식벽 마감공으로 건설노동 일을 하던 아버지가 1년 내내 일하기 위해 새어머니의 고향인 위스콘신을 떠나 플로리다로 이사한 것과 관련 있을 것이다. 새어머니는 두 의붓자식과 함께 고립되었고 이제 자신의 어린 두 자녀까지 돌봐야 했다.

아버지는 열심히 일했지만 알코올의존증이 있었다. 매일 밤 저녁식사 시간에 맞춰 집에 오는 경우가 드물었다. 당시 새어머니는 누나와 나를 신체적으로 심하게 학대했다. 하지만 자기 자녀를 학대하거나 그들에게 거친 말을 한 적은 없었다. 우리가 날마다 어떻게 끔찍하게 맞았는지 여기서 말하지는 않겠다. 하지만 그 학대는 새어머니의 오빠가 우리를 찾아올 때까지 몇 년 동안 이어졌다. 누나와 나는 아무 말도 하지 않았다. 집에 있을 때는 입을 다물고 서로 마주치지 않았다. 하지만 의붓삼촌은 우리의 이상한 행동을 알아차렸다. 그는 위스콘신에 사는 우리 친조부모님을 찾아가 뭔가 크게 잘못되었으며 우리를 그 집에서 데리고 나와 따뜻한 가정으로 입양해야 한다고 말했다.

부정적 아동기 경험adverse childhood experience, ACE(미국 질병통제예

방센터에서 나와 누나가 몇 년 동안 견뎌온 경험에 부여한 이름)
을 겪으면 세상이 나를 지워서 보이지 않게 만드는 것처럼 느껴진
다. 이런 경험을 하면 그저 생존하기 위해 어릴 때 지녔던 좋은 면
을 대체로 버리게 된다. 나는 회복탄력성의 표본이지만 내 이야기
는 미디어가 좋아하는 그런 회복탄력성 이야기는 아니다. 내 회복
탄력성은 속이 텅 빈 굶주림과 시들함에서 태어났다. 그런 굶주림
이 언젠가는 다른 이들에게 완전히 인정받겠다고 결심하게 만들
었다.

　나는 당시 세계 최고인 위스콘신대학교 매디슨캠퍼스 사회학과
에서 5년 만에 박사학위를 취득한 대학 1세대다. 맥아더재단에서
보조금을 받아 사회적 웰빙의 본질과 원인을 파악하는 대학원 연
구를 시작하기도 했다. 활력 있는 삶을 구성하는 요소를 살핀 이
연구는 내 비전을 완성할 연구였다.

　나 이전에는 아무도 정신건강을 연구하지 않았다. 정신건강은
정신질환이 없는 상태로 여겨졌고, 진지한 학자들은 정신질환을
연구했다. 정신건강은 공허하고 눈에 보이지 않는 범주였다. 학자
로서 내가 한 일은 모두 이전에는 보이지 않았던 것을 보이게 만드
는 일이었다. 정신건강이라는 주제뿐만 아니라 나 자신도 마찬가
지였다.

　활력은 북극성이자 내게 주는 선물이었다. 이제 그 선물을 당신
에게 주려 한다. 부서진 모든 것 안에는 치유, 성장, 발견, 선물이 될
만한 것이 있다는 사실을 언제나 소중히 여기자. 이 책은 시들함에

서 활력으로, 보이지 않음에서 보임으로 나아가는 내 이야기를 따라간다. 내가 그랬던 것처럼 여러분도 활력의 길을 찾고 따를 수 있기를 바란다.

정신건강 변혁이 필요하다, 지금 당장

이 책은 정신건강을 측정하고, 정신건강에 관해 생각하고 접근하는 새로운 방법도 다룬다. 간단히 말해 활력은 정신건강이 좋다는 의미다. 정신건강이 좋지 않으면 시들함에 빠진다.

오늘날 정신건강을 걱정하는 사람들이 직면한 미국의 정신건강 문제는 이것이다. '세상에는 정신질환이 너무 많고 활력도 충분하지 않다.' 정신질환의 생물학적·신경학적 기반을 연구하는 데 수많은 자금이 쏟아지지만 정신건강 연구에 주어지는 자금은 턱없이 부족하다. 내 이중 연속체 모델은 이것이 중대한 실수임을 분명히 보여준다.

우리가 인간으로서 중요하게 여기는 것과 사회 구성체로서 중요하게 여기는 것의 차이를 보면 내가 가장 좋아하는 아메리카 원주민 우화가 떠오른다. 한 노인이 아이에게 인간 본성의 양면에 관해 설명하는 이야기다. 노인은 이렇게 말한다. "애야, 인간은 두 마리의 늑대란다. 하나는 공격적이고 성난 늑대이고, 다른 하나는 친절하고 상냥한 늑대야. 이 두 마리가 우리 내면에서 끊임없이 싸우고 있지."

그러자 아이는 자신의 두 늑대를 떠올리며 의아해한다. 그리고 노인을 바라보며 이렇게 묻는다. "어느 쪽이 이겨요?"

노인은 이렇게 대답한다. "네가 먹이를 주는 쪽이지."

하나의 국가로서 우리는 건강과 생명이 아닌 질병과 죽음이라는 늑대에게 먹이를 주고 있다. 개인으로서 우리는 부적절한 쪽에 우선순위를 두고 있다.

내일 정신질환을 모두 치유한다 해도 우리가 원하는 곳에 도달할 수는 없다. 그런 곳은 존재하지 않는다. 정신질환이 없다고 해서 정신건강이 좋다는 의미는 아니니까.

정신건강이 좋다는 것은 공허한 범주가 아니다. 정신건강이 좋은 상태는 삶의 목적, 소속감, 사회 공헌, 자기수용, 타인 수용, 따스하고 신뢰하는 관계, 자율성, 개인적 성장 등 활력 요소로 가득 차 있는 상태다. 활력은 인생을 살아갈 가치가 있게 만들고 우리에게 주어진 삶의 양에 질을 더하는 것들로 가득 채운다.

이제 나는 내가 왜 이 땅에 왔는지 잘 안다. 이 책은 또 다른 시작일 뿐이다. 다음 단계와 결정은 각자에게 달려 있다. 그래서 나는 이제 당신의 도전과제로 이 책을 마치려 한다. 내가 가장 좋아하는 로버트 F. 케네디Robert F. Kennedy의 명언에서 가져온 말이다.

어떤 이들은 상황을 있는 그대로 보고 왜 그러냐고 묻는다.
나는 결코 없던 상황을 꿈꾸며 왜 안 되겠느냐고 묻는다.

삶이 시들하다면 지금 상황에 안주하지 말자. 그저 이 책을 다 읽은 것에 만족하고 시들함에 빠진 이유를 알아내는 데 그치지 말자. 좋은 출발점이기는 하지만 그게 전부는 아니다. 나는 당신이 일어날 수 있는 일을 꿈꾸며 '왜 안 되겠느냐고' 묻기를 바란다. 활력을 위해 싸우자. 고통, 외로움, 공허함을 극복하자. 빛을 받아들이자. 내 앞에 있는 길을 믿고 날마다 그 길에 도달할 단계를 차근차근 밟아나가자. 내 앞에 나타날 모퉁이마다 더 아름다운 무언가가 있으리라 믿자. 활력은 바로 당신이 마땅히 누려야 할 것이다.

주석

들어가며: 텅 빈 채 그저 달리네

1 Adam Grant, "There's a Name for the Blah You're Feeling: It's Called Languishing," *The New York Times*, April 19, 2021, https://www.nytimes.com/2021/04/19/well/mind/covid-mental-health-languishing.html.

2 Eric Reinhart, "Doctors Aren't Burned Out from Overwork. We're Demoralized by Our Health System," *The New York Times*, February 5, 2023, https://www.nytimes.com/2023/02/05/opinion/doctors-universal-health-care.html. 교사들도 과로 때문에 번아웃이 아니라 사기 저하를 느꼈다. 이에 대한 정보를 더 알아보려면 다음을 보라. Doris A. Santoro, *Demoralized: Why Teachers Leave the Profession They Love and How They Can Stay* (Cambridge, MA: Harvard Education Press, 2018).

3 Corey L. M. Keyes, "The Mental Health Continuum: From Languishing to Flourishing in Life," *Journal of Health and Social Behavior* 43, no. 2 (June 2002): 207-22, https://doi.org/10.2307/3090197.

4 Marta Bassi et al., "The Relationship Between Post-Traumatic Stress and Positive Mental Health Symptoms Among Health Workers During COVID-19 Pandemic in Lombardy, Italy," *Journal of Affective Disorders* 280, Part B (2021): 1-6, https://doi.org/10.1016/j.jad.2020.11.065.

5 Corey L. M. Keyes and Eduardo J. Simoes, "To Flourish or Not: Positive Mental Health and All-Cause Mortality," *American Journal of Public Health* 102, no. 11 (November 2012): 2164-72, https://doi.org/10.2105/AJPH.2012.300918; Esme Fuller-Thomson et al., "Suboptimal Baseline Mental Health Associated

with 4-Month Premature All-Cause Mortality: Findings from 18 Years of Follow-Up of the Canadian National Population Health Survey," *Journal of Psychosomatic Research* 136 (September 2020): 110176, https://doi.org/10.1016/j.jpsychores.2020.110176; Jeff Levin, "Human Flourishing: A New Concept for Preventive Medicine," *American Journal of Preventive Medicine* 61, no. 5 (November 2021): 761–64, https://doi.org/10.1016/j.amepre.2021.04.018.

6   Ronald C. Kessler et al., "Lifetime Prevalence and Age-of-Onset Distributions of DSM-IV Disorders in the National Comorbidity Survey Replication," *Archives of General Psychiatry* 62, no. 6 (2005): 593–602, https://pubmed.ncbi.nlm.nih.gov/15939837/.

7   Ben Singh, Timothy Olds, Rachel Curtis, et al., "Effectiveness of Physical Activity Interventions for Improving Depression, Anxiety and Distress: An Overview of Systematic Reviews," *British Journal of Sports Medicine* (February 2023), https://doi.org/10.1136/bjsports-2022-106195.

8   Faren Grant, Constance Guille, and Srijan Sen, "Well-Being and the Risk of Depression Under Stress," *PLOS One* 8, no. 7 (July 2013): e67395, https://doi.org/10.1371/journal.pone.0067395; Sanne M. A. Lamers et al., "The Bidirectional Relation Between Positive Mental Health and Psychopathology in a Longitudinal Representative Panel Study," *The Journal of Positive Psychology* 10, no. 6 (2015): 553–60, https://doi.org/10.1080/17439760.2015.1015156; Marijke Schotanus-Dijkstra et al., "The Longitudinal Relationship Between Flourishing Mental Health and Incident Mood, Anxiety and Substance Use Disorders," *The European Journal of Public Health* 27, no. 3 (June 2017): 563–68, https://doi.org/10.1093/eurpub/ckw202; Corey L. M. Keyes, Satvinder S. Dhingra, and Eduardo J. Simoes, "Change in Level of Positive Mental Health as a Predictor of Future Risk of Mental Illness," *American Journal of Public Health* 100, no. 12 (December 2010): 2366–71, https://doi.org/10.2105/AJPH.2010.192245; Corey L. M. Keyes et al., "Are Changes in Positive Mental Health Associated with Increased Likelihood of Depression over a Two Year Period? A Test of the Mental Health Promotion and Protection Hypotheses," *Journal of Affective Disorders* 270 (June 2020): 136–42, https://doi.org/10.1016/j.jad.2020.03.056.

9 Randolph C. H. Chan et al., "Flourishing with Psychosis: A Prospective Examination on the Interactions Between Clinical, Functional, and Personal Recovery Processes on Well-Being Among Individuals with Schizophrenia Spectrum Disorders," *Schizophrenia Bulletin* 44, no. 4 (2018): 778-86, https://pubmed.ncbi.nlm.nih. gov/28981851/.

10 Niall Ferguson, "US Teens Feel Down, but the Adults Aren't All Right Either," *The Washington Post*, February 26, 2023, https://www.washingtonpost.com/business/us-teens-feel-down-but-the-adults-arent-all-right-either/2023/02/26/54447a9e-b595-11ed-94a0-512954d75716_story.html.

11 Centers for Disease Control and Prevention, "Youth Risk Behavior Survey: Data Summary & Trends Report: 2011-2021," 2023, https://www.cdc.gov/healthyyouth/data/yrbs/pdf/YRBS_Data-Summary-Trends_Report2023_508.pdf.

1장. 시들함에 빠지면 어떻게 될까?

1 Deborah E. Linares, Veni Kandasamy, and Catherine J. Vladutiu, "Lifecourse Factors Associated with Flourishing Among US Children Aged 1-5 Years," *Child: Care, Health and Development* 48, no. 2 (March 2022): 298-310, https://doi. org/10.1111/cch.12930.

2 Clara E. Busse et al., "Household Food Insufficiency and Flourishing in a Nationally Representative Sample of Young Children in the US," Annals of Epidemiology 76 (December 2022): 91-97, https://doi.org/10.1016/j.annepidem.2022.10.011.

3 Linares, Kandasamy, and Vladutiu, "Lifecourse Factors Associated with Flourishing Among US Children Aged 1-5 Years"; L. M. Keyes, "Mental Health in Adolescence: Is America's Youth Flourishing?," *American Journal of Orthopsychiatry* 76, no. 3 (July 2006): 395-402, https:// doi.org/10.1037/0002-9432.76.3.395; Ashley N. Palmer et al., "Changes in Flourishing from Adolescence to Young Adulthood: An 8-Year Follow-Up," *Child and Family Social Work* 28, no. 1 (2023): 194-209, https:// doi.org/10.1111/cfs.12953; Chantie C. Luijten et al., "Evaluating the Psychometric Properties of the Mental Health Continuum-Short Form (MHC-SF) in Dutch Adolescents," *Health and Quality of Life Outcomes* 17, no. 1 (October 2019): 157, https://doi.org/10.1186/s12955-019-1221-y; Heidi Witten, Shazly Savahl, and

Sabirah Adams, "Adolescent Flourishing: A Systematic Review," *Cogent Psychology* 6, no. 1 (July 2019): 1640341, https://doi.org/10 .1080/23311908.2019.1640341; Corey L. M. Keyes et al., "The Relationship of Level of Positive Mental Health with Current Mental Disorders in Predicting Suicidal Behavior and Academic Impairment in College Students," *Journal of American College Health* 60, no. 2 (February 2012): 126 – 33, https:// doi.org/10.1080/07448481.2011.608393.

4   Melinda Reinhardt et al., "A Person–Centered Approach to Adolescent Nonsuicidal Self-Injury: Predictors and Correlates in a Community Sample," *Journal of Youth and Adolescence* 51, no. 9 (September 2022): 1760 – 73, https://doi.org/10.1007/s10964-022 -01628-y.

5   "The Lost Children of Rockdale County," *Frontline*, October 19, 1999, https://www.pbs.org/wgbh/pages/frontline/shows /georgia/etc/synopsis.html.

6   Robert C. Whitaker et al., "Family Connection and Flourishing Among Adolescents in 26 Countries," *Pediatrics* 149, no. 6 (June 2022), https://doi.org/10.1542/peds .2021-055263.

7   Philip Jefferies et al., "Analysis of Protective Factors in Schoolchildren in England Using the Dual–Factor Model of Mental Health," *Research on Child and Adolescent Psychopathology* (February 2023): 1 – 14, https://pubmed.ncbi.nlm.nih.gov/36786892/.

8   "Rising Parental Expectations Linked to Perfectionism in College Students," APA. org., *American Psychological Association*, March 31, 2022, *American Psychological Association*, https://www.apa .org/news/press/releases/2022/03/parental-expectations-perfectionism.

9   Daniel Eisenberg, Sarah Ketchen Lipson, and Justin Heinze, "The Healthy Minds Study: 2021 Winter/Spring Data Report," *Healthy Minds Network*, January 5, 2021, https://healthymindsnetwork.org/wp-content/uploads/2022/01/HMS_nationalwinter2021_-update1.5.21.pdf.

10   Jessica Colarossi, "Mental Health of College Students Is Getting Worse," *Boston University School of Public Health*, April 21, 2022, https://www.bu.edu/articles/2022/mental-health-of-college-students-is-getting-worse/.

11   isenberg, Lipson, and Heinze, "The Healthy Minds Study."

12 Su Rou Low, Suzanna Awang Bono, and Zaireeni Azmi, "The Effect of Emotional Support on Postpartum Depression Among Postpartum Mothers in Asia: A Systematic Review," *Asia-Pacific Psychiatry* (April 2023): e12528, https://doi.org/10.1111/appy.12528.

13 Kathleen Gerson and Jerry A. Jacobs, "The Work-Home Crunch," *Contexts* 3, no. 4 (2004): 29–37, https://journals.sagepub.com/doi/pdf/10.1525/ctx.2004.3.4.29. 거슨과 제이콥스의 논문을 뒷받침하는 최근 추정치는 다음을 보라. Statista Research Department, "Annual Average Working Hours per Week of All Employees in the United States from 2007 to 2022," *Statista*, February 14, 2023, https://www.statista.com/statistics/261802/annual-change-of-the-average-working-week-of-all-employees-in-the-us/.

14 Ruben Berge Mathisen, "Charted: The Working Hours of Americans at Different Income Levels," *Visual Capitalist*, September 20, 2022, https://www.visualcapitalist.com/cp/charted-actual-working-hours-of-different-income-levels/.

15 Kathryn M. Page et al., "Workplace Stress: What Is the Role of Positive Mental Health?," *Journal of Occupational and Environmental Medicine* 56, no. 8 (August 2014): 814–19, https://doi.org/10.1097/JOM.0000000000000230.

16 Carter C. Lebares et al., "Flourishing as a Measure of Global Well-Being in First Year Residents: A Pilot Longitudinal Cohort Study," *Journal of Medical Education and Curricular Development* 8 (May 2021), https://doi.org/10.1177/23821205211020758.

17 Mark Snowden et al., "Changes in Mental Well-Being in the Transition to Late Life: Findings from MIDUS I and II," *American Journal of Public Health* 100, no. 12 (December 2010): 2385–88, https://doi.org/10.2105/AJPH.2010.193391.

18 Ibid.

19 Laura L. Carstensen and Megan E. Reynolds, "Age Differences in Preferences Through the Lens of Socioemotional Selectivity Theory," *The Journal of the Economics of Ageing* 24 (February 2023): 100440, https://doi.org/10.1016/j.jeoa.2022.100440; Maria Wirth, Andreas Voss, and Klaus Rothermund, "Age Differences in Everyday Emotional Experience: Testing Core Predictions of Socioemotional Selectivity Theory with the MIVA Model," *The Journals of*

Gerontology: Series B (February 2023): gbad033, https://doi.org/10.1093/geronb/gbad033.

20 Mary Margaret Funk, *Thoughts Matter: The Practice of the Spiritual Life* (New York: Continuum International Publishing Group, 1998); Placide Deseille, "Acedia According to the Monastic Tradition," *Cistercian Studies Quarterly* 37, no. 3 (2002): 297-301.

21 John Cassian, "The Institutes of John Cassian," in The Works of John Cassian: A Select Library of the Nicene and Post-Nicene Fathers of the Christian Church, second series, Book 11, ed. Philip Schaff and Henry Wace (Grand Rapids, MI: William B. Eerdmans, 2000).

22 Corey L. M. Keyes and Jonathan Haidt, eds., *Flourishing: Positive Psychology and the Life Well-Lived* (Washington, DC: American Psychological Association, 2003).

2장. 우리는 어쩌다가 이렇게 시들해졌을까

1   Richard Weissbourd et al., "Loneliness in America: How the Pandemic Has Deepened an Epidemic of Loneliness and What We Can Do About It," *Harvard Graduate School of Education*, February 2021, https://mcc.gse.harvard.edu/reports/loneliness-in-america.

2   "Time Spent Alone Increased by an Hour per Day in 2020," *U.S. Bureau of Labor Statistics*, August 27, 2021, https://www.bls.gov/opub/ted/2021/time-spent-alone-increased-by-an-hour-per-day-in-2020.htm.

3   "The Friendship Report," Snap Inc., 2019, https://downloads.ctfassets.net/inb32lm e5009/7BkRT92AEhVU51EIzXXUHB/37749c3cf976dd10524021b8592636d4/The_Friendship_Report.pdf.

4   Nancy J. Donovan and Dan Blazer, "Social Isolation and Loneliness in Older Adults: Review and Commentary of a National Academies Report," *The American Journal of Geriatric Psychiatry* 28, no. 12 (December 2020): 1233-44, https://doi.org/10.1016/j.jagp.2020.08.005; Mark Snowden et al., "Changes in Mental Well-Being in the Transition to Late Life: Findings from MIDUS I and II," *American Journal of Public Health* 100, no. 12 (December 2010): 2385-88, https://doi.org/10.2105/AJPH.2010.193391.

5   Susanne Buecker et al., "Is Loneliness in Emerging Adults Increasing over Time? A Preregistered Cross-Temporal Meta-Analysis and Systematic Review," *Psychological Bulletin* 147, no. 8 (August 2021): 787–805, https://doi.org/10.1037/bul0000332; Ashley N. Palmer et al., "Changes in Flourishing from Adolescence to Young Adulthood: An 8-Year Follow-Up," *Child and Family Social Work* 28, no. 1 (July 2022): 194–209, https://doi.org/10.1111/cfs.12953.

6   Keith David Malcolm Snell, "The Rise of Living Alone and Loneliness in History," *Social History* 42, no. 1 (January 2017): 2–28, https://doi.org/10.1080/03071022.2017.1256093.

7   Viji Diane Kannan and Peter J. Veazie, "US Trends in Social Isolation, Social Engagement, and Companionship—Nationally and by Age, Sex, Race/Ethnicity, Family Income, and Work Hours, 2003–2020," *SSM-Population Health* 21 (March 2023): 101331, https://doi.org/10.1016/j.ssmph.2022.101331.

8   Caitlin E. Coyle and Elizabeth Dugan, "Social Isolation, Loneliness and Health Among Older Adults," *Journal of Aging and Health* 24, no. 8 (December 2012): 1346–63, https://doi.org/10.1177/0898264312460275.

9   Julianne Holt-Lunstad et al., "Loneliness and Social Isolation as Risk Factors for Mortality: A Meta-Analytic Review," *Perspectives on Psychological Science* 10, no. 2 (March 2015): 227–37, https://doi.org/10.1177/1745691614568352.

10   Timothy D. Wilson et al., "Just Think: The Challenges of the Disengaged Mind," *Science* 345, no. 6192 (July 2014): 75–77, https://doi.org/10.1126/science.1250830.

11   Ibid.

12   Kirsten Russell, Susan Rasmussen, and Simon C. Hunter, "Does Mental Well-Being Protect Against Self-Harm Thoughts and Behaviors During Adolescence? A Six-Month Prospective Investigation," *International Journal of Environmental Research and Public Health* 17, no. 18 (September 2020): 6771, https://doi.org/10.3390/ijerph17186771; Melinda Reinhardt et al., "A Person-Centered Approach to Adolescent Nonsuicidal Self-Injury: Predictors and Correlates in a Community Sample," *Journal of Youth and Adolescence* 51, no. 9 (September 2022): 1760–73, https://doi.org/10.1007/s10964-022-01628-y.

13 Rachel Zoffness, *The Pain Management Workbook: Powerful CBT and Mindfulness Skills to Take Control of Pain and Reclaim Your Life* (Oakland, CA: New Harbinger Publications, 2020).

14 John T. Cacioppo and William Patrick, *Loneliness: Human Nature and the Need for Social Connection* (New York: W. W. Norton, 2009); Naomi I. Eisenberger, "Social Pain and the Brain: Controversies, Questions, and Where to Go from Here," *Annual Review of Psychology* 66 (January 2015): 601–29, https://doi.org/10.1146/annurev-psych-010213-115146.

15 Robert M. Sapolsky, "Stress in the Wild," *Scientific American* 262, no. 1 (January 1990): 116–23, http://www.jstor.org/stable/24996650; Robert M. Sapolsky, *Why Zebras Don't Get Ulcers: The Acclaimed Guide to Stress, Stress-Related Diseases, and Coping* (New York: Holt, 2004); Daniel M. Campagne, "Stress and Perceived Social Isolation (Loneliness)," *Archives of Gerontology and Geriatrics* 82 (May 2019): 192–99, https://doi.org/10.1016/j.archger.2019.02.007; George M. Slavich et al., "Black Sheep Get the Blues: A Psychobiological Model of Social Rejection and Depression," *Neuroscience and Biobehavioral Reviews* 35, no. 1 (September 2010): 39–45, https://doi.org/10.1016/j.neubiorev.2010.01.003.

16 Gabor Maté, *In the Realm of Hungry Ghosts: Close Encounters with Addiction* (Berkeley: North Atlantic Books, 2010), 26, 165.

17 Jean M. Twenge, *iGen: Why Today's Super-Connected Kids Are Growing Up Less Rebellious, More Tolerant, Less Happy—and Completely Unprepared for Adulthood—and What That Means for the Rest of Us* (New York: Atria Books: 2017).

18 David Brooks, "America Is Having a Moral Convulsion," *The Atlantic*, October 5, 2020, https://www.theatlantic.com/ideas /archive/2020/10/collapsing-levels-trust-are-devastating-america/616581/.

19 Jeffrey M. Jones, "U.S. Church Membership Falls Below Majority for First Time," *Gallup*, March 29, 2021, https://news.gallup .com/poll/341963/church-membership-falls-below-majority-first-time.aspx.

20 Tyler Giles, Daniel M. Hungerman, and Tamar Oostrom, "Opiates of the Masses? Deaths of Despair and the Decline of American Religion," *National Bureau of Economic Research*, Working Paper Series 30840, January 2023, http://www.nber.

org/papers/w30840.

21 Tyler F. Stillman et al., "Alone and Without Purpose: Life Loses Meaning Following Social Exclusion," *Journal of Experimental Social Psychology* 45, no. 4 (July 2009): 686–94, https://doi .org/10.1016/j.jesp.2009.03.007.

22 Dídac Macià et al., "Meaning in Life: A Major Predictive Factor for Loneliness Comparable to Health Status and Social Connectedness," *Frontiers in Psychology* 12 (February 2021): 627547, https:// doi.org/10.3389/fpsyg.2021.627547.

23 Gene H. Brody et al., "Is Resilience Only Skin Deep?: Rural African Americans Socioeconomic Status—Related Risk and Competence in Preadolescence and Psychological Adjustment and Allostatic Load at Age 19," *Psychological Science*, 24, no. 7, 1285–93, https://doi .org/10.1177/0956797612471954; Sherman A. James, Sue A. Hartnett, and William D. Kalsbeek, "John Henryism and Blood Pressures Difference Among Black Men," *Journal of Behavioral Medicine* 6 (1983): 259–78, https://doi.org/10.1007/BF01315113; Sherman A. James, "John Henryism and the Health of African-Americans," *Culture, Medicine, and Psychiatry: An International Journal of Cross-Cultural Health Research* 18, no. 2, 16382, https://doi.org/10.1007/ BF01379448.

24 Patricia Louie and Blair Wheaton, "The Black-White Paradox Revisited: Understanding the Role of Counterbalancing Mechanism during Adolescence," *Journal of Health and Social Behavior* 60, no. 2, 169–87, https://journals.sagepub. com/doi/10.1177 /0022146519845069; Patricia Louie et al., "Race, Flourishing, and All-Cause Mortality in the United States, 1995–2016," *American Journal of Epidemiology* 190, no. 9 (September 2021): 1735–43, https://doi.org/10 .1093/aje /kwab067.

25 Holly M. Hart et al., "Generativity and Social Involvement Among African Americans and White Adults," *Journal of Research in Personality*, 35, no. 2 (June 2001), 208–30, https://www.sciencedirect.com/science/article/pii/ S0092656601923189.

26 Noreen Goldman, "Will the Latino Mortality Advantage Endure?" *Research on Aging*, 38, no. 3, 263–82, https://doi.org/10.1177/0164027515620242.

27 Esther Wang, "Asian America Learns How to Hit Back," *New York Magazine*,

September 26, 2022, https://nymag.com/intelligencer/article/stop-asian-hate-crimes-politics.html.

28 Sarah Ketchen Lipson et al., "Mental Health Disparities Among College Students of Color," *Journal of Adolescent Health* 63, no. 3 (September 2018): 348–56, https://doi.org/10.1016/j.jadohealth.2018.04.014.

29 Hans Oh, "Flourishing Among Young Adult College Students in the United States: Sexual/Gender and Racial/Ethnic Disparities," *Social Work in Mental Health* 21, no. 4 (December 2022): 347–59, https://doi.org/10.1080/15332985.2022.2155502 ; Hans Oh et al., "Flourishing and Psychotic Experiences Among College Students in the United States: Findings from the Healthy Minds Study 2020," *The Journal of Positive Psychology* 17, no. 5 (2022): 754–59, https://doi.org/10.1080/17439760.2 021.1975162; Nicholas C. Borgogna et al., "Anxiety and Depression Across Gender and Sexual Minorities: Implications for Transgender, Gender Nonconforming, Pansexual, Demisexual, Asexual, Queer, and Questioning Individuals," *Psychology of Sexual Orientation and Gender Diversity* 6, no. 1 (2019): 54–63, https://doi.org/10.1037/sgd0000306; Sarah Ketchen Lipson et al., "Mental Health Disparities Among College Students of Color," *Journal of Adolescent Health* 63, no. 3 (September 2018): 348–56, https://doi.org/10.1016/j.jadohealth.2018.04.014; Sarah Ketchen Lipson et al., "Gender Minority Mental Health in the US: Results of a National Survey on College Campuses," *American Journal of Preventive Medicine* 57, no. 3 (2019): 293–301, https://www.ajpmonline.org/article/S0749-3797(19)30219-3/fulltext.

30 Alyssa Lukpat, "Hate Crimes and Pandemic Lead More Asian Americans to Seek Therapy," *The New York Times*, October 15, 2021, https://www.nytimes.com/2021/10/15/us/asian-american-therapy-hate-crimes.html.

31 Patricia Louie et al. "Race, Flourishing, and All-Cause Mortality in the United States, 1995–2016," *American Journal of Epidemiology*, 190, no. 9 (September 2021): 1735–43, https://doi.org/10.1093/aje/kwab067.

32 Steven W. Cole et al., "Myeloid Differentiation Architecture of Leukocyte Transcriptome Dynamics in Perceived Social Isolation," *Proceedings of the National Academy of Sciences of the United States of America* 112, no. 49 (December 2015):

15142–47, http://www.pnas.org/content/early/2015/11/18/1514249112.full.pdf.

33 Daisy Fancourt and Andrew Steptoe, "The Longitudinal Relationship Between Changes in Wellbeing and Inflammatory Markers: Are Associations Independent of Depression?," *Brain, Behavior, and Immunity* 83 (January 2020): 146–52, https://doi.org/10.1016/j .bbi.2019.10.004.

34 Chloe C. Boyle et al., "Changes in Eudaimonic Well-Being and the Conserved Transcriptional Response to Adversity in Younger Breast Cancer Survivors," *Psychoneuroendocrinology* 103 (May 2019): 173–79, https:// doi.org/10.1016/j.psyneuen.2019.01.024; Steven W. Cole et al., "Loneliness, Eudaimonia, and the Human Conserved Transcriptional Response to Adversity," *Psychoneuroendocrinology* 62 (December 2015): 11–17, https://doi .org/10.1016/j.psyneuen.2015.07.001; Barbara L. Fredrickson et al., "A Functional Genomic Perspective on Human Well-Being," *Proceedings of the National Academy of Sciences of the United States of America* 110, no. 33 (July 2013): 13684–89, https://doi.org/10.1073/pnas.130541911; Barbara L. Fredrickson et al., "Psychological Well-Being and the Human Conserved Transcriptional Response to Adversity," *PLOS One* 10, no. 3 (March 2015): e0121839, https:// doi.org/10.1371/journal.pone.0121839; Shinobu Kitayama et al., "Work, Meaning, and Gene Regulation: Findings from a Japanese Information Technology Firm," *Psychoneuroendocrinology* 72 (October 2016): 175–81, https://doi.org/10.1016/j.psyneuen.2016.07.004; Sung-Ha Lee et al., "Psychological Well-Being and Gene Expression in Korean Adults: The Role of Age," *Psychoneuroendocrinology* 120 (October 2020): 104785, https://doi.org/10.1016/j .psyneuen .2020.104785; Jennifer S. Mascaro et al., "Flourishing in Healthcare Trainees: Psychological Well-Being and the Conserved Transcriptional Response to Adversity," *International Journal of Environmental Research and Public Health* 19, no. 4 (2022): 2255, https://doi.org/10.3390/ijerph19042255; Teresa Seeman et al., "Intergenerational Mentoring, Eudaimonic Well-Being and Gene Regulation in Older Adults: A Pilot Study," *Psychoneuroendocrinology* 111 (January 2020): 104468, https://doi.org/10.1016/j .psyneuen.2019 .104468; Jeffrey G. Snodgrass et al., "Positive Mental Well-Being and Immune Transcriptional Profiles in Highly Involved Videogame Players," *Brain, Behavior, and Immunity* 82 (November 2019):

84 – 92, https://doi.org/10.1016/j.bbi.2019.07.035.

3장. 행복에 속지 마라

1   Ad Bergsma, Germaine Poot, and Aart C. Liefbroer, "Happiness in the Garden
    of Epicurus," *Journal of Happiness Studies* 9 (September 2008): 397 – 423,
    https://doi.org/10.1007/s10902-006-9036-z; Alain de Botton, "Philosophy: A
    Guide to Happiness—Epicurus on Happiness," part 2 of *Philosophy: A Guide to
    Happiness*, Channel 4, February 26, 2014, YouTube, https://www.youtube.com/
    watch?v=eLPeUWsBRvw.

2   Paul Ekman, "An Argument for Basic Emotions," *Cognition and Emotion* 6, nos. 3 – 4
    (1992): 169 – 200, https://www.paulekman.com /wp-content/uploads/2013/07/
    An-Argument-For-Basic-Emotions.pdf.

3   안토니오 다마지오가 서술한 환자 마빈의 이야기는 다음에서 볼 수 있다. "The
    Adult Brain," episode 4 of *The Secret Life of the Brain*, PBS, 2002, YouTube, https://
    www.youtube.com/watch?v=G5-HTuRGMmk.

4   Anna Lembke, *Dopamine Nation: Finding Balance in the Age of Indulgence* (New
    York: Dutton, 2023), 67.

5   Sieun An et al., "Two Sides of Emotion: Exploring Positivity and Negativity in
    Six Basic Emotions Across Cultures," *Frontiers in Psychology* 8 (April 2017): 610,
    https://doi.org/10.3389/fpsyg.2017.00610; Xinmei Deng et al., "Feeling Happy and
    Sad at the Same Time? Subcultural Differences in Experiencing Mixed Emotions
    Between Han Chinese and Mongolian Chinese," *Frontiers in Psychology* 7 (October
    2016): 1692, https://doi.org/10.3389/fpsyg.2016.01692; Mohsen Joshanloo et al.,
    "Fragility of Happiness Beliefs Across 15 National Groups," *Journal of Happiness
    Studies* 16, no. 5 (October 2015): 1185 – 210, https://doi.org/10.1007/s10902-
    014-9553-0; Yuri Miyamoto and Carol D. Ryff, "Cultural Differences in the
    Dialectical and Non-dialectical Emotional Styles and Their Implications for
    Health," *Cognition and Emotion* 25, no. 1 (January 2011): 22 – 39, https://doi.
    org/10.1080/02699931003612114.

6   Steven C. Hayes et al., "Evolving an Idionomic Approach to Processes of Change:
    Towards a Unified Personalized Science of Human Improvement," *Behaviour*

Research and Therapy 156 (September 2022): 104155, https://doi.org/10.1016/j.brat.2022.104155.

7   Susan Cain, *Bittersweet: How Sorrow and Longing Make Us Whole* (New York: Crown, 2022).

8   Roy F. Baumeister et al., "Bad Is Stronger than Good," *Review of General Psychology* 5, no. 4 (December 2001): 323–70, https://doi.org/10.1037/1089-2680.5.4.323; Paul Rozin and Edward B. Royzman, "Negativity Bias, Negativity Dominance, and Contagion," *Personality and Social Psychology Review* 5, no. 4 (November 2001): 296–320, https://doi.org/10.1207/S15327957PSPR0504_2.

9   Emily A. Austin, *Living for Pleasure: An Epicurean Guide to Life* (New York: Oxford University Press, 2022), 29.

10   Julia Annas and Hsin-li Wang, "Aristotle on Virtue and Happiness," *Philosophy and Culture* 35, no. 4 (1989): 157–70, https://philpapers.org/rec/ANNAOV; Julia Annas, "Happiness as Achievement," *Daedalus* 133, no. 2 (Spring 2004): 44–51, https://www.amacad.org/publication/happiness-achievement; Corey L. M. Keyes and Julia Annas, "Feeling Good and Functioning Well: Distinctive Concepts in Ancient Philosophy and Contemporary Science," *The Journal of Positive Psychology* 4, no. 3 (2009): 197–201, https://doi.org/10.1080/17439760902844228.

11   Corey L. M. Keyes et al., "The Relationship of Level of Positive Mental Health with Current Mental Disorders in Predicting Suicidal Behavior and Academic Impairment in College Students," *Journal of American College Health* 60, no. 2 (February 2012): 126–33, https://doi.org/10.1080/07448481.2011.608393.

4장: 우리는 1차원 인간이 아니다

1   Ute Habel et al., "Same or Different? Neural Correlates of Happy and Sad Mood in Healthy Males," *NeuroImage* 26, no. 1 (May 2005): 206–14, https://doi.org/10.1016/j.neuroimage.2005.01.014; Mark S. George et al., "Brain Activity During Transient Sadness and Happiness in Healthy Women," *American Journal of Psychiatry* 152, no. 3 (March 1995): 341–51, https://doi.org/10.1176/ajp.152.3.341; Mario Pelletier et al., "Separate Neural Circuits for Primary Emotions? Brain Activity During Self-Induced Sadness and Happiness in

Professional Actors," *Neuroreport* 14, no. 8 (June 2003): 1111–16, https://doi. org/0.1097/00001756-200306110-00003.

2   Corey L. M. Keyes, John M. Myers, and Kenneth S. Kendler, "The Structure of the Genetic and Environmental Influences on Mental Well-Being," *American Journal of Public Health* 100, no. 12 (December 2010): 2379–84, https://doi.org/10.2105/ AJPH.2010.193615; Kenneth S. Kendler et al., "The Relationship between the Genetic and Environmental Influences on Common Internalizing Psychiatric Disorders and Mental Well-Being," *Behavior Genetics* 41, no. 5 (September 2011): 641–50, https://doi.org/10.1007/s10519-011-9466-1; Kenneth S. Kendler, John M. Myers, and Corey L. M. Keyes, "The Relationship between the Genetic and Environmental Influences on Common Externalizing Psychopathology and Mental Wellbeing," *Twin Research and Human Genetics* 14, no. 6 (December 2011): 516–23, https://doi.org/10.1375/twin.14.6.516.

3   Keyes, Myers, and Kendler, "The Structure of the Genetic and Environmental Influences on Mental Well-Being."

4   Jue Lin, Elissa Epel, and Elizabeth Blackburn, "Telomeres and Lifestyle Factors: Roles in Cellular Aging," *Mutation Research/Fundamental and Molecular Mechanisms of Mutagenesis* 730, nos. 1–2 (February 2012): 85–89, https://doi.org/10.1016/ j.mrfmmm.2011.08.003; Elissa S. Epel et al., "Accelerated Telomere Shortening in Response to Life Stress," *Proceedings of the National Academy of Sciences of the United States of America* 101, no. 49 (December 2004): 17312–15, https://doi. org/10.1073/pnas.040716210; Elissa Epel, "How 'Reversible' Is Telomeric Aging?," *Cancer Prevention Research* 5, no. 10 (October 2012): 1163–68, https://doi.org/10 .1158/1940-6207.CAPR-12-0370.

5   David Snowdon, *Aging with Grace: What the Nun Study Teaches Us About Leading Longer, Healthier, and More Meaningful Lives* (New York: Bantam, 2002).

6   Anna I. Corwin, *Embracing Age: How Catholic Nuns Became Models of Aging Well* (New Brunswick, NJ: Rutgers University Press, 2021).

7   Edward Taub, Gitendra Uswatte, and Rama Pidikiti, "Constraint-Induced Movement Therapy: A New Family of Techniques with Broad Application to Physical Rehabilitation—A Clinical Review," *Journal of Rehabilitation Research*

and Development 36, no. 3 (July 1999): 237 – 51, https://pubmed.ncbi.nlm.nih.gov/10659807/.

8   Rachel Zoffness, "Think Pain Is Purely Medical? Think Again," *Psychology Today*, October 25, 2019, https://www.psychologytoday.com/us/blog/pain-explained/201910/think-pain-is-purely-medical-think-again. 다음도 보라. Rachel Zoffness, *The Pain Management Workbook: Powerful CBT and Mindfulness Skills to Take Control of Pain and Reclaim Your Life* (Oakland, CA: New Harbinger Publications, 2020).

9   Christopher J. Murray and Alan D. Lopez, "Evidence–Based Health Policy—Lessons from the Global Burden of Disease Study," *Science* 274, no. 5288 (November 1996): 740 – 43, https://doi.org/10.1126/science.274.5288.740.

10 Debra J. Brody and Qiuping Gu, "Antidepressant Use Among Adults: United States, 2015 – 2018," *National Center for Health Statistics Data Brief* no. 377, September 2020, https://www.cdc.gov/nchs/products/databriefs/db377.htm.

11 Laura J. Andrade et al., "Cross-National Comparisons of the Prevalences and Correlates of Mental Disorders," *Bulletin of the World Health Organization* 78, no. 4 (2000): 413 – 26, https://apps.who.int/iris/handle/10665/268101.

12 "The Depression Report: A New Deal for Depression and Anxiety Disorders," Centre for Economic Performance, Mental Health Policy Group, London School of Economics, June 2006, http://eprints.lse.ac.uk/818/1/DEPRESSION_REPORT_LAYARD.pdf.

13 T. R. Insel and Edward M. Scolnick, "Cure Therapeutics and Strategic Prevention: Raising the Bar for Mental Health Research," *Molecular Psychiatry* 11, no. 1 (January 2006): 12 – 13, https://doi.org/10.1038/sj.mp.4001777.

14 Ibid.

15 Robert Whitaker, *Anatomy of an Epidemic: Magic Bullets, Psychiatric Drugs, and the Astonishing Rise of Mental Illness in America* (New York: Crown, 2011).

16 Irving Kirsch, "Placebo Effect in the Treatment of Depression and Anxiety," *Frontiers in Psychiatry* 10 (June 2019): article 407, https://doi.org/10.3389/fpsyt.2019.00407.

17 Shysset Nuggerud–Galeas et al., "Analysis of Depressive Episodes, Their Recurrence

and Pharmacologic Treatment in Primary Care Patients: A Retrospective Descriptive Study," *PLOS One* 15, no. 5 (May 2020): e0233454, https://doi.org/10.1371/journal.pone.0233454; Stephanie L. Burcusa and William G. Iacono, "Risk for Recurrence in Depression," *Clinical Psychology Review* 27, no. 8 (December 2007): 959–85, https://doi.org/10.1016/j.cpr.2007.02.005; "The Depression Report: A New Deal for Depression and Anxiety Disorders."

18 Lahnna I. Catalino and Barbara L. Fredrickson, "A Tuesday in the Life of a Flourisher: The Role of Positive Emotional Reactivity in Optimal Mental Health," *Emotion* 11, no. 4 (2011): 938–50, https:// doi.org/10.1037/a0024889.

19 Alexandra Drake et al., "Daily Stressor–Related Negative Mood and Its Associations with Flourishing and Daily Curiosity," *Journal of Happiness Studies* 23, no. 2 (February 2022): 423–38, https://doi.org/10 .1007/s10902-021-00404-2. 스트레스 넘치는 업무 환경은 실험 참가자의 시들함과 관련 없었다. 하지만 업무 환경에서 다른 사람의 지원을 받는지 아닌지와는 상관관계가 있었다. 연구 결과에 따르면 지원해주지 않고 요구가 많은 환경에서 일하면 분명 웰빙이 약화되고 시들해질 확률이 높았다.

20 다음도 보라. David Brooks, "Should you live for your résumé . . . or your eulogy?," TED, April 14, 2014, YouTube, https://www .youtube.com/watch?v=MlLWTeApqIM.

5장. 배움: 자기성장의 이야기 만들기

1 Dan P. McAdams, "The Psychology of Life Stories," *Review of General Psychology* 5, no. 2 (2001): 100–22, https://www.sesp .northwestern.edu/docs/publications/430816076490a3ddfc3fe1.pdf.

2 Janey Davies, "What Is Illusory Superiority & 8 Signs You Could Suffer from It," Learning Mind, July 10, 2021, https://www .learning-mind.com/illusory-superiority/.

3 Jeff Haden, "Science Says Stop Infecting Other People with the Better-Than-Average Effect," *Inc.*, October 12, 2020, https:// www.inc.com/jeff-haden/science-says-stop-infecting-other-people-with-better -than-average-effect.html.

4 Pema Chödrön, *When Things Fall Apart: Heart Advice for Difficult Times* (Boulder,

CO: Shambhala, 2016), XI.

5   Ines Schindler, "Relations of Admiration and Adoration with Other Emotions and Well-Being," *Psychology of Well-Being* 4, no. 14 (August 2014): 1–23, https://doi.org/10.1186/s13612-014-0014-7.

6   Ibid.

7   Christine Robitschek and Corey L. M. Keyes, "Keyes's Model of Mental Health with Personal Growth Initiative as a Parsimonious Predictor," *Journal of Counseling Psychology* 56, no. 2 (2009): 321–29, https://doi.org/10.1037/a0013954.

8   Corey L. M. Keyes and Carol D. Ryff, "Subjective Change and Mental Health: A Self-Concept Theory," *Social Psychology Quarterly* 63, no. 3 (September 2000): 264–79, https://doi.org /10.2307/2695873. Corey L. M. Keyes, "Subjective Change and Its Consequences for Emotional Well-Being," *Motivation and Emotion* 24, no. 2 (June 2000): 67–84, https://doi.org/10.1023/A:1005659114155; Gerben J. Westerhof and Corey L. M. Keyes, "After the Fall of the Berlin Wall: Perceptions and Consequences of Stability and Change Among Middle-Aged and Older East and West Germans," *The Journals of Gerontology Series B: Psychological Sciences and Social Sciences* 61, no. 5 (September 2006): S240–S247, https://doi.org/10.1093/geronb/61.5.s240.

9   K. C. Davis, *How to Keep House While Drowning: A Gentle Approach to Cleaning and Organizing* (New York: Simon Element, 2022), 15.

10   Nicholas E. Handoyom et al., "The Importance of Developing Meaningfulness and Manageability for Resilience in Rural Doctors," *Medical Teacher* 45, no. 1 (January 2023): 32–39, https://doi.org/10.1080/0142159X.2022.2128734; James Clear, "The Goldilocks Rule: How to Stay Motivated in Life and Business," *Medium*, July 12, 2016, https://medium.com/the-mission/the-goldilocks-rule-how-to-stay-motivated-in-life-and-business-399d57d69825; Benedikt Hackert et al., "Towards a Re-conceptualization of Flow in Social Contexts," *Journal for the Theory of Social Behaviour* 53, no. 1 (2023): 100–25, https://doi.org/10.1111/jtsb.12362.

11   Giovanni A. Fava, "Allostatic Load in Clinical Practice," *Clinical Psychological Science* 11, no. 2 (2023): 345–56, https://doi.org/10.1177/216770262211216; Christin Gerhardt et al., "How are Social Stressors at Work Related to Well-Being and

Health? A Systematic Review and Meta-Analysis," *BMC Public Health* 21, no. 1 (May 2021): 890, https://doi.org/10.1186/s12889-021-10894-7.

12 Abiola Keller et al., "Does the Perception that Stress Affects Health Matter? The Association with Health and Mortality," *Health Psychology* 31, no. 5 (September 2012): 677–84, https://doi.org/10.1037/a0026743.

13 Tracie White, "Medical Errors May Stem More from Physician Burnout than Unsafe Health Care Settings," *Stanford Medicine*, July 8, 2018, https://med.stanford.edu/news/all-news/2018/07/medical-errors-may-stem-more-from-physician-burnout.html.

14 Margaret Plews-Ogan, Justine E. Owens, and Natalie B. May, "Wisdom Through Adversity: Learning and Growing in the Wake of an Error," *Patient Education and Counseling* 91, no. 2 (May 2013): 236–42, https://doi.org/10.1016/j.pec.2012.12.006.

6장. 관계: 따스하고 신뢰하는 유대 맺기

1 C. S. Lewis, *The Four Loves* (New York: Harcourt, 1991), 95.

2 David C. Pyrooz, " 'From Your First Cigarette to Your Last Dyin' Day': The Patterning of Gang Membership in the Life-Course," *Journal of Quantitative Criminology* 30, no. 2 (2014): 349–72, https://doi.org/10.1007/s10940-013-9206-1; David C. Pyrooz and Gary Sweeten, "Gang Membership Between Ages 5 and 17 Years in the United States," *Journal of Adolescent Health* 56, no. 4 (April 2015): 414–19, https://doi.org/10.1016/j.jadohealth.2014.11.018; James C. Howell, "Youth Gangs," *Office of Juvenile Justice and Delinquency Prevention*, December 1997, https://www.ojp.gov/pdffiles/fs-9772.pdf; "Gangs and Children," *Journal of the American Academy of Child & Adolescent Psychiatry* 98 (September 2017), https://www.aacap.org/AACAP/Families_and_Youth/Facts_for_Families/FFF-Guide/Children-and-Gangs-098.aspx; G. David Curry, Scott H. Decker, and David C. Pyrooz, *Confronting Gangs: Crime and Community*, 3rd ed. (New York: Oxford University Press, 2013).

3 Daniel H. Pink, *Drive: The Surprising Truth About What Motivates Us* (New York: Riverhead Books, 2009); Edward L. Deci, Anja H. Olafsen, and Richard M. Ryan,

"Self-Determination Theory in Work Organizations: The State of a Science," *Annual Review of Organizational Psychology and Organizational Behavior* 4 (2017): 19–43, https://doi.org/10.1146/annurev-orgpsych-032516-113108. 자기결정이론(self-determination theory), 성인 효능감을 뜻하는 만족감의 중요성을 개괄하려면 다음을 보라. Kendra Cherry, "What Is Self-Determination Theory?," Very Well Mind, November 8, 2022, https://www.verywellmind.com/what-is-self-determination-theory-2795387.

4 Morris Rosenberg and B. Claire McCullough, "Mattering: Inferred Significance and Mental Health Among Adolescents," *Research in Community and Mental Health* 2 (1981): 163–82, https://psycnet.apa.org/record/1983-07744-001.

5 Rosenberg and McCullough, "Mattering: Inferred Significance and Mental Health Among Adolescents."

6 Gordon L. Flett et al., "Antecedents, Correlates, and Consequences of Feeling like You Don't Matter: Associations with Maltreatment, Loneliness, Social Anxiety, and the Five-Factor Model," *Personality and Individual Differences* 92 (2016): 52–56, https://doi.org/10.1016/j.paid.2015.12.014. 다음도 보라. Sarah E. McComb et al., "The Double Jeopardy of Feeling Lonely and Unimportant: State and Trait Loneliness and Feelings and Fears of Not Mattering," *Frontiers in Psychology* 11 (December 2020): 563420, https://doi.org/10.3389/fpsyg.2020.563420.
나는 이 논문들의 제1저자에게 요청해 결과를 수집하고, 매콤에게 개인적으로 요청해 2021년 논문 〈긍정적 정신건강과 정신질환 부재는 동일한가?〉의 표본을 얻었다.

분류	발생빈도
활력	45.6% (402)
중등도의 시들함	23.5% (207)
심각한 시들함	4.1% (36)
우울(EPDS가 10점 이상)	26.9% (237)

우울증은 에든버러 산후우울증 척도(Edinburgh postpartum depression scale, EPDS)에서 임상적으로 산후우울증임을 의미하는 10점 이상일 경우를 나타냄

다음은 벡 우울 척도(Beck depression inventory)를 이용해 컷오프 점수를 설정한 논문에서 EPDS로 인정된 비율이다. 다음을 보라. Jennifer E. McCabe-Beane et al., "The Identification of Severity Ranges for the Edinburgh Postnatal Depression Scale," *Journal of Reproductive and Infant Psychology* 34, no. 3 (February 2016): 293–303, https://doi.org/10.1080/02646838.2016.1141346.

벡 우울 척도 컷오프 점수를 이용해 우울증 심각도를 계산한 EPDS 점수	발생빈도
전혀 아님 또는 미미함(0~6점)	37.2% (328)
약함(7~13점)	45.4 (400)
중등도(14~19점)	13.8% (122)
심각함(19~30점)	3.6% (32)

7　"The Power of Diverse Friendships," *Centerstone*, May 17, 2023, https://centerstone.org/our-resources/health-wellness/the-power-of-diverse-friendships/.

8　"Workplace Diversity Training Works Better with Cross-Race Friendship," I-O AT WORK, November 18, 2020, https://www.ioatwork.com/workplace-diversity-training-with-cross-race-friendship/.

9　Corey L. M. Keyes, "The Exchange of Emotional Support with Age and Its Relationship with Emotional Well-Being by Age," *The Journals of Gerontology Series B: Psychological Sciences and Social Sciences* 57, no. 6 (November 2002): P518–P525, https://doi.org/10.1093/geronb/57.6.p518; Yoh Murayama et al., "The Effects of Reciprocal Support on Mental Health Among Intergenerational Non-relatives—A Comparison by Age Group," *Archives of Gerontology and Geriatrics* 99 (March 2022): 104601, https://doi.org/10.1016/j.archger.2021.104601; Arpana Pandit and Yoshinori Nakagawa, "How Does Reciprocal Exchange of Social Support Alleviate Individuals' Depression in an Earthquake-Damaged Community?," *International Journal of Environmental Research and Public Health* 18, no. 4 (February 2021): 1585, https://doi.org/10.3390/ijerph18041585.

10　Shigehiro Oishi, Selin Kesebir, and Ed Diener, "Income Inequality and Happiness," *Psychological Science* 22, no. 9 (August 2011): 1095–1100, https://doi.org/10.1177/0956797611417262; Kelly Kirkland et al., "Moral Expansiveness Around the World: The Role of Societal Factors Across 36 Countries," *Social Psychological and Personality Science* 14, no. 3 (2023): 305–18, https://doi.org/10.1177/1948550622110176; Daniel M. Stancato, Dacher Keltner, and Serena

Chen, "The Gap Between Us: Income Inequality Reduces Social Affiliation in Dyadic Interactions," *Personality and Social Psychology Bulletin* (April 2023): https://doi.org/10.1177/01461672231164213.

11 Patrick Sharkey, "To Avoid Integration, Americans Built Barricades in Urban Space," *The Atlantic*, June 20, 2020, https://www.theatlantic.com/ideas/archive/2020/06/barricades-let-urban-inequality-fester/613312/.

12 Jun Wu, Xiaochen Hu, and Erin A. Orrick, "The Relationship between Motivations for Joining Gangs and Violent Offending: A Preliminary Test on Self-Determination Theory," *Victims and Offenders* 17, no. 3 (2022): 335 – 49, https://doi.org/10.1080/15564886.2021.1898508; Caylin Louis Moore and Forrest Stuart, "Gang Research in the Twenty-First Century," *Annual Review of Criminology* 5 (January 2022): 299 – 320, https:// doi.org/10.1146/annurev-criminol-030920-094656.

7장. 영성: 피할 수 없는 인생의 굴곡 받아들이기

1 알베르트 아인슈타인이 로버트 마커스 박사에게 1950년 2월 12일에 보낸 편지. The Library of Consciousness, https://www.organism.earth /library/document/letter-to-dr-robert-marcus.

2 Mary Lamia, "Shame: A Concealed, Contagious, and Dangerous Emotion," *Psychology Today*, April 4, 2011, https:// www.psychologytoday.com/us/blog/intense-emotions-and-strong-feelings /201104/shame-concealed-contagious-and-dangerous-emotion.

3 TEDx Talks, "The Power of Mindfulness: What You Practice Grows Stronger | Shauna Shapiro | TEDxWashington Square," YouTube, March 10, 2017, https://www.youtube.com/watch?v=IeblJdB2-Vo.

4 Shauna Shapiro, *Good Morning, I Love You: Mindfulness and Self-Compassion Practices to Rewire Your Brain for Calm, Clarity, and Joy* (Louisville, CO: Sounds True, 2022), 177 – 78.

5 Ernst T. Bohlmeijer et al., "Efficacy of an Early Intervention Based on Acceptance and Commitment Therapy for Adults with Depressive Symptomatology: Evaluation in a Randomized Controlled Trial," *Behaviour Research and Therapy* 49, no. 1 (January 2011): 62 – 67, https://doi .org/10.1016/j.brat.2010.10.003; Ernst T. Bohlmeijer,

Sanne M. A. Lamers, and Martine Fledderus, "Flourishing in People with Depressive Symptomatology Increases with Acceptance and Commitment Therapy. Post-hoc Analyses of a Randomized Controlled Trial," *Behaviour Research and Therapy* 65 (February 2015): 101-06, https://doi.org/10.1016/j.brat.2014.12.014. 다음도 보라. Rebecca J. North et al., "From Failure to Flourishing: The Roles of Acceptance and Goal Reengagement," *Journal of Adult Development* 21, no. 4 (September 2014): 239-50, https://doi.org/10.1007/s10804-014-9195-9.

6   Michael M. Prinzing, "Religion Gives Life Meaning. Can Anything Else Take Its Place?," *Psyche*, April 27, 2022, https:// psyche.co/ideas/religion-gives-life-meaning-can-anything-else-take-its-place.

7   Shigehiro Oishi and Ed Diener, "Residents of Poor Nations Have a Greater Sense of Meaning in Life than Residents of Wealthy Nations," *Psychological Science* 25, no. 2 (February 2014): 422-30, https://doi.org/10.1177/0956797613507286.

8   Michael Prinzing, Patty Van Cappellen, and Barbara L. Fredrickson, "More Than a Momentary Blip in the Universe? Investigating the Link Between Religiousness and Perceived Meaning in Life," *Personality and Social Psychology Bulletin* 49, no. 2 (December 2021): 180-96, https://doi.org/10.1177/01461672211060136.

9   Laura Upenieks, Scott Schieman, and Christopher G. Ellison, "Does Religiosity Buffer the Adverse Mental Health Effects of Work-Family Strain? Examining the Role of an Overlooked Resource," *Review of Religious Research* 65, no. 1 (March 2023): 7-36, https://doi.org/10.1177/0034673X231171788.

10 Steph Koyfman, "What Was, and What Is: Native American Languages in the United States," *Babbel Magazine*, June 8, 2023, https://www.babbel.com/en/magazine/native-american-languages-in-the-us.

11 Michael J. Chandler and Christopher E. Lalonde, "Cultural Continuity as a Hedge Against Suicide in Canada's First Nations," *Transcultural Psychiatry* 35, no. 2 (June 1998): 191-219, https://doi.org/10.1177/13634615980350020; Michael J. Chandler and Christopher E. Lalonde, "Cultural Continuity as a Protective Factor Against Suicide in First Nations Youth," *Horizons* 10, no. 1 (January 2008): 68-72, https://www.researchgate.net/publication/239921354_Cultural_Continuity_as_a_Protective_Factor_Against_Suicide_in_First_Nations_Youth; Brittany Barker,

Ashley Goodman, and Kora DeBeck, "Reclaiming Indigenous Identities: Culture as Strength Against Suicide Among Indigenous Youth in Canada," *Canadian Journal of Public Health* 108, no. 2 (June 2017): e208 – e210, https://doi.org/10.17269/cjph.108.5754.

12 Darcy Hallett, Michael J. Chandler, and Christopher E. Lalonde, "Aboriginal Language Knowledge and Youth Suicide," *Cognitive Development* 22, no. 3 (July 2007): 392 – 99, https://doi.org/10.1016/j.cogdev.2007.02.001; Jeffrey Ansloos, "Rethinking Indigenous Suicide," *International Journal of Indigenous Health* 13, no. 2 (December 2018): 8 – 28, https://doi.org/10.32799/ijih.v13i2.32061.

13 Jessica Saniguq Ullrich, "For the Love of Our Children: An Indigenous Connectedness Framework," *AlterNative: An International Journal of Indigenous Peoples* 15, no. 2 (February 2019): 121 – 30, https://doi.org/10.1177/117718 0119828114.

14 Sharon Begley, *Train Your Mind, Change Your Brain: How a New Science Reveals Our Extraordinary Potential to Transform Ourselves* (New York: Ballantine Books, 2007).

15 Bellur Krishnamachar Sundaraja Iyengar, *Light on the Yoga Sutras of Patanjali* (San Francisco: Aquarian/Thorsons, 1993), 82.

16 Alyson Ross et al., "Frequency of Yoga Practice Predicts Health: Results of a National Survey of Yoga Practitioners," *Evidence-Based Complementary and Alternative Medicine* 2012 (August 2012): 1 – 10, https:// doi.org/10.1155/2012/983258.

17 Sunshine Rote, Terrence D. Hill, and Christopher G. Ellison, "Religious Attendance and Loneliness in Later Life," *The Gerontologist* 53, no. 1 (February 2013): 39 – 50, https://doi .org/10.1093/geront/gns063.

18 Bassam Khoury et al., "Mindfulness–Based Stress Reduction for Healthy Individuals: A Meta–Analysis," *Journal of Psychosomatic Research* 78, no. 6 (June 2015): 519 – 28, https://doi.org/10.1016/j.jpsychores .2015.03.009; Juan Li et al., "Effectiveness of Mindfulness–Based Interventions on Anxiety, Depression, and Fatigue in People with Lung Cancer: A Systematic Review and Meta–Analysis," *International Journal of Nursing Studies* 140 (April 2023): https://doi.org/10.1016/j.ijnurstu.2023.104447.

8장. 목적: 타인과 세상에 의미 있게 기여하는 삶

1   Frederick Buechner, *Wishful Thinking: A Seeker's ABC* (New York: Harper and Row, 1973), 19.

2   Po Bronson, *What Should I Do with My Life? The True Story of People Who Answered the Ultimate Question* (New York: Random House, 2002).

3   Larissa Rainey, "The Search for Purpose in Life: An Exploration of Purpose, the Search Process, and Purpose Anxiety," *Masters of Applied Positive Psychology Capstone Projects*, University of Pennsylvania, August 2014, https://core.ac.uk/reader/76383860; David B. Newman, John B. Nezlek, and Todd M. Thrash, "The Dynamics of Searching for Meaning and Presence of Meaning in Daily Life," *Journal of Personality* 86, no. 3 (June 2018): 368 –79, https://doi.org/10.1111/jopy.12321; Michael F. Steger et al., "Understanding the Search for Meaning in Life: Personality, Cognitive Style, and the Dynamic Between Seeking and Experiencing Meaning," *Journal of Personality* 76, no. 2 (April 2008): 199 –228, https://doi.org /10 .1111/j.1467–6494.2007.00484.x.

4   Patrick L. Hill et al., "Sense of Purpose Moderates the Associations Between Daily Stressors and Daily Well–Being," *Annals of Behavioral Medicine: A Publication of the Society of Behavioral Medicine* 52, no. 8 (August 2018): 724 –29, https://doi.org/10.1093/abm/kax039.

5   Kayla Isaacs et al., "Psychological Resilience in U.S. Military Veterans: A 2–Year, Nationally Representative Prospective Cohort Study," *Journal of Psychiatric Research* 84 (2017): 301 –09, https://doi.org /10.1016/j.jpsychires.2016.10.017.

6   Carol D. Ryff, "Happiness Is Everything, or Is It? Explorations on the Meaning of Psychological Well–Being," *Journal of Personality and Social Psychology* 57, no. 6 (1989): 1069 –81, https://doi.org/10.1037/0022–3514.57.6.1069; Carol D. Ryff and Corey Lee M. Keyes, "The Structure of Psychological Well–Being Revisited," *Journal of Personality and Social Psychology* 69, no. 4 (October 1995): 719 –27, https://doi.org/10.1037//0022–3514.69.4.719.

7   Viktor E. Frankl, *Man's Search for Meaning* (New York: Simon and Schuster, 1959).

8   Corey L. M. Keyes, "Authentic Purpose: The Spiritual Infrastructure of Life," *Journal of Management, Spirituality and Religion* 8, no. 4 (November 2011): 281 –97,

https://doi.org/10.1080/14766086.2011.630133.

9   Matilda White Riley et al., *Age and Structural Lag: Society's Failure to Provide Meaningful Opportunities in Work, Family, and Leisure* (New York: John Wiley & Sons, 1994).

10 Heather Malin, Parissa J. Ballard, and William Damon, "Civic Purpose: An Integrated Construct for Understanding Civic Development in Adolescence," *Human Development* 58, no. 2 (June 2015): 103–30, https://doi.org/10.1159/000381655. See also William Damon and Heather Malin, "The Development of Purpose," in *The Oxford Handbook of Moral Development: An Interdisciplinary Perspective*, ed. Lene Arnett Jensen (New York: Oxford University Press, 2020), 110; Seana Moran, "Purpose: Giftedness in Intrapersonal Intelligence," *High Ability Studies* 20, no. 2 (December 2009): 143–59, https://doi.org/10.1080/13598130903358501; Seana Moran et al., "How Supportive of Their Specific Purposes Do Youth Believe Their Family and Friends Are?," *Journal of Adolescent Research* 28, no. 3 (2013): 348–77, https://doi.org/10.1177/0743558412457816; Kirsi Tirri and Brandy Quinn, "Exploring the Role of Religion and Spirituality in the Development of Purpose: Case Studies of Purposeful Youth," *British Journal of Religious Education* 32, no. 3 (July 2010): 201–14, https://doi.org/10.1080/01416200.2010.498607.

11 예를 들어 다음을 보라. Moran et al., "How Supportive of Their Specific Purposes Do Youth Believe Their Family and Friends Are?"; Damon and Malin, "The Development of Purpose."

12 Gloria Guzman, "Household Income: 2021. American Community Survey Briefs," *U.S. Census Bureau*, October 4, 2022, https://www.census.gov/library/publications/2022/acs/acsbr-011.html.

13 여기에 보고된 결과는 대학생을 조사한 2007~2009년 '건강한 마음 연구' 결과를 통합한 것이다. 여기에 제시한 분석은 이 연구에서 정신건강 연속체를 바탕으로 한 정신적 웰빙 척도인 MHC-SF를 사용해 조사한 2년치 데이터를 합산하여 9,296명의 학부 대학생(백인 6,955명, 아프리카계 미국인 563명, 히스패닉 760명, 아시아계 미국인 1,018명) 결과를 종합한 것이다. 좀 오래된 연구 결과로 보일 수 있지만, 이 결과는 '활력 척도'라는 8개 항목을 사용한 최근의 '건강한 마음 연구' 결과와도 일치한다.

14 Han Na Suh et al., "The Role of Model Minority Stereotype on General Self-Efficacy and Depressive Symptoms," *The Counseling Psychologist* 51, no. 1 (2023): 62 – 83, https://doi.org/10.1177/00110000221130016; Tiffany Yip et al., "Development Against the Backdrop of the Model Minority Myth: Strengths and Vulnerabilities Among Asian American Adolescents and Young Adults," in *APA Handbook of Adolescent and Young Adult Development*, ed. L. J. Crockett, G. Carlo, and J. E. Schulenberg (Washington, DC: American Psychological Association, 2022), 359 – 74, https://doi.org/10.1037 /0000298-022; Lazar Stankov, "Unforgiving Confucian Culture: A Breeding Ground for High Academic Achievement, Test Anxiety and Self-Doubt?," *Learning and Individual Differences* 20, no. 6 (December 2010): 555 – 63, https://doi.org/10.1016/j.lindif.2010.05.003.

15 Chuansheng Chen and Harold W. Stevenson, "Motivation and Mathematics Achievement: A Comparative Study of Asian-American, Caucasian-American, and East Asian High School Students," *Child Development* 66, no. 4 (1995): 1215 – 34, https://doi.org/10 .2307/1131808; Jamie Lew, *Asian Americans in Class: Charting the Achievement Gap Among Korean American Youth* (New York: Teachers College Press, 2006); So Yoon Yoon and Marcia Gentry, "Racial and Ethnic Representation in Gifted Programs: Current Status of and Implications for Gifted Asian American Students," *Gifted Child Quarterly* 53, no. 2 (April 2009): 121 – 36, https://doi.org/10.1177/00169862083305; Scott J. Peters et al., "Effect of Local Norms on Racial and Ethnic Representation in Gifted Education," *AERA Open* 5, no. 2 (May 2019): 1 – 18, https://doi.org/10.1177 /2332858419848446.

16 Shelley Sang-Hee Lee, *A New History of Asian America* (New York: Routledge, 2013); Rachel U. Mun and Nancy B. Hertzog, "The Influence of Parental and Self-Expectations on Asian American Women Who Entered College Early," *Gifted Child Quarterly* 63, no. 2 (January 2019): 120 – 40, https://doi.org/10.1177/00169862188235.

17 Mun and Hertzog, "The Influence of Parental and Self-Expectations on Asian American Women Who Entered College Early."

18 Thomas Curran and Andrew P. Hill, "Perfectionism Is Increasing over Time: A Meta-Analysis of Birth Cohort Differences from 1989 to 2016," *Psychological*

Bulletin 145, no. 4 (2019): 410 – 29, http:// dx.doi.org/10.1037/bul0000138.

19 Matthias Doepke, Giuseppe Sorrenti, and Fabrizio Zilibotti, "The Economics of Parenting," *Annual Review of Economics* 11, no. 1 (February 2019): 55 – 84, https://www.nber.org/papers/w25533; Matthias Doepke and Fabrizio Zilibotti, *Love, Money, and Parenting: How Economics Explains the Way We Raise Our Kids* (Princeton, NJ: Princeton University Press, 2019).

20 Carol D. Ryff, Pamela S. Schmutte, and Young Hyun Lee, "How Children Turn Out: Implications for Parental Self-Evaluation," in *The Parental Experience in Midlife*, ed. C. D. Ryff and M. M. Seltzer (Chicago: University of Chicago Press, 1996), 383 – 422. 이 장에서는 중년 부모의 자녀가 대학에 진학할 때 부모가 갖는 두 가지 큰 목표가 (1) 대학에서 좋은 교육을 받고 (2) 행복해지는 것이라는 증거를 검토한다. 이는 어머니와 아버지 모두에게 해당되었다.

21 Juliana G. Breines and Serena Chen, "Self-Compassion Increases Self-Improvement Motivation," *Personality and Social Psychology Bulletin* 38, no. 9 (September 2012): 1133 – 43, https://doi.org/10.1177/0146167212445599; Jia Wei Zhang and Serena Chen, "Self-Compassion Promotes Personal Improvement from Regret Experiences via Acceptance," *Personality and Social Psychology Bulletin* 42, no. 2 (February 2016): 244 – 58, https://doi.org/10.1177/0146167215623271; Jia Wei Zhang, Serena Chen, and Teodora K. Tomova Shakur, "From Me to You: Self-Compassion Predicts Acceptance of Own and Others' Imperfections," *Personality and Social Psychology Bulletin* 46, no. 2 (February 2020): 228 – 42, https://doi.org/10.1177/0146167219853846; Jofel D. Umandap and Lota A. Teh, "Self-Compassion as a Mediator Between Perfectionism and Personal Growth Initiative," *Psychological Studies* 65 (August 2020): 227 – 38, https://doi.org/10.1007/s12646-020-00566-8.

22 Hyun-joo Park and Dae Yong Jeong, "Moderation Effects of Perfectionism and Meaning in Life on Depression," *Personality and Individual Differences* 98 (August 2016): 25 – 29, https://doi.org/10.1016/j.paid.2016.03.073.

23 Michael F. Steger, Shigehiro Oishi, and Selin Kesebir, "Is a Life Without Meaning Satisfying? The Moderating Role of the Search for Meaning in Satisfaction with Life Judgments," *The Journal of Positive Psychology* 6, no. 3 (September 2011): 173 – 80,

https://doi.org/10.1080/17439760.2011.569171; Nansook Park, Myungsook Park, and Christopher Peterson, "When Is the Search for Meaning Related to Life Satisfaction?," *Applied Psychology: Health and Well-Being* 2, no. 1 (February 2010): 1 – 13, https://doi.org/10.1111/j.1758-0854.2009.01024.x.

24 James C. Davidson and David P. Caddell, "Religion and the Meaning of Work," *Journal for the Scientific Study of Religion* 33, no. 2 (June 1994): 135 – 47, https://doi.org/10.2307/1386600; Amy Wrzesniewski et al., "Jobs, Careers, and Callings: People's Relations to Their Work," *Journal of Research in Personality* 31, no. 1 (March 1997): 21 – 33, https://doi.org/10.1006/jrpe.1997.2162; Sarah J. Ward and Laura A. King, "Work and the Good Life: How Work Contributes to Meaning in Life," *Research in Organizational Behavior* 37, no. 3 (January 2017): 59 – 82, https://doi.org/10.1016/j.riob.2017.10.001.

25 Davidson and Caddell, "Religion and the Meaning of Work."

26 C. B. Macpherson, *The Political Theory of Possessive Individualism: Hobbes to Locke* (Oxford, UK: Clarendon Press), 1962.

27 S. Katherine Nelson et al., "Do unto Others or Treat Yourself? The Effects of Prosocial and Self-Focused Behavior on Psychological Flourishing," *Emotion* 16, no. 6 (September 2016): 850 – 61, http://dx.doi.org/10.1037/emo0000178.

28 Corey L. M. Keyes, "Social Functioning and Social Well-Being: Studies of the Social Nature of Personal Wellness," PhD diss., University of Wisconsin – Madison, 1995. 다음도 보라. Elisabetta Magnani and Rong Zhu, "Does Kindness Lead to Happiness? Voluntary Activities and Subjective Well-Being," *Journal of Behavioral and Experimental Economics* 77 (December 2018): 20 – 28, https://doi.org/10.1016/j.socec.2018.09.009; Ricky N. Lawton et al., "Does Volunteering Make Us Happier, or Are Happier People More Likely to Volunteer? Addressing the Problem of Reverse Causality When Estimating the Wellbeing Impacts of Volunteering," *Journal of Happiness Studies* 22, no. 2 (February 2021): 599 – 624, https://doi.org/10.1007/s10902-020-00242-8.

9장. 놀이: 일상을 벗어난 시간

1   Kerry Egan, "No Love Is Ever Wasted," *The New York Times*, March 10, 2023,

https://www.nytimes.com/2023/03/10/style/modern-love-no-love-is-ever-wasted.html.

2   Stuart L. Brown, *Play: How it Shapes the Brain, Opens the Imagination and Invigorates the Soul* (New York: Avery, 2009).

3   Lawrence J. Schweinhart et al., "The HighScope Perry Preschool Study Through Age 40: Summary, Conclusions, and Frequently Asked Questions," *HighScope Educational Research Foundation*, 2005, https://nieer.org/wp-content/uploads/2014/09/specialsummary_rev2011_02_2.pdf; James J. Heckman et al., "The Rate of Return to the HighScope Perry Preschool Program," *Journal of Public Economics* 94, no. 1–2 (February 2010): 114–28, https://doi.org/10.1016/j.jpubeco.2009.11.001; Greg Parks, "The HighScope Perry Preschool Project," *Office of Juvenile Justice and Delinquency Prevention*, October 2000, https://www.ojp.gov/pdffiles1/ojjdp/181725.pdf.

4   Joe L. Frost and Paul J. Jacobs, "Play Deprivation: A Factor in Juvenile Violence," *Dimensions of Early Childhood* 23, no. 3 (Spring 1995): 14–20, 39, https://eric.ed.gov/?id=EJ501994; Joe L. Frost and John A. Sutterby, "Outdoor Play Is Essential to Whole Child Development," *Young Children* 72, no. 3 (July 2017): 82–85, https://openlab.bmcc.cuny.edu/ece-110-lecture/wp-content/uploads/sites/98/2019/11/Frost-Supperby-2017.pdf.

5   C. Thi Nguyen, "The Right Way to Play a Game," *Game Studies* 19, no. 1 (May 2019): 1, https://gamestudies.org/1901/articles/nguyen.

6   이것이 미하이 칙센트미하이(Mihalyi Csikszentmihalyi)가 몰입을 다룬 자신의 중요한 연구에서 지적한 요점이다. 성인이 여가활동나 업무에 참여하고 몰두하면 정신적 몰입 상태를 경험한다. 그뿐만 아니라 몰입 상태는 창의성과 즐거움, 재미, 웰빙에 도움이 된다. 다음을 보라. Mihaly Csikszentmihalyi, "Flow and Creativity," *NAMTA Journal* 22, no. 2 (Spring 1997): 60–97, https://eric.ed.gov/?id=ej547968; Mihaly Csikszentmihalyi, Sami Abuhamdeh, and Jeanne Nakamura, "Flow," in *Mihaly Csikszentmihalyi, Flow and the Foundations of Positive Psychology: The Collected Works of Mihaly Csikszentmihalyi* (New York, Springer, 2014): 227–38; Nicola S. Schutte and John M. Malouff, "Connections between Curiosity, Flow and Creativity," *Personality and Individual Differences* 152, no. 1

(January 2020): 1 – 3, https://doi.org/10.1016/j.paid.2019.109555.

7   Josef Pieper, *Leisure: The Basis of Culture* (San Francisco: Ignatius Press, 2009).

8   Robert Snape, "Leisure in Middletown: Cultural Change and Social Capital in an Inter-war American Community," *World Leisure Journal* 64, no. 3 (March 2022): 290 – 303, https://doi.org/10.1080/16078055.2022.2043425.

9   Pink, Drive.

10 Snape, "Leisure in Middletown."

11 James Sherk, "Upwards Leisure Mobility: Americans Work Less and Have More Leisure Time than Ever Before," *The Heritage Foundation*, August 31, 2007, https://www.heritage.org/jobs-and-labor/report/upwards-leisure-mobility-americans-work-less-and-have-more-leisuretime-ever#:~:text=Americans%20work%20fewer%20hours%20and,focus%20on%20their%20own%20pursuits; Marian L. Tupy, "We Work Less, Have More Leisure Time and Earn More," *HumanProgress*, November 15, 2016, https://www.humanprogress.org/we-work-less-have-more-leisure-time-and-earn-more-money/; Rich Miller, "Americans Are Working Less than Before the Pandemic as They Embrace Work-Life Balance," *Financial Post*, April 5, 2023, https://financialpost.com/fp-work/americans-working-less-embrace-work-life-balance.

12 Sherk, "Upwards Leisure Mobility"; Derek Thompson, "The Free-Time Paradox in America," *The Atlantic*, September 13, 2016, https://www.theatlantic.com/business/archive/2016/09/the-free-time-paradox-in-america/499826/.

13 See Paul Smeets, Ashley Whillans, Rene Bekkers, Michael I. Norton, "Time Use and Happiness of Millionaires: Evidence from the Netherlands," *Social Psychological and Personality Science*, 11, no. 3 (2020), 295 – 307, https://doi.org/10.1177/1948550619854751.

14 Cassie Mogilner and Michael I. Norton, "Time, Money, and Happiness," *Current Opinion in Psychology* 10 (August 2016): 12 – 16, https://doi.org/10.1016/j.copsyc.2015.10.018.

15 Wan Yang, Ye Zhang, and Yao-Chin Wang, "Would Travel Experiences or Possessions Make People Happier?," *Journal of Travel Research* 62, no. 2 (2023): 412 – 31, https://doi.org/10.1177/00472875211064631.

16 Ross Gay, *The Book of Delights: Essays* (New York: Algonquin Books, 2019).

나가며: 활력 넘치는 사람들의 공동체

1   Mikhail Bulgakov, *The White Guard* (New York: Rosetta Books, 2016), 245.